Três pavilhões de Sérgio Bernardes
Contribuição à vanguarda arquitetônica moderna brasileira em meados do século 20

Fausto Sombra

**Pensamento da
América Latina**

Romano Guerra Editora
Nhamerica Platform

Coordenação geral
Abilio Guerra
Fernando Luiz Lara
Silvana Romano Santos

**Três pavilhões de Sérgio
Bernardes**
Contribuição à vanguarda
arquitetônica moderna brasileira em
meados do século 20

Fausto Sombra

Brasil 9
Coordenação editorial
Abilio Guerra
Fernanda Critelli
Silvana Romano Santos
Projeto gráfico e diagramação
Dárkon V Roque

Para Roberta Muccia e Beatriz
Sombra, pela inspiração familiar,
e João Claudio Parucher da Silva
(*in memoriam*), pelo suporte
institucional

Apoio cultural

BERNARDES ARQUITETURA

Três pavilhões de Sérgio Bernardes

Contribuição à vanguarda arquitetônica moderna brasileira em meados do século 20

Fausto Sombra

Romano Guerra Editora
Nhamerica Platform

São Paulo, Austin, 2023
1ª edição

Índice

6 Prefácio
Texto e contexto, teoria e prática
Abilio Guerra

22 Introdução – Notas sobre a crítica e o método
23 Panorama crítico
36 Questões metodológicas

48 Capítulo 1 – A trajetória de Sérgio Bernardes
50 Entre modernistas e modernos
63 A proximidade norte-americana e a constituição dos pavilhões
69 O universo de Sérgio Bernardes: sobrevoo sobre a vida e a obra
122 Laboratório de Investigações Conceituais – LIC

134 Capítulo 2 – Pavilhão de Volta Redonda, 1954-1955
137 A relevância do Pavilhão de Volta Redonda
165 O esboço inicial e conjecturas acerca da escolha do sítio
173 O projeto definitivo
189 O desmonte e a ideia da reconstrução

208 Capítulo 3 – Pavilhão do Brasil em Bruxelas, 1957-1958
211 O Pavilhão do Brasil na Exposição Universal e Internacional de Bruxelas
215 A exposição, as nações estrangeiras e o Brasil
244 O Pavilhão do Brasil: uma breve síntese
251 Industrialização, inventividade e experimentação

268 Capítulo 4 – Pavilhão de São Cristóvão, 1957-1960
270 Montando um quebra-cabeça
295 O Pavilhão da Feira Internacional da Indústria e Comércio em São Cristóvão
302 Sobre a cronologia dos fatos

316 Epílogo – A oscilação entre a fama e o ostracismo

326 Posfácio
Meu amigo Sérgio Bernardes
Gustavo Penna

330 Bibliografia

Prefácio
Texto e contexto, teoria e prática
Abilio Guerra

A orientação de um trabalho de pós-graduação, seja mestrado ou doutorado, é uma oportunidade única de se estabelecer uma relação estimulante entre orientador e orientando. À experiência do mais velho, ou mais experiente, se soma o entusiasmo e a perspicácia do mais jovem, em regra mais aberto às novas perspectivas para velhos problemas (e, quando os problemas são novos, é a ele que cabe normalmente sua introdução na conversa compartilhada). Algumas vezes o aprimoramento mútuo consolida relações mais duráveis, pautada pelo respeito e solidariedade. No meu caso específico, algumas orientações de mestrado desenvolvidas no Programa de Pós-Graduação em Arquitetura e Urbanismo da Universidade Presbiteriana Mackenzie se desdobraram em orientações de doutorado.[1] E, para meu prazer maior, resultaram delas dois livros: o primeiro, sobre a obra de João Filgueiras Lima, o Lelé, derivado do mestrado de André Marques;[2] o segundo, a síntese das pesquisas de iniciação científica, mestrado e doutorado de Fernanda Critelli, todas sobre a relação entre Richard Neutra e a América Latina, em especial o Brasil.[3]

A dupla orientação é o caso do pesquisador Fausto Sombra. Seu mestrado, iniciado em 2013, aborda a obra do arquiteto paulista Luís Saia, abarcando sua participação, ao lado de Eduardo Kneese de Mello no projeto do pavilhão efêmero da 1ª Bienal de Arte de São Paulo de 1951, erguido na avenida Paulista,[4] e sua longa militância no âmbito do patrimônio histórico, como profissional de carreira do Serviço do Patrimônio Histórico e Artístico Nacional – Sphan. Durante a pesquisa, o foco foi paulatinamente se dirigindo para as intervenções no Sítio Santo Antônio, paradigmático conjunto colonial paulista do século 17, decisão consagrada após a banca de qualificação.[5]

Discípulo de Mário de Andrade, último proprietário do Sítio Santo Antônio, atualmente sob a tutela do Instituto do Patrimônio Histórico e Artístico Nacional – Iphan, e seu sucessor como Assistente Técnico do Sphan a partir de 1938,

Luís Saia foi responsável pela catalogação, recuperação e preservação de um número expressivo de monumentos históricos coloniais, ocupando por muito tempo a chefia do 4º Distrito do Sphan.[6] A fundação do órgão, fruto do anteprojeto de Mário, se dá em 1937, já sob o Estado Novo. Subordinado ao Ministério da Educação e Saúde criado por Getúlio Vargas, e já sob a responsabilidade do ministro Gustavo Capanema, o órgão é dirigido por Rodrigo Melo Franco de Andrade por duas décadas, período em que contou com a colaboração de personalidades de proa da cultura e das artes brasileiras, como "Manuel Bandeira, Carlos Leão, Heloísa Alberto Torres, Francisco Marques dos Santos, Gilberto Freyre, Afonso Arinos de Melo Franco, Edgard Roquette Pinto, Carlos Drummond de Andrade, Sérgio Buarque de Holanda, Joaquim Cardoso, Vinicius de Moraes, Celso Cunha e Gustavo Barroso".[7]

A plêiade é formidável, mas foi o bastidor, em especial a documentação interna acervada e preservada, que entusiasmou Fausto Sombra. Arriscaria dizer que foi o manejo do material primário – em especial a correspondência trocada por Luís Saia e Lúcio Costa,[8] por muitos anos Diretor da Divisão de Estudos e Tombamento, e os documentos referentes ao pavilhão da bienal, sob a tutela do arquivo Wanda Svevo da Fundação Bienal de São Paulo – que o transformou em um pesquisador atento e astuto. Ao entender os documentos dentro de um contexto social e de sociabilidade, atento às datas e às circunstâncias, supondo a existência do conteúdo expresso e do subentendido, ou seja, ao descobrir como se dá o ofício do historiador, Sombra realizou uma bela dissertação de mestrado,[9] ao mesmo tempo em que se preparou para o desafio maior, que viria a seguir.

Sua mudança aparentemente drástica de interesse, do tema do mestrado ao do doutorado, tem, em minha opinião, duas explicações. A primeira, de ordem teórica, vem da peculiaridade brasileira de os temas da preservação da arquitetura colonial e da defesa da arquitetura moderna confluírem para os mesmos protagonistas, questão enfrentada por sua dissertação. A segunda, de ordem prática, é o estágio docente – atividade onde o aluno da pós-graduação auxilia um professor, quase sempre seu orientador, em uma disciplina da graduação[10] –, que o pesquisador cumpriu em dois momentos distintos, ambas na disciplina "Arquitetura no Brasil 2 – AB2", sendo eu seu tutor: ao longo do ano letivo de 2013; e no primeiro semestre de 2017, nessa ocasião com a participação do professor Felipe Contier. O conteúdo programático da disciplina[11] abarcava a evolução da arquitetura brasileira dos anos 1920 até a atualidade, onde a obra de Sérgio Bernardes aparecia dentro da discussão da arquitetura do Segundo Pós-Guerra, quando os arquitetos brasileiros, particularmente os paulistas, olharam com atenção maior para a arquitetura moderna norte-americana, em especial sua vertente wrightiana, mais especialmente a obra de Richard Neutra.[12]

    O pano de fundo cultural, social e econômico da segunda metade dos anos 1940 e da década de 1950, que cobria as múltiplas relações entre Brasil e Estados Unidos, também fazia parte do conteúdo da disciplina AB2. No período da guerra, além do Departamento de Estado, que contava com uma seção voltada para a região, o presidente democrata Franklin Delano Roosevelt criou o Escritório para a Coordenação das Relações Comerciais e Culturais entre as Repúblicas Americanas (Office for Coordination of Commercial and Cultural Relations between the American Republics), que funcionou de 1940 a 1946. Roosevelt nomeou o republicano Nelson Rockefeller para o cargo máximo da instituição, que teve seu nome reduzido para Escritório do Coordenador de Assuntos Interamericanos (Office of the Coordinator of Inter-American Affairs) em 1941. Durante todo seu período como diretor do Office – quando acumulou o cargo de presidente do MoMA de Nova York –, Rockefeller tornou-se presença constante no Brasil, com aparições em festividades ao lado do presidente Vargas, em plantações de café no Paraná, nas cenas cultural e artística de Rio e São Paulo...[13]

A ação de Rockefeller na área artística é significativa, onde cultiva a filantropia e a valorização da arte moderna como expressão das forças livres do capitalismo. No Rio de Janeiro, capital do país naquele período, o magnata norte-americano apoiará a fundação do Museu de Arte Moderna do Rio de Janeiro em 1948, que terá Raymundo Ottoni de Castro Maya como seu primeiro presidente e que ganhará o edifício espetacular projetado por Affonso Eduardo Reidy como sede. Em São Paulo, onde se articulam a política norte-americana voltada para a América Latina e o projeto das elites locais em montar um arcabouço institucional sólido na área das artes, sua presença será ainda mais expressiva. Assim, a fundação de importantes museus paulistas – Museu de Arte de São Paulo – Masp, em 1947, e Museu de Arte Moderna – MAM, em 1948 –, o surgimento das Bienais de Artes a partir de 1951, promovida pelo MAM-SP, a criação do Parque Ibirapuera, aberto ao público em 1954 durante as comemorações do quarto centenário da cidade terão como figuras simbólicas Nelson Rockefeller, do lado norte-americano, e Assis Chateaubriand e Francisco Matarazzo Sobrinho, o "Ciccillo", do lado brasileiro.

Se o político Nelson Rockefeller oferece facilidades diplomáticas para a viabilização de várias cooperações econômicas e culturais, vai ser como filantropo que, em 1946, doa quatorze obras de artes modernas para o MAM/SP. Frutos de artistas vinculados a encaminhamentos modernos diversos – dentre eles estavam Alexander Calder, Georg Grosz, Fernand Léger e Marc Chagall, Max Ernst –, as obras expressavam a "multiplicidade e amplitude do pioneirismo cultural americano",[14] ou seja, reiteravam de forma sofisticada e culta o modo de vida americano fundado nas benesses do capital. Ao chegar no Brasil,

> Em 28 de novembro de 1946, as obras doadas foram entregues oficialmente aos paulistas, na pessoa de

Eduardo Kneese de Mello, presidente do Instituto de Arquitetos do Brasil. Elas deveriam ajudar a concretizar a fundação do primeiro museu de arte moderna no Brasil. Nas palavras do adido de Rockefeller, Carleton Sprague Smith, essa coleção era a "injeção de ânimo" que faltava para deslanchar o antigo sonho moderno, já debatido à exaustão pela geração da Semana de 1922. Quando o Museu de Arte Moderna de São Paulo é inaugurado, em 1948, a doação de Rockefeller passa a integrar a coleção inicial do MAM, sendo transferida finalmente para o Museu de Arte Contemporânea da USP em 1963, onde permanece até hoje.[15]

Da segunda geração de arquitetos modernos cariocas – uma década ao menos o separa do primeiro grupo de arquitetos modernos atuantes a partir do Rio, como Lúcio Costa (1902-1998), Jorge Machado Moreira (1904-1992), Oscar Niemeyer (1907-2012) e Affonso Eduardo Reidy (1909-1964) –, Sérgio Bernardes (1919-2002) é filho dos novos tempos. Graduado em 1948 na Faculdade Nacional de Arquitetura da Universidade do Brasil, atual Universidade Federal do Rio de Janeiro, sua obra começa a se consolidar justamente no período pós-guerra, quando a cultura norte-americana se impunha como maior referência no contexto brasileiro, deixando a influência europeia – e sua maior expressão no país, a francesa[16] – em um segundo plano.

A presença de Le Corbusier, tão determinante nas obras dos colegas mais velhos, perde protagonismo no pensamento de Bernardes, ocupando – segundo Fausto Sombra – esse vácuo as "obras de arquitetos norte-americanos ou radicados nos Estados Unidos: a Case Study House n. 8, de 1945, de Charles e Ray Eames; a Casa Coocon, em Siesta Key, Flórida, de 1948, de Paul Rudolph; a Arena Dorton, em Raleigh, Carolina do Norte, de 1952, do arquiteto de origem polonesa Matthew Nowicki; as geodésicas desenvolvidas por Richard Buckmister Fuller, principalmente a partir da década de 1960".[17] Não é de se estranhar, portanto, que a obra do arquiteto carioca terá dois momentos especiais em terras paulistas: em 1955, com o sucesso do Pavilhão de Volta Redonda (1954-1955), promovido pela Companhia Siderúrgica Nacional – CSN para a 1ª Feira Internacional de São Paulo e erguido no Parque do Ibirapuera recém-inaugurado; e em 1963, quando sua obra é exposta em sala especial na 7ª Bienal de Artes, também no Ibirapuera.

A pesquisa de Fausto Sombra parte de alguns textos acadêmicos que confluem na afirmação da afinidade maior da obra de Bernardes com a experiência cultural e tecnológica em curso nos Estados Unidos; a sugestão de Yves Bruand sobre a proximidade do pensamento e obra de Sérgio Bernardes com o contexto norte-americano – afirma que o Pavilhão de São Cristóvão (1957-1960), construído no Rio de Janeiro, se inspira em obra de 1953-1954, edificada em Raleigh, Carolina do Norte, por Nowicki, Severud e Deitrick[18] – foi desenvolvida por outros autores, com destaque para Ana Luiza Nobre e de Alexandre Bahia Vanderlei.[19] Contudo, as preocupações iniciais do trabalho, que focavam o interesse de Bernardes voltado para a América, vão aos poucos se concentrando em três projetos em especial, cuja natureza que compartilhavam permitia o experimentalismo: os já mencionados Pavilhão de Volta Redonda e Pavilhão de São Cristóvão, e o Pavilhão do Brasil para a Exposição Internacional de Bruxelas (1957-1958). O recobrimento temporal dos três projetos – foram projetados e construídos em um curto espaço de tempo, de 1954 a 1960 – permite colocá-los em um mesmo contexto da cultura arquitetônica. Dessa feita, ao contrário do mestrado, a qualificação da tese de doutorado ocorre com o tema final já estabelecido.[20]

Ainda em 2017, durante o período de créditos obrigatórios, Fausto Sombra e Abilio Guerra estabeleceram os critérios para a maquete do Pavilhão da CSN no Ibirapuera (1954-1955), a primeira de uma série de três, que seria executada pela empresa Practica Maquetes. Nesse momento inicial da pesquisa, não se sabia ainda como este e outros modelos seriam usados no trabalho, mas sua relevância se amparava na experiência didática da disciplina AB2, que tinha nas maquetes realizadas pelos alunos uma de suas principais ferramentas pedagógicas. O recorte temático final não havia ocorrido e nesse momento ainda havia a expectativa de incluir uma das três versões para o Hotel Tropical de Manaus, projeto não construído. A primeira versão, de 1963, previa uma geodésica aos moldes de Richard Buckminster Fuller, com 300 metros de diâmetro, e uma torre cilíndrica com 26 metros de diâmetro onde se localizariam, no seu trecho mais elevado, as suítes do empreendimento. Na segunda, de 1970, uma torre equivalente serviria de mastro para uma enorme tenda que cobriria uma área imensa de floresta, solução que mantém certa semelhança com o Centro Comercial Khan Shatyr (2006-2010), erguido em Astana, Cazaquistão, projeto do arquiteto britânico Norman Foster (a antecipação que se verifica aqui não é exclusiva; é surpreendente como seu pavilhão de Bruxelas antecipa em ao menos uma década as experiências com estruturas tênseis levadas a cabo pelo arquiteto alemão Frei Otto). O Hotel Tropical Tambaú[21] também foi cogitado para ser um dos projetos estudados e chegou a ser visitado pelo pesquisador, mas foi descartado quando a seleção se fechou em torno dos três pavilhões.

Um aspecto peculiar do trabalho de Fausto Sombra é a sua publicação ostensiva no período de desenvolvimento da pesquisa, com publicações de artigos, apresentações em salas de aula, presenças em seminários, mesas, congressos e exposições. Em 2018, após a construção da segunda maquete concebida por orientando e orientador – o Pavilhão do Brasil na Exposição Universal de Bruxelas –, Sombra apresentou uma comunicação sobre o projeto no 5º Enanparq, ocorrido em Salvador no ano de 2018.[22] O centenário de nascimento de Sérgio Bernardes em 2019 incrementou o interesse pela pesquisa em andamento, abrindo a possibilidade para diversas participações: a publicação de artigos nas revistas

Monolito e *Cadernos Proarq*;[23] a participação, ao lado de Guilherme Wisnik, do debate sobre o documentário longa-metragem *Bernardes*, logo após sua exibição no IAB-SP;[24] a participação no seminário *SB.100 – Sérgio Bernardes*, realizado na FAU UFRJ, quando apresentou, de forma sintetizada, algumas das ideias presentes nesse livro;[25] e a colaboração na exposição *Sérgio Bernardes 100 anos*,[26] com o empréstimo da maquete do Pavilhão da Feira Internacional da Indústria e Comércio em São Cristóvão (1957-1960), terceiro modelo a ser concebido para a pesquisa e construído em 2019.

A estratégia de divulgação da tese ainda em elaboração culminou na exposição *Três pavilhões de Sérgio Bernardes*, realizada no Centro Histórico e Cultural Mackenzie no segundo semestre de 2019.[27] Na mostra, além das três maquetes realizadas ao longo da pesquisa, foram exibidas peças usinadas na escala 1:1, painéis com desenhos e fotos das obras, cadernos com pranchas dos três projetos, documentos e um *slide show* sintetizando o processo de realização dos três pavilhões, da concepção à construção. Para estabelecer o contexto histórico e o sentido evolutivo, os três projetos de Sérgio Bernardes foram dispostos em linha do tempo composta por seleto grupo de pavilhões brasileiros:

> Pavilhão do Brasil na Feira Mundial de Nova York, de 1939 (Lúcio Costa e Oscar Niemeyer), Pavilhão Riposatevi na XIII Bienal de Milão, de 1964 (Lúcio Costa), Pavilhão do Brasil na Expo'70 Osaka, de 1970 (Paulo Mendes da Rocha), Pavilhão do Brasil na Expo Sevilha 1992 (Alvaro Puntoni, Angelo Bucci e João Oswaldo Villela, não construído), Pavilhão da Santa Sé na Bienal de Veneza, de 2018 (Carla Juaçaba) e Pavilhão do Brasil, Expo Dubai 2020 (José Paulo Gouveia, Marta Moreira, Milton Braga e Martin Benavidez, ainda não construído).[28]

Após a desmontagem da mostra no Mackenzie, as três maquetes e as peças usinadas, foram emprestadas para a reedição da exposição *Sérgio Bernardes 100 anos*, agora no Museu Nacional de Belas Artes, no Rio de Janeiro, que abriu no final de 2019.[29] A exposição fazia parte do calendário oficial do Rio Capital Mundial da Arquitetura e um dos eventos preparatórios do 27° Congresso Mundial de Arquitetos – UIA 2020 Rio –, a ser realizado no Rio de Janeiro em julho de 2020, programação posteriormente adiada devido a pandemia de Covid-19.

Depois de tantos fatos e efemérides, no dia 28 de fevereiro de 2020, na sala de videoconferências do edifício da Faculdade de Arquitetura e Urbanismo da Universidade Presbiteriana Mackenzie, no período da manhã, Fausto Sombra defendeu sua tese de doutorado sobre as três obras experimentais de Sérgio Bernardes, todas hoje inexistentes, por obra da história e do destino – e entendam a omissão dos motivos como um incentivo extra para a leitura do que se segue. A banca formada por Abilio Guerra (orientador, FAU Mackenzie), Lauro Cavalcanti (Casa Roberto Marinho), Antonio Carlos Barossi (FAU USP), Helena Ayoub (FAU USP) e Rafael Perrone (FAU Mackenzie), após arguição, perguntas e respostas, declarou que a tese[30] estava "aprovada com distinção e louvor".[31] Na ata complementar, o parecer da banca examinadora afirma o seguinte:

> A banca destaca a excelência da pesquisa documental, assim como a reconstituição como forma de pesquisa, dos três projetos analisados pela tese, através de redesenhos (modelagem 3D), maquetes e objetos em escala 1:1. Entende também que o texto insere o arquiteto Sérgio Bernardes e sua produção no contexto geral da arquitetura moderna brasileira, revelando sua qualidade. Diante de tais predicados, a banca indica a tese para publicação.[32]

A indicação da banca se cumpre com o presente livro.

Notas

1. André Marques, Fernanda Critelli e Ana Carolina Brugnera realizaram as seguintes pesquisas de mestrado e doutorado: MARQUES, André Felipe Rocha. *A obra de João Filgueiras Lima, Lelé: projeto, técnica e racionalização*; MARQUES, André Felipe Rocha. *Aldary Toledo: entre arte e arquitetura*; CRITELLI, Fernanda. *Richard Neutra e o Brasil*; CRITELLI, Fernanda. *Richard Neutra: conexões latino-americanas*; BRUGNERA, Ana Carolina. *Meio ambiente cultural da Amazônia brasileira: dos modos de vida à moradia do caboclo ribeirinho*; BRUGNERA, Ana Carolina. *Rumo às comunidades criativas: as articulações entre natureza e cultura na gestão sustentável das paisagens culturais do Peruaçu, Brasil*.
2. MARQUES, André. *Lelé: diálogos com Neutra e Prouvé*.
3. CRITELLI, Fernanda. *Richard Neutra e o Brasil*.
4. Tema secundário na dissertação de mestrado, o tema do pavilhão é melhor desenvolvido em artigo posterior: SOMBRA, Fausto. O pavilhão da I Bienal do MAM SP: fatos, relatos, historiografia e correlações com o Masp e o antigo Belvedere Trianon.
5. A banca, ocorrida em 27 de fevereiro de 2014, contou com as valorosas participações de Cecília Rodrigues dos Santos (FAU Mackenzie) e Maria Lúcia Bressan Pinheiro (FAU USP).
6. Luís Saia tornou-se um personagem mitológico dentro da estrutura do Iphan; dentre as histórias curiosas, contadas e recontadas por seus funcionários, destaca-se a do utilitário doado pela Inglaterra ao governo brasileiro depois da Segunda Guerra Mundial. Ver: BONDI, Mauro. *Se o nosso Land Rover falasse: os primeiros automóveis que trabalharam na preservação do patrimônio em São Paulo*.
7. MARINHO, Teresinha. Notícia biográfica, p. 19. Ver também: GUIMARAENS, Cêça. *Rodrigo Melo Franco de Andrade e a paisagem hiperreal do patrimônio*.
8. A relação epistolar entre Costa e Saia foi explorada em artigo no início de sua pesquisa de mestrado: SOMBRA, Fausto. Luís Saia e Lúcio Costa: a parceria no Sítio Santo Antônio.
9. SOMBRA, Fausto. *Luís Saia e o restauro do sítio Santo Antônio: diálogos modernos na conformação arquitetônica paulista*.
10. Além de outros orientandos, Fernanda Critelli, André Marques e Ana Carolina Brugnera, que fizeram mestrado e doutorado comigo, também compartilharam da mesma experiência, quando, além do auxílio nas aulas, tiveram a oportunidade de apresentar suas pesquisas na forma de aula.

11. A disciplina "Arquitetura no Brasil 2" desapareceu com a reforma da estrutura pedagógica da Faculdade de Arquitetura e Urbanismo da Universidade Presbiteriana Mackenzie, que passou a vigorar no início de 2018. Seu conteúdo foi assumido por uma disciplina nova, "Teoria e História da Arquitetura e o Urbanismo 1 – THAU 1."
12. Além das pesquisas de iniciação científica, mestrado e doutorado de Fernanda Critelli, a mestranda Sabrina Pereira trilhou a mesma seara: PEREIRA, Sabrina Souza Bom. *Rodolpho Ortenblad Filho: estudo sobre as residências.*
13. Dois livros e um artigo, do mesmo autor, contemplam esse tema em seus mais variados aspectos: TOTA, Antonio Pedro. *O imperialismo sedutor: a americanização do Brasil na época da Segunda Guerra*; TOTA, Antonio Pedro. *O amigo americano: Nelson Rockefeller e o Brasil*; TOTA, Antonio Pedro. *Como um Rockefeller sonhou em modernizar o Brasil.*
14. TOLEDO, Carolina Rossetti de. A doação Nelson Rockefeller de 1946 no Acervo do Museu de Arte Contemporânea da USP, p. 150.
15. Idem, ibidem, p. 150-151.
16. Coincidentemente, Lúcio Costa, Affonso Eduardo Reidy e Jorge Machado Moreira eram nascidos na França e o domínio do idioma do país natal seguramente foi um dos elementos que facilitaram a aproximação do grupo a Le Corbusier e seu ideário.
17. Ver p. 60 desse livro.
18. BRUAND, Yves. *Arquitetura contemporânea no Brasil*, p. 259.
19. NOBRE, Ana Luiza. *Fios cortantes: projeto e produto, arquitetura e design no Rio de Janeiro (1950-70)*; VANDERLEI, Alexandre Bahia. *Sérgio Bernardes: el desafio de la técnica.*
20. A banca de qualificação da pesquisa *Os pavilhões de Sérgio Bernardes: Volta Redonda, Bruxelas e São Cristóvão: contribuição à vanguarda arquitetônica moderna brasileira em meados do século 20*, de Fausto Sombra, ocorreu no dia 8 de março de 2019, com as participações de Rafael Perrone (Mackenzie) e Helena Ayoub (USP).
21. Ao contrário do projeto para Manaus, o Hotel Tropical de João Pessoa foi construído e inaugurado em 1971. ROCHA, Germana; TINEM, Nelci; COTRIM, Marcio. Hotel Tambaú, de Sérgio Bernardes: diálogo entre poética construtiva e estrutura formal.
22. SOMBRA, Fausto. *Sérgio Bernardes e o pavilhão brasileiro na Exposição Universal e Internacional de Bruxelas, 1958: industrialização, inventividade e experimentação* (anais). O artigo foi publicado no ano seguinte na revista acadêmico-científica *Arquitextos*: SOMBRA, Fausto. *Sérgio Bernardes e o pavilhão brasileiro na Exposição Universal e Internacional de Bruxelas, 1958: industrialização, inventividade e experimentação.*

23. SOMBRA, Fausto. Um breve olhar sobre a obra da família Bernardes; SOMBRA, Fausto. Os pavilhões de Sérgio Bernardes: Volta Redonda, Bruxelas e São Cristóvão. Contribuição à vanguarda arquitetônica moderna brasileira em meados do século 20. A segunda publicação foi dedicada ao arquiteto Sérgio Bernardes e organizada pela editora-chefe Ethel Pinheiro Santana.
24. O debate, ocorrido em 16 de julho de 2019, foi mediado pelo arquiteto Guido D'Elia Otero.
25. O seminário *SB.100 – Sérgio Bernardes*, promovido pelo Proarq e organizado pela professora Ana Amora, ocorreu em 20 de agosto de 2019.
26. Exposição *Sérgio Bernardes 100 anos*, curadoria de Kykah Bernardes e Adriana Caúla, Centro Carioca de Design, Rio de Janeiro, de 17 de abril a 1 de junho de 2019. No recinto da exposição, em 7 de maio, Fausto Sombra apresentou parte das pesquisas durante o debate sobre a obra de Sérgio Bernardes mediado pela professora Ana Amora, da FAU UFRJ.
27. Exposição *Três pavilhões de Sérgio Bernardes*, curadoria de Abilio Guerra e Fausto Sombra, Centro Histórico e Cultural Mackenzie, São Paulo, de 19 de setembro a 14 de novembro de 2019.
28. Conforme texto curatorial da exposição: GUERRA, Abilio; SOMBRA, Fausto. Três pavilhões de Sérgio Bernardes: exposição no Centro Histórico e Cultural Mackenzie. A *Expo Dubai 2020*, nos Emirados Árabes Unidos, estava originalmente marcada para ocorrer entre 20 de outubro de 2020 a 10 de abril de 2021, mas, devido à pandemia de Covid-19, foi remarcada para o período de 1 de outubro de 2021 a 31 de março de 2022. O Pavilhão do Brasil foi desmontado depois do evento.
29. Exposição *Sérgio Bernardes 100 anos*, curadoria de Adriana Caúla e Kykah Bernardes, Museu Nacional de Belas Artes, Rio de Janeiro, 17 de dezembro de 2019 a 14 de março 2020.
30. SOMBRA, Fausto. *Três pavilhões de Sérgio Bernardes: Volta Redonda, Bruxelas e São Cristóvão. Contribuição à vanguarda arquitetônica moderna brasileira em meados do século 20.*

31. A banca final ocorreu no dia 28 de fevereiro de 2020, na sala de videoconferências do edifício da Faculdade de Arquitetura e Urbanismo, Universidade Presbiteriana Mackenzie, a partir das 9h30, com a presença dos seguintes membros: Abilio Guerra (orientador), Lauro Cavalcanti (Casa Roberto Marinho, virtualmente), Antonio Carlos Barossi (FAU USP), Helena Ayoub (FAU USP) e Rafael Perrone (FAU Mackenzie). A tese foi aprovada com distinção e louvor, com indicação para publicação.
32. Texto complementar "Avaliação da tese de doutorado", de 28 de fevereiro de 2020, assinado pelos cinco membros da banca.

No mundo atual, o homem é continuamente sitiado pelos reflexos do meio em que ele se agita. Ele nunca está propriamente "só", afirmava um pensador italiano. A sua sensibilidade vive atormentada pelas inquietações da existência moderna. O exterior, com as suas influências anônimas, o domina. Imperceptivelmente, solidariza-se com os movimentos da civilização contemporânea. Por essa razão, a sua atitude, ante as realidades, não pode ser a mesma de uma árcade, que se abandonava em manifestações sentimentais, num mundo manso.

A visão que o homem moderno forma das coisas funde-se em valores dinâmicos. As conquistas incríveis da técnica vão preparando um mundo novo para os seus sentidos. Por isso, as percepções acumuladas incessantemente nessas experiências, traduzem-se em formas intuitivas e autônomas, sem sujeições a moldes clássicos, nas tentativas de explicar o "seu pensamento".

Raul Bopp, *Movimentos modernistas no Brasil (1922-1928)*, p. 9

O poder humano
de criação
é inesgotável
e desenvolve-se,
por soma de conhecimentos,
numa progressão fantástica,
gerando
um mundo tecnológico.
Esse desenvolvimento
é tão forte que,
muitas vezes,
suplanta ao próprio homem.
É privilégio
do arquiteto
estabelecer,
através de sua sensibilidade,
o equilíbrio
entre a tecnologia
e o homem.

Sérgio Bernardes, Sala Especial Sérgio Bernardes

[Esse texto de Sérgio Bernardes abre a matéria da revista *Acrópole* n. 301, de dezembro de 1963, sobre a participação do arquiteto na 7ª Bienal de São Paulo, ocorrida no mesmo ano.]

Introdução
Notas sobre a crítica e o método

Panorama crítico

O presente livro busca inserir-se no panorama crítico sobre a relevante obra legada por Sérgio Bernardes. Ainda restrita por estar em construção, a crítica e a história sobre a obra do arquiteto já contam com pesquisas e análises importantes, desenvolvidas por pesquisadores ao longo dos últimos anos. Passados vinte anos do falecimento de arquiteto carioca Sérgio Wladimir Bernardes, contabilizam-se apenas quatro livros dedicados exclusivamente ao seu trabalho, todos publicados após 1999: *Expo 58: the Brasil Pavilion of Sérgio Bernardes*, de autoria de Paul Meurs, Mil De Kooning e Rony De Meyer, ligeira publicação que marca a participação do Departamento de Arquitetura e Planejamento Urbano da Universidade de Ghent na 4ª Bienal Internacional de Arquitetura de São Paulo, realizada de 19 de novembro de 1999 a 25 de janeiro de 2000;[1] *Sérgio Bernardes: herói de uma tragédia moderna*, de Lauro Cavalcanti, publicado em 2004,[2] pequeno livro biográfico no qual o autor buscou desde as primeiras páginas enfatizar e apresentar a "natureza multifacetada e plural"[3] de um personagem que praticou ofícios que vão de "arquiteto de prédios a piloto de corridas";[4] *Sérgio Bernardes: doutrina de uma civilização tropical*, de autoria do enteado de Sérgio, Felipe Guanaes, livro de 2016,[5] que traz suas memórias da convivência com o arquiteto no Laboratório de Investigações Conceituais – LIC.

O quarto e último livro – *Sérgio Bernardes*, de 2010,[6] organizado por Kykah Bernardes[7] e Lauro Cavalcanti – é dividido em duas partes. A primeira apresenta seleção de ensaios de dez pesquisadores – Lauro Cavalcanti, Ana Luiza Nobre, Farès el Dahdah, Murillo Boabaid, João Pedro Bachheuser, André Correa do Lago, Monica Paciello Vieira, Rafael Cardoso, Guilherme Wisnik e Alfredo Britto –, que já haviam se debruçado e refletido sobre o trabalho do profissional carioca. E a segunda contém nove textos selecionados, de autoria do próprio arquiteto, em sua maioria tratando de temas relacionados ao urbanismo e planejamento regional de grande escala, sendo que o texto inicial, intitulado "Considerações de base", e que abre essa segunda parte, foi extraído de *Cidade: a sobrevivência do poder*,[8] único livro publicado por Bernardes ao longo de sua carreira.

Quatro livros não podem ser tomados como uma bibliografia inexpressiva – ainda mais em um país onde ainda está em curso o levantamento preliminar da obra de diversos arquitetos relevantes –, mas parecem não corresponder à expectativa criada pela trajetória do personagem, uma vez que Sérgio Bernardes, em determinando momento de sua carreira, obteve prestígio similar ao desfrutado pelo seu colega de profissão e amigo Oscar Niemeyer. Essa afirmação é ratificada pelas palavras de Roberto Segre, que equipara Bernardes não só ao nome de Oscar Niemeyer, mas também ao de Lúcio Costa:

> No sábado, 15 de junho, faleceu no Rio de Janeiro, aos 83 anos, o arquiteto Sérgio Bernardes. Apesar das duas décadas de idade que o distanciavam de Lúcio Costa e uma de Oscar Niemeyer, com ambos, formava a trilogia dos "grandes" profissionais modernos cariocas [...]. Para os estudantes da FAU de Buenos Aires, graduados no início da década de sessenta, a peregrinação obrigatória ao Brasil tinha três objetivos principais: conhecer a recém-fundada Brasília de Lúcio Costa; percorrer o conjunto de Pampulha de Niemeyer em Belo Horizonte, berço do "modernismo" brasileiro, e visitar as casas de Sérgio Bernardes no Rio de Janeiro e seus arredores.[9]

No decorrer das décadas de 1950 a 1970, o nome de Sérgio Bernardes ganha grande destaque no meio arquitetônico – na 7ª Bienal realizada no Parque Ibirapuera, em 1963, sua obra é exposta em uma sala especial – e aparece com frequência em publicações especializadas, como *Acrópole*, *Módulo*, *Arquitetura e Engenharia* etc. Sua fama começa a transcender o campo específico de sua área de atuação ao ganhar notoriedade no meio social e cultural, com seu nome associado a publicidades e merecendo matérias em revistas populares de grande circulação. Destaca-se em especial no semanário *Manchete*, veículo no qual o nome do arquiteto passa a ter presença destacada e constante.[10] Sua primeira aparição na revista data de 6 de dezembro de 1952 – quando é alinhado a outros arquitetos importantes, da escola carioca – na matéria de capa intitulada "Brasil potência arquitetônica".

Publicidade de loteamento em Belo Horizonte, destacando o "moderno e arrojado arquiteto Dr. Sérgio Bernardes" como autor do projeto, publicada no jornal carioca *Correio da Manhã*, em 4 de abril de 1954. Hemeroteca Digital Brasileira / Fundação Biblioteca Nacional

Publicidade do edifício residencial Maragato no Rio de Janeiro, destacando Sérgio Bernardes como autor do projeto, publicada no jornal carioca *Correio da Manhã*, em 13 de fevereiro de 1952. Hemeroteca Digital Brasileira / Fundação Biblioteca Nacional

A revista *Manchete* n. 678, de 17 de abril de 1965, traz um grande esboço do "Rio do futuro",[11] ilustrado pelos desenhos e ideias do escritório de Sérgio Bernardes, com propostas de megaestruturas em sintonia com as proposições de nomes internacionais de vanguarda, como a do grupo inglês Archigram. Essa "antevisão da cidade maravilhosa no século da eletrônica"[12] revela o crescente papel ocupado pelo urbanismo e planejamento urbano no pensamento do arquiteto.

O livro de Bernardes – *Cidade: a sobrevivência do poder* – é lançado durante o período de celebridade e reconhecimento público. Publicado em 1975 pela Guavira Editores, o texto traz reflexões sobre a forma de constituição de nossas cidades e como esse modelo impacta diretamente na vida de seus habitantes. Após a análise das projeções de crescimento do país à época e dos recursos naturais do território, o pequenino livro propõe a criação de rótulas nacionais e suas respectivas células aplicadas sobre uma malha ortogonal, sugerindo um formato inteiramente diferente do desordenado e improvisado processo de ocupação comumente observado nas cidades brasileiras. Ao mesmo tempo em que leva em consideração "as necessidades de locação da mão de obra encarregada da execução das unidades habitacionais, industriais e comerciais",[13] além das "necessidades habitacionais e outras carências sociais paralelas, decorrentes da própria mobilização desses fluxos de mão de obra".[14] A partir de então, a presença da obra de Bernardes começa a rarear progressivamente na imprensa especializada e na grande mídia, a ponto de quase se extinguir no início da década de 1980.

Os projetos abordados nessas publicações – número relativamente reduzido diante do total desenvolvido ao longo de sua vida – estruturam-se como a obra conhecida de Sérgio Bernardes e são eles que, futuramente, serão revisitados pelos estudiosos, ficando para trás uma produção significativa, que permanece escondida sob a bruma, inalcançável aos olhos dos estudiosos e do público em geral. Assim, fica

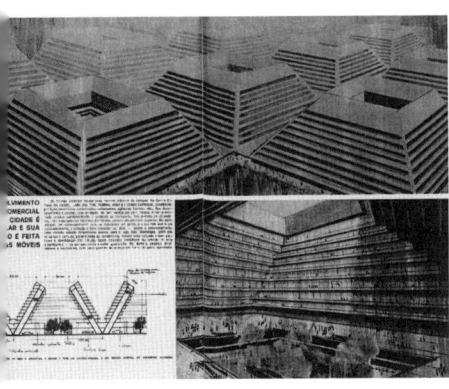

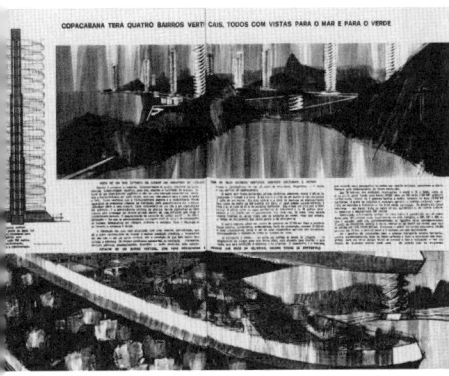

Artigo de Sérgio Bernardes, "Rio admirável mundo novo", publicado na revista *Manchete*, n. 678 (edição especial Rio do Futuro), 17 de abril de 1965. Acervo Fausto Sombra

Publicidade do Hotel Internacional do Galeão no Rio de Janeiro, destacando Sérgio Bernardes como autor do projeto, publicada no jornal carioca *Correio da Manhã*, em 10 de novembro de 1963. Hemeroteca Digital Brasileira / Fundação Biblioteca Nacional

Sérgio Bernardes em publicidade de roupa da extinta marca Ducal, publicada no jornal carioca *Tribuna da Imprensa*, em 27 de abril de 1956. Hemeroteca Digital Brasileira / Fundação Biblioteca Nacional

Publicidade da empresa de tintas Ypiranga usando como mote a casa do arquiteto Sérgio Bernardes, publicada na revista carioca *Jóia*, n. 177, em maio de 1968. Hemeroteca Digital Brasileira / Fundação Biblioteca Nacional

igualmente soterrada a real dimensão da obra concebida pelo arquiteto e, consequentemente, cria-se um obstáculo para a formação de uma crítica à altura do quilate de seu trabalho. Para se ter claro o desentrosamento entre a visibilidade e a relevância da obra do arquiteto, é necessário destacar que o acervo de Sérgio Bernardes contabiliza mais de trinta mil documentos, divididos entre mais de 22 mil plantas, croquis, ofícios e documentos diversos, além de um total aproximado de 8.500 fotografias. Esse material, suficiente para ocupar cerca de trezentas caixas,[15] foi transladado do acervo da Fundação Oscar Niemeyer, instituição que acolheu esse vasto material durante treze anos, entre 1997 e 2010,[16] para o Núcleo de Pesquisa e Documentação – NPD da FAU UFRJ, onde se encontra atualmente.

O evidente descompasso entre a dimensão documental e a carência crítica da referida obra se deve, entre outras questões, pelo processo gradativo de ostracismo sofrido pela obra de Sérgio Bernardes a partir da década de 1980. Considerando sua busca constante de protagonismo, tendo como combustível seu temperamento sanguíneo, é provável que a explicação dada por Kykah Bernardes e alguns dos colaboradores mais próximos do arquiteto seja a mais determinante: eles atribuem o esquecimento à negligência com que o próprio arquiteto tratava a propaganda e difusão de sua produção arquitetônica. É bem mais provável que a mudança de humores acerca de sua obra, em especial dentro das hostes dos arquitetos, se relacione diretamente com o atendimento que dá a encomendas apresentadas pelo governo civil-militar durante o regime ditatorial.

Talvez o mais polêmico deles, devido a seu alto teor simbólico, seja o projeto do Monumento do Pavilhão Nacional, inaugurado em novembro de 1972.[17] Conformado por conjunto de 24 hastes de aço, dispostas de forma circular, içadas em partes e estruturadas umas sobre as outras, o grande mastro de cem metros de altura é responsável por acolher a maior bandeira hasteada do Brasil. Erguido nos fundos da praça dos Três Poderes e em contraste com o branco dos edifícios que conformam a praça, o monumento teria gerado constrangimento ao seu colega e amigo, Oscar Niemeyer, que permaneceria exilado no exterior ao longo de mais de uma década, de 1966 a 1980.

Outro edifício icônico de autoria de Sérgio Bernardes, concebido para os militares, foi o Mausoléu Castelo Branco, em Fortaleza. Monumento inaugurado no dia 18 de julho do mesmo ano de 1972, junto ao Palácio da Abolição, então sede do governo cearense. Com evidente influência da chamada arquitetura moderna californiana, o palácio foi inaugurado em 1970, mas seu projeto e início de construção são anteriores ao golpe militar de 1964.[18]

Por fim, em sintonia com os planos de ocupação da Amazônia, levados a cabo pelo regime militar durante a década de 1970, o arquiteto desenvolveu projetos arquitetônicos e urbanísticos para a região, que não foram realizados. A aproximação de Sérgio Bernardes com o governo militar não foi bem vista por parte expressiva de seus colegas, entre os quais se verificava, na ocasião, uma hegemonia do pensamento de esquerda. Esses episódios tornam-se, de certa maneira, a explicação mais plausível para o gradativo afastamento do seu nome da mídia especializada, dos eventos da área e, em decorrência, dos importantes centros de formação de arquitetos no país a partir do fim da década de 1970. Assim, no início de 1980, poucos falavam sobre o arquiteto e sua obra, sendo exceção Hugo Gouthier, ex-embaixador do Brasil em Bruxelas, que dedica algumas páginas de seu livro *Presença: memórias*, de 1982,[19] à lembrança de suas experiências com Sérgio Bernardes durante a concepção e construção do Pavilhão do Brasil em Bruxelas.

A primeira tentativa de reverter a situação – experiência em certo sentido frustrada, considerando ser fato isolado no período – ocorre com dois eventos relacionados em 1983: uma mostra retrospectiva sobre a obra de Sérgio Bernardes no Rio de Janeiro, pelo Museu de Arte Moderna – MAM-RJ, com curadoria de Olínio Coelho e Lauro Cavalcanti; e um número especial da revista *Módulo*, de outubro/novembro de 1983, que publicou uma síntese de significativos trabalhos elaborados pelo arquiteto ao longo de sua carreira profissional e que corresponde, na prática, ao catálogo da exposição.[20] Nesse momento, convertido em urbanista preocupado com o futuro das cidades, ele mesmo já não demonstra maior interesse por seus notáveis projetos de arquitetura, chegando a criar obstáculos para suas presenças na exposição.[21]

Mais de uma década após a exposição no MAM e a publicação na revista *Módulo*, precisamente em 1997, o arquiteto e pesquisador João Pedro Backheuser desenvolveu a primeira pesquisa acadêmica sobre a obra de Sérgio Bernardes.[22] Monografia de curso de especialização – portanto, sem a obrigação de se aprofundar em suas considerações –, o trabalho tem grande valia, ao apresentar, em um contexto de esquecimento, algumas das mais expressivas obras do arquiteto carioca, e reunir depoimentos de Bernardes produzidos

Capa com foto de Sérgio Bernardes e matéria sobre a residência Eduardo Baouth, Itaipava RJ, 1934, publicadas na revista *Módulo*, edição especial sobre o arquiteto, outubro e novembro de 1983. Acervo Sérgio Bernardes – Projeto Memória / Escritório Bernardes Arquitetura

exclusivamente para a pesquisa. São estas as primeiras pedras da fundação para se construir, no futuro, um entendimento mais amplo acerca da vida e da obra do arquiteto.

Poucos anos depois, em 2001, o engenheiro Jayme Mason lança seu livro de memórias *Humanismo, ciência, engenharia: perspectivas, depoimentos, testemunhos*, onde comenta seu convívio por mais de meio século com Bernardes, relevando suas grandes qualidades como ser humano e profissional, contribuindo para a graduada retomada de interesse pelo arquiteto carioca.

Após o falecimento de Sérgio Bernardes, em 15 de junho de 2002, ocorre de imediato a publicação de artigos memorialísticos, a maior parcela deles publicada no portal Vitruvius, material que serviu de fonte principal para a biografia do arquiteto, de autoria de Lauro Cavalcanti e publicada em 2004.[23] Logo a seguir, em uma interação virtuosa que envolvia um grupo expressivo de pesquisadores, observou-se um vagaroso, porém contínuo, crescimento de pesquisas acadêmicas e outras produções sobre a obra do arquiteto, com difusão na forma de artigos científicos,[24] dissertações de mestrado,[25] teses de doutorado,[26] referências em exposições[27] e livro publicado no exterior.[28] Além de um filme, o documentário *Bernardes*, de 2014, com direção de Gustavo Gama Rodrigues e Paulo de Barros,[29] trabalho agraciado com o prêmio da Associação Paulista de Críticos de Arte – APCA, 2014.[30] O filme apresenta fatos e depoimentos de amigos, familiares, colegas de profissão e pesquisadores, buscando reconstruir a imagem de Sérgio Bernardes em suas múltiplas facetas: arquiteto, piloto, inventor, pai, esposo, avô, homem público etc.

O centenário de nascimento de Sérgio Bernardes foi mais um impulso no processo de redescoberta da obra do arquiteto e urbanista. A efeméride foi mote para um número especial da revista digital *Cadernos Proarq* n. 32, de outubro de 2019, que traz onze artigos sobre a obra do arquiteto,[31] além de quatro exposições importantes.

Exposição *SB-100*, curadoria de Ana Amora, Claudio Brandão e Thaysa Malaquias. FAU UFRJ, Rio de Janeiro, 19 de agosto a 20 de junho de 2019. Foto divulgação CAU/RJ

Exposição *Três pavilhões de Sérgio Bernardes*, curadoria de Abilio Guerra e Fausto Sombra. Centro Histórico e Cultural Mackenzie, São Paulo, 18 de setembro a 14 de novembro de 2019. Foto Abilio Guerra

Exposição *Sérgio Bernardes 100 anos*. Curadoria de Kykah Bernardes e Adriana Caúla. Centro Carioca de Design, Rio de Janeiro, 17 de abril a 1 de junho de 2019. Foto Fausto Sombra

A primeira – realizada no Centro Carioca de Design – CCD, no Rio de Janeiro, entre abril e maio de 2019, intitulada *Sérgio Bernardes – 100 anos*,[32] com curadoria de Adriana Caúla e Kykah Bernardes – expõe projetos do arquiteto erguidos na cidade do Rio de Janeiro e que foram indicados para tombamento pelo Instituto Rio Patrimônio da Humanidade em 2019. A segunda – realizada no mezanino do edifício da FAU UFRJ, em agosto de 2019, e intitulada *SB-100* – é uma pequena mostra em conjunto com um seminário organizado pela professora Ana Amora.[33] A terceira foi realizada no Centro Histórico e Cultural Mackenzie, entre setembro e novembro de 2019, intitulada *Três pavilhões de Sérgio Bernardes*, com a curadoria de Abilio Guerra e Fausto Sombra.[34] Essa exposição despertou tanto interesse no público que foi prorrogada por duas vezes e mereceu duas resenhas, uma de autoria de Rodrigo Queiroz, professor da FAU USP, e outra de Adalberto Retto Jr., professor da Faculdade de Arquitetura, Artes, Comunicação e Design – FAAC Unesp, ambas publicadas em outubro de 2019.[35] Já a quarta exposição, novamente intitulada *Sérgio Bernardes – 100 anos*, foi realizada no Museu Nacional Belas Artes, no Rio de Janeiro, a partir de 17 de dezembro de 2019, evento então vinculado às programações da União Internacional de Arquitetos – UIA 2020, permanecendo aberta até 14 de março de 2020.[36]

De forma vagarosa e gradativa, o cenário de ostracismo vem sendo revertido, como atestam os números apresentados pelo levantamento realizado pelo Núcleo de Pesquisa e Documentação – NPD, órgão ligado à FAU UFRJ e atualmente responsável pela catalogação e conservação do acervo de importantes nomes da arquitetura brasileira, dentre eles Sérgio Bernardes. Segundo João Claudio Parucher da Silva,[37] arquivista responsável pela pesquisa, durante o intervalo compreendido entre fevereiro de 2013 e agosto de 2019, as consultas realizadas sobre o acervo do arquiteto Sérgio Bernardes corresponderam a 39% do total de acessos realizados nessa instituição.[38] Esse número é mais que o dobro das consultas sobre a obra dos Irmãos Roberto, 17%; e o triplo de consultas acerca da obra de Jorge Machado Moreira, com 13%. Outros importantes nomes fecham a relação de consultas: Affonso Eduardo Reidy e Severiano Porto, com 9%; Carmen Portinho engenheira e urbanista, 6%; Carlos Leão, 4%; e, por fim, Paulo Santos, 3%.

Figura "cativante e irresistível para todos que o conheceram",[39] detentor de uma vasta obra, Sérgio Bernardes vem sendo, pouco a pouco, objeto de um interesse renovado, aparecendo em pesquisas acadêmicas, publicações e exposições, que buscam entender – sob as mais diversas perspectivas – o arquiteto carioca e sua obra – desenvolvida ao longo de seus quase setenta anos de intensa dedicação e experiência profissional –, desde o que viria a ser o seu primeiro projeto, a residência Eduardo Baouth, em 1934, com apenas quinze anos de idade, até os seus últimos trabalhos, como a proposta de reconstrução, em 1999-2000, do antigo Pavilhão de Volta Redonda.

É um processo em curso, com suas limitações. O grande esboço do "Rio do futuro", publicado na revista *Manchete* em 1965, é a única e breve menção da obra de Sérgio Bernardes presente no catálogo-livro da exposição *Latin America in Construction: 1955-1980*,[40] grande mostra realizada no Museu de Arte Moderna – MoMA de Nova York, em 2015, com curadoria de Berry Bergdoll, Carlos Eduardo Comas, José Francisco Liernur e Patricio del Real. Nesse aspecto, parece faltar muito para que Sérgio Bernardes retome seu lugar ao lado de Lúcio Costa e Oscar Niemeyer na história da arquitetura moderna brasileira. Talvez uma total recuperação seja historicamente inviável, mas aos poucos, gradativamente, o arquiteto passará a ocupar um lugar mais condizente com sua trajetória na constelação dos grandes arquitetos brasileiros.

Questões metodológicas

Buscando demonstrar o caráter experimental que caracterizou a extensa e polifônica obra de Sérgio Bernardes – sua dedicação e apelo crescente ao aprimoramento da técnica e a busca por certa industrialização e inventividade arquitetônica – e tendo como base, dentre outros métodos, a análise de fontes primárias e o entendimento do "saber indiciário" – termo forjado pelo historiador Carlo Ginzburg em seu livro *Mitos, emblemais e sinais*, de 1989[41] –, os capítulos que se seguem acerca dos três pavilhões aqui em voga contam com três aproximações entrecruzadas que esclarecem o raciocínio de pesquisa adotado:

Análise histórica e contextual: elaborada sobre informações extraídas de fontes primárias e vasta bibliografia, buscando situar o leitor no ambiente sociocultural e econômico nos quais os referidos edifícios foram concebidos e erguidos.

Análise descritiva e redesenho: aborda as questões relacionadas ao desenvolvimento efetivo do projeto, desde os estudos até o projeto construído. Para isso, utilizam-se principalmente os desenhos que representam o objeto em distintas dimensões, além da análise comparativa destes com as imagens que chegam dos edifícios, pois, em muitos casos, identificam-se diferenças entre o objeto projetado e o construído. Em paralelo, realiza-se o processo de redesenho do objeto segundo a leitura e a interpretação dos planos e das imagens ora mencionados. Esse exercício, desenvolvido por meio de modelos digitais em três dimensões, possibilita a elaboração de maquetes, permitindo aprofundar o conhecimento acerca de questões técnicas e composição do conjunto. Aliado aos modelos físicos, por último, também foram elaboradas três peças usinadas na escala 1:1, correspondendo a um pequeno e representativo trecho de cada um dos três pavilhões. Esse trabalho permitiu materializar simbolicamente cada um dos

Pavilhão de Volta Redonda, maquete desenvolvida para tese de doutorado de Fausto Sombra, Parque Ibirapuera, São Paulo SP, 1954-1955. Foto André Nazareth

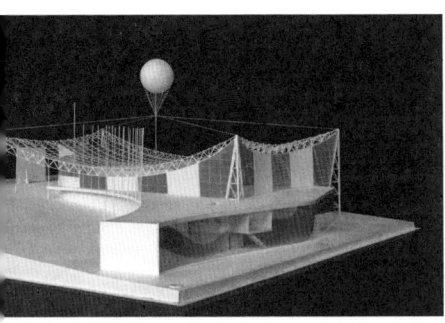

Pavilhão do Brasil na Expo Bruxelas 1958, maquete desenvolvida para tese de doutorado de Fausto Sombra, Bruxelas, Bélgica, 1957-1958. Foto André Nazareth

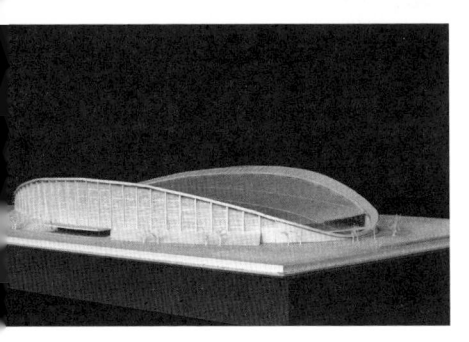

Pavilhão de São Cristóvão, maquete desenvolvida para tese de doutorado de Fausto Sombra, Rio de Janeiro RJ, 1957-1960. Foto André Nazareth

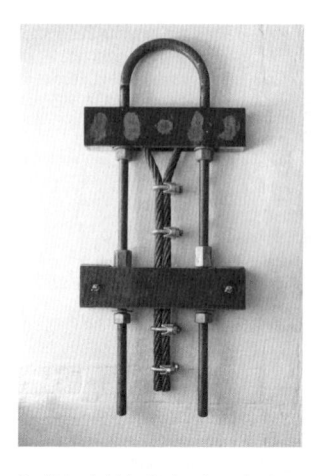

Pavilhão de Volta Redonda, esticador de cabo de aço em escala 1:1 produzido para tese de doutorado de Fausto Sombra, Parque Ibirapuera, São Paulo SP, 1954-1955. Foto André Nazareth

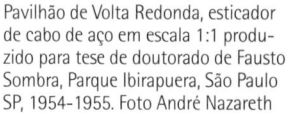

Pavilhão do Brasil na Expo Bruxelas 1958, trecho da cobertura, com cabos de aço e telha, em escala 1:1 produzido para tese de doutorado de Fausto Sombra, Bruxelas, Bélgica, 1957-1958. Foto André Nazareth

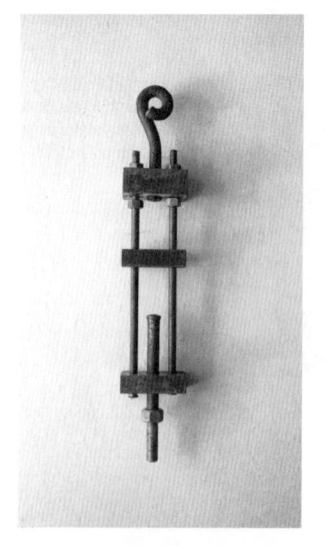

Pavilhão de São Cristóvão, esticador de cabo de aço em escala 1:1 produzido para tese de doutorado de Fausto Sombra, Rio de Janeiro RJ, 1957-1960. Foto André Nazareth

três pavilhões, trazendo à tona um tema constante na obra do arquiteto: sua materialidade ou a "verdade dos materiais".

Análise de âmbito técnico e ideológico: a terceira e última aproximação se dá pelo cruzamento das informações estabelecidas nas duas etapas iniciais e por meio do cruzamento entre interpretações dos distintos pavilhões e/ou de outros projetos, tanto de autoria do arquiteto Sérgio Bernardes como de seus pares contemporâneos ou de períodos posteriores. Essa etapa permite desenvolver um entendimento mais amplo sobre os objetos em foco e, consequentemente, desenvolver as conclusões finais.

Destaca-se que as referidas aproximações têm como base reconhecidos trabalhos que tangenciam a mesma área do conhecimento e, por vezes, de pesquisa. Dentre elas, o método utilizado pela socióloga Maria Arminda do Nascimento Arruda presente em seu livro *Metrópole e cultura: São Paulo no meio século 20,* de 2001.[42] Nele, mergulhado no ideal de progresso e modernidade – de meados do século passado, em meio ao processo de industrialização paulista e nacional – e por meio da análise da produção da vanguarda cultural do então período, a autora busca ordenar e descrever uma cadeia de sistemas e fatos relevantes que permitem se aproximar do complexo processo de metropolização da cidade de São Paulo.

Concomitantemente à compreensão contextual do período, como uma segunda vertente de método mais pragmática, o trabalho se baseia nos procedimentos de análise descritiva e documental realizadas pelos arquitetos Ignasi de Solà-Morales, Cristian Cirici e Fernando Ramos, mais precisamente o processo de reconstrução do Pavilhão Alemão de Mies van der Rohe, tal como registros presentes no livro *Mies van der Rohe. El Pabellón de Barcelona*, de 1993.[43] Com esse método, busca-se demonstrar que, tanto o processo de pesquisa por documentação primária – fotos, jornais, cartas, ofícios, planos, projetos, prospecções etc. –, como o processo de interpretação e redesenho do edifício e maquete física, tal como acima salientado, são procedimentos eficazes que permitem a melhor compreensão do objeto de estudo, inclusive até mesmo contra argumentar questões apresentadas por outros pesquisadores. Aqui destaca-se, por exemplo, um trecho da descrição do Pavilhão de Volta Redonda, elaborado pelo pesquisador Alexandre Bahia Vanderlei, no qual o autor afirma que os tirantes conectados diretamente aos arcos, na base do edifício – inexistentes no projeto executivo – talvez não tivessem sido necessários:

> Pelas escassas fotos do Pavilhão, se pode ver que os cabos ancorados nas bases foram substituídos na obra por tirantes conectados diretamente aos arcos. Pela forma arqueada que se apresentam nestas fotos se percebe que não há tração aplicada nestas peças que estão feitas para trabalhar sob tensão, o que denuncia que talvez os tirantes sequer fossem necessários devido à leveza do edifício.[44]

Esse entendimento difere da análise preliminar realizada com o auxílio do Professor Dr. Yopanan Conrado Pereira Rebello, engenheiro, professor e reconhecido calculista, que defendeu, ainda que na falta de cálculos mais aprofundados, a necessidade de se contraventar a estrutura em seus pontos críticos. Ele observou que o par de peças arqueadas sob as pontes, que inexistem no projeto executivo, feitas para trabalhar tracionadas, provavelmente se tratavam de perfis "I" executados com contraflecha para justamente suportar os grandes esforços horizontais de tração ali presentes. É possível, nesse caso, admitir que as delgadas linhas verticais, observadas nas fotos, correspondessem a tirantes de comprimentos distintos trabalhando sob tração e evitando que as bases do par de perfis arqueados – posicionados abaixo dos arcos que conformavam propriamente as pontes – abrissem, ou seja, que se deslocassem em direções contrárias, culminando no colapso estrutural.[45]

Para além desse ponto, a precisão no entendimento do projeto permite defender adequadamente a vanguarda técnica dos pavilhões, sintetizados, entre outros pontos, pelo arrojo do desenho, esbeltez estrutural e forma expressiva, soluções que podem ser observadas nos pontos de conexão e travamento das peças metálicas que compõem esses exemplares.

Por fim, adotando uma terceira e última referência de método de análise, o trabalho se debruça sobre as proposições realizadas pelo professor Josep Quetglas em seu livro, *El horror cristalizado: imágenes del Pabellón de Alemania de Mies van der Rohe*, de 2001.[46] Nele, o autor recorre ao seu conhecimento como historiador e crítico de arquitetura para correlacionar a constituição do Pavilhão de Barcelona com uma síntese dos preceitos de modernidade ansiados pela Alemanha no pós-Primeira Guerra, definindo-o como a representação do ideal da casa alemã. Distante da ideia evocada pela imagem do carvão, sujo e geralmente atrelado aos males da Revolução Industrial no século 19, dentre outras ações, Quetglas reforça o papel atribuído à luz e analisa os efeitos por ela provocados quando refletida nos austeros materiais presentes na edificação: pedra, vidro, água, metal e o estuque branco do forro. Isso também reforça o caráter efêmero experimentado por seus usuários e a sensação de vazio proporcionada pelos materiais, características que abrirão caminho, no século 20, a "uma nova sensibilidade", segundo as palavras do próprio autor.

Com exercício similar, busca-se compreender qual o papel crítico por trás da constituição dos três pavilhões de Sérgio Bernardes no cenário nacional e internacional em meados do século 20, e como a sua materialidade e a sua forma se relacionam nesse ponto.[47] Quais forças e ideologias se mostram presentes e quais atores se afiliam a esses padrões. As respostas a essas questões demonstram o esforço de Bernardes atribuído ao uso do aço no contexto de industrialização nacional, buscando revelar e confrontar a austeridade do edifício por meio da sua materialidade – aço e vidro, no caso do Pavilhão de Volta Redonda; concreto, aço, vidro e alvenaria, no caso do Pavilhão de Bruxelas e São Cristóvão – em contraposição às suas características morfológicas e à sutileza da experiência fenomenológica proveniente do uso da água como elemento ativo nos três exemplares. Em um contexto específico, esse método aponta os horizontes conceituais adotados pelo arquiteto e a ideia de uma nova representatividade nacional assumida pelos seus mecenas: Companhia Siderúrgica Nacional, Itamaraty e Joaquim Rolla, em contraposição ao padrão arquitetônico comumente encontrado na escola carioca, simbolizada geralmente pelas figuras de Lucio Costa e Oscar Niemeyer.

Nesse sentido, o significado e a importância do entendimento do Pavilhão de Volta Redonda – em um período de grande crescimento e transformações da capital paulista –, e a relevância desse projeto na carreira profissional de Sérgio Bernardes – que poucos anos depois projetaria os seus pares com princípios conceituais claramente provenientes do seu antecessor – é peça-chave para estabelecer esse ponto de inflexão na produção do arquiteto, assim como no momento e local no qual este se insere na historiografia arquitetônica nacional.

Notas

1. MEURS, Paul; KOONING, Mil De; MEYERM, Rony De. *Expo 58: the Brasil Pavilion of Sérgio Bernardes*.
2. CAVALCANTI, Lauro. *Sérgio Bernardes: herói de uma tragédia moderna*.
3. Idem, ibidem, p. 12.
4. Idem, ibidem, p. 12.
5. GUANAES, Felipe. *Sérgio Bernardes: doutrina de uma civilização tropical*. Felipe Guanaes – geógrafo, professor e pesquisador da PUC-Rio, diretor do Núcleo Interdisciplinar de Meio Ambiente e especialista em hortas urbanas – faleceu ainda jovem, acometido por câncer.
6. BERNARDES, Kykah; CAVALCANTI, Lauro (Org.). *Sérgio Bernardes*.
7. A jornalista Kykah Bernardes, última esposa de Sérgio Bernardes, foi personagem fundamental para a pesquisa que redundou nesse livro. Além de dois depoimentos formais no Rio, inúmeros outros contatos ocorreram, principalmente ao longo do ano de 2019, período de realização das exposições, seminários e mesas de debate acerca da obra de Sérgio Bernardes.
8. BERNARDES, Sérgio. *Cidade: a sobrevivência do poder*.
9. SEGRE, Roberto. Sérgio Bernardes (1919-2002): entre o regionalismo e o *high tech*.
10. Segundo levantamento realizado na Hemeroteca Digital acerca do acervo da revista *Manchete*, contabilizam-se mais de oitenta reportagens, dos mais diversos gêneros, relacionadas ao arquiteto.
11. A capa da edição traz a chamada "Rio do Futuro".
12. Segunda chamada da capa da revista, logo abaixo de "Rio do Futuro".
13. BERNARDES, Sérgio. Op. cit., p. 145.
14. Idem, ibidem, p. 145.
15. Conforme depoimento de Kykah Bernardes, sem data.
16. Cf. BERNARDES, Kykah. Depoimento a Fausto Sombra. São Paulo, mensagem eletrônica, 15 abr. 2022.
17. Ver: FELICETTI, Marcelo Augusto. Sérgio Bernardes e o Monumento ao Pavilhão Nacional, Brasília, 1972.
18. Ver síntese descritiva do projeto em artigos publicados por ocasião da inauguração do monumento: MELLO FILHO, Murilo. Onde está o castelismo?; REDAÇÃO. Ceará guarda as cinzas de Castelo; REDAÇÃO. O monumento-mausoléu.
19. GOUTHIER, Hugo. *Presença: memórias*, p. 152-158.
20. *Módulo* (catálogo oficial da exposição Sérgio Bernardes), Rio de Janeiro, out./nov.1983 <https://bit.ly/3OfLHER>.
21. CAVALCANTI, Lauro. *Sérgio Bernardes: herói de uma tragédia moderna* (op. cit.), p. 13.

22. BACKHAUSER, João Pedro. *A obra de Sérgio Bernardes*.
23. CAVALCANTI, Lauro. *Sérgio Bernardes: herói de uma tragédia moderna* (op. cit.), p. 123-124. Para sua biografia de Sérgio Bernardes, Cavalcanti levantou sete artigos publicados em revistas especializadas após o falecimento do arquiteto; destes, cinco foram publicados no portal Vitruvius: FONSECA, Antonio Claudio Pinto da. Um breve olhar sobre o arquiteto Sérgio Bernardes; COSTA, Renato da Gama-Rosa; PESSOA, Alexandre; MELLO, Estefânia Neiva de; NASCIMENTO, Dilene Raimundo do. O sanatório de Curicica: uma obra pouco conhecida de Sérgio Bernardes; NOBRE, Ana Luiza. Sérgio Bernardes: a subversão do possível; PONTES, Ana Paula. Sérgio Bernardes e Eduardo de Almeida: arquitetura que ensina; SEGRE, Roberto. Sérgio Bernardes (1919-2002): entre o regionalismo e o *high tech* (op. cit.). O sexto, equivocadamente atribuído à revista *Arquitextos*, tem a seguinte referência correta: BACKHEUSER, João Pedro. Sérgio Bernardes: sob o signo da aventura e do humanismo. Por fim, o sétimo: BRITTO, Alfredo. Sérgio Bernardes e a invenção do espaço urbano. Um pouco antes, o portal Vitruvius traduziu e publicou importante artigo publicado originalmente na Bélgica: MEURS, Paul. O pavilhão brasileiro na Expo de Bruxelas, 1958: arquiteto Sérgio Bernardes.
24. COSTA, Renato da Gama-Rosa; PESSOA, Alexandre; MELLO, Estefânia Neiva de; NASCIMENTO, Dilene Raimundo do. Op. cit.; NOBRE, Ana Luiza. Flor rara e banalíssima. Residência Lota de Macedo Soares, por Sérgio Bernardes; ROCHA, Germana; TINEM, Nelci; COTRIM, Marcio. Hotel Tambaú, de Sérgio Bernardes: diálogo entre poética construtiva e estrutura formal; VIEIRA, Monica Paciello. A provocação sensorial na arquitetura de Sérgio Bernardes; CAVALCANTI, Lauro. A importância de Sér(gio) Bernardes; CABRAL, Maria Cristina. A multivalência de Sérgio Bernardes: da atualidade da obra de um raro arquiteto, um grande humanista; FELICETTI, Marcelo Augusto. Sérgio Bernardes e o Monumento ao Pavilhão Nacional, Brasília, 1972 (op. cit.); BERNARDES, Kykah. Memória da arquitetura moderna brasileira: sobre a conservação dos acervos de Sérgio Bernardes e outros arquitetos cariocas.
25. VIEIRA, Mônica Paciello. *Sérgio Bernardes: arquitetura como experimentação*; CLARO, Marcel Alessandro. *Transcrição e reconstrução digital: utopias possíveis de Sérgio Bernardes*; MALAQUIAS, Thaysa. *A contribuição do arquiteto Sérgio Bernardes para a moderna arquitetura de saúde*.

26. NOBRE, Ana Luiza. *Fios cortantes: projeto e produto, arquitetura e design no Rio de Janeiro (1950-70)* (op. cit.); ROCHA, Germana Costa. *O caráter tectônico do moderno brasileiro: Bernardes e Campello na Paraíba (1970-1980)*; VANDERLEI, Alexandre Bahia. *Sérgio Bernardes: el desafio de la técnica* (op. cit.).
27. O Pavilhão da CSN e o Hotel Tambaú foram apresentados em exposição no Instituto Tomie Ohtake em São Paulo, de 15 de junho a 1º de agosto de 2010, e no Palácio das Artes em Belo Horizonte, de 8 de abril a 8 de maio de 2011. Ver catálogo: GUERRA, Abilio. *Arquitetura brasileira: viver na floresta*. Um modelo do Pavilhão de São Cristóvão foi apresentado na exposição *Exposição Infinito vão: 90 anos de arquitetura brasileira*, montada em Matosinhos, Portugal, e em São Paulo, Brasil: SERAPIÃO, Fernando; WISNIK, Guilherme (Cur.). Exposição *Infinito vão: 90 anos de arquitetura brasileira*. Matosinhos, Centro Português de Arquitetura, set. 2018/abr. 2019; SERAPIÃO, Fernando; WISNIK, Guilherme (Cur.). *Exposição Infinito vão: 90 anos de arquitetura brasileira*. São Paulo, Sesc 24 de Maio, 25 nov. 2020/27 jun. 2021. Ver catálogo: SERAPIÃO, Fernando; WISNIK, Guilherme (Org.). *Infinito vão: 90 anos de arquitetura brasileira*. Ver também: FERRAZ, Marcelo. Arquitetura em vão?: sobre exposição da arquitetura brasileira em Matosinhos, Portugal.
28. O Pavilhão de São Cristóvão é um dos projetos destacados no livro: ANELLI, Renato. *Architettura contemporanea: Brasile*, p. 22-23.
29. *Bernardes*, documentário longa-metragem, 1h31', Rio de Janeiro, 2014. Direção Gustavo Gama Rodrigues e Paulo de Barros. Argumento Thiago Bernardes. Realização 6D Filmes e Rinoceronte Produções. Coprodução GNT.
30. GUERRA, Abilio. Prêmio APCA 2014: Documentário Bernardes, direção de Gustavo Gama Rodrigues e Paulo de Barros. Categoria Difusão, modalidade Arquitetura e Urbanismo.
31. AMORA, Ana. Apresentação: muito além da arquitetura e urbanismo; NOBRE, Ana Luiza. Flor rara e banalíssima: Sérgio Bernardes e a casa de Lota de Macedo Soares; GUINA, Romulo Augusto Pinto. A casa de campo de Lota de Macedo Soares: por uma cronografia do ícone moderno projetado por Sérgio Bernardes; SILVA, João Claudio Parucher da. Arquivo Sérgio Bernardes: a análise do seu significado cultural como justificativa para a sua preservação; MALAQUIAS, Thaysa. Sérgio Bernardes e o Sanatório de Curicica: herança da formação na FNA; SOMBRA, Fausto. Os pavilhões de Sérgio Bernardes: Volta Redonda, Bruxelas e São Cristóvão. Contribuição à vanguarda arquitetônica moderna brasileira em meados do século 20; VANDERLEI, Alexandre Bahia. Pabellón de Brasil – 1958: ampliación del

desafío y perfeccionamiento del manifiesto; COSTA, Philipe Cunha; DIAS, Diego Nogueira. Uma vida em sistemas: rastros de uma escritura cibernética em Sérgio Bernardes; CHATAIGNIER, Silvia Maciel Savio. A imaginação arquitetônica em Sérgio Bernardes: projetos como esquemas; CAÚLA, Adriana. Sérgio Bernardes e a utopia como plano de pensamento sobre a cidade; VIEIRA, Monica Paciello. O Parc La Villette na concepção de Sérgio Bernardes; FELICETTI, Marcelo Augusto. Sérgio Bernardes e a biblioteca dos sentidos.
32. BERNARDES, Kykah; CAÚLA, Adriana (Cur.). Exposição *Sérgio Bernardes 100 anos*. Rio de Janeiro, Centro Carioca de Design, 17 abr./1 jun. 2019.
33. AMORA, Ana; BRANDÃO, Claudio; MALAQUIAS, Thaysa (Cur.). Exposição *SB-100*. Rio de Janeiro, FAU UFRJ, 19 ago./20 jun. 2019. Ver também: REDAÇÃO. Seminário e exposição SB100 – Sérgio Bernardes na FAU-UFRJ.
34. GUERRA, Abilio; SOMBRA, Fausto (Cur.). Exposição *Três pavilhões de Sérgio Bernardes*. São Paulo, Centro Histórico e Cultural Mackenzie, 18 set./14 nov. 2019.
35. QUEIROZ, Rodrigo. Três pavilhões de Sérgio Bernardes: a geometria da tensão; RETTO JR., Adalberto. Entre arquitetura e política: a mostra Três pavilhões de Sérgio Bernardes.
36. BERNARDES, Kykah; CAÚLA, Adriana (Cur.). Exposição *Sérgio Bernardes 100 anos*. Rio de Janeiro, Museu Nacional Belas Artes, 17 dez. 2019/14 mar. 2020.
37. João Claudio Parucher da Silva, a quem esse livro é dedicado, faleceu no dia 16 de maio de 2021, vítima da Covid-19, aos 48 anos.
38. Sobre o acervo de Bernardes no NPD, ver: SILVA, João Claudio Parucher da. Op. cit.
39. CAVALCANTI, Lauro. *Sérgio Bernardes: herói de uma tragédia moderna* (op. cit.), p. 12.
40. BERGDOLL, Berry; COMAS, Carlos Eduardo; LIERNUR, José Francisco; REAL, Patricio del. *Latin America in Construction: 1955-1980*, p. 86.
41. GINZBURG, Carlo. *Mitos, emblemas e sinais: morfologia e história*.
42. ARRUDA, Maria Arminda do Nascimento. *Metrópole e cultura: São Paulo no meio século XX* (livro).
43. SOLÀ-MORALES, Ignasi; CIRICI, Cristian; RAMOS, Fernando. *Mies van der Rohe: el Pabellon de Barcelona*.
44. VANDERLEI, Alexandre Bahia. Pavilhão da CSN 1954: recorrência técnica e manifesto da modernidade.

45. Cf. REBELLO, Yopanan Conrado Pereira. Depoimento a Fausto Sombra. São Paulo, escritório do engenheiro, 20 ago. 2018.
46. QUETGLAS, Josep. *El horror cristalizado: imágenes del Pabellón de Alemania de Mies van der Rohe.*
47. Ver: SOMBRA, Fausto. Os pavilhões de Sérgio Bernardes: Volta Redonda, Bruxelas e São Cristóvão. Contribuição à vanguarda arquitetônica moderna brasileira em meados do século 20 (op. cit.).

Capítulo 1
A trajetória de Sérgio Bernardes

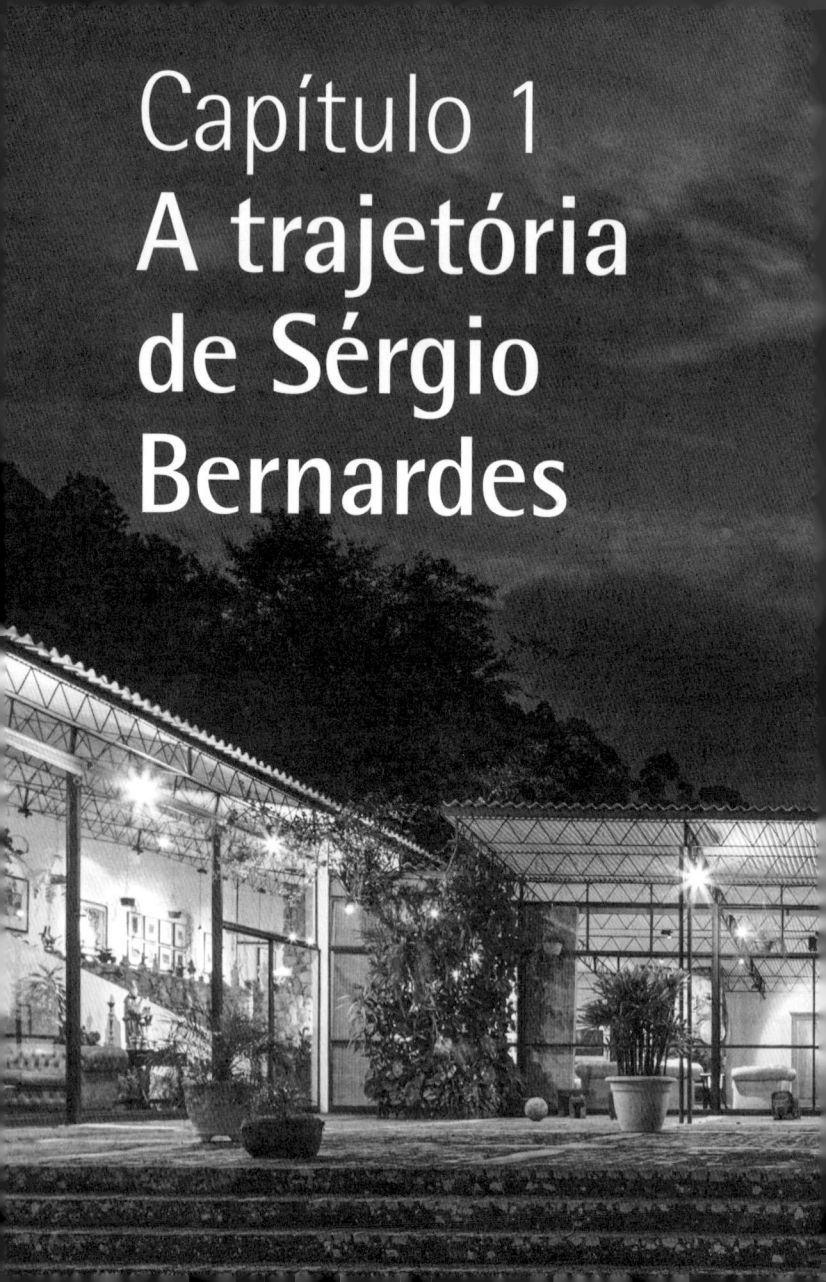

Residência Lota de Macedo Soares, Petrópolis RJ, 1953. Foto Leonardo Finotti

Entre modernistas e modernos

A arquitetura moderna brasileira é reconhecidamente entendida por muitos teóricos e críticos como uma das mais importantes manifestações artísticas nacionais do século 20, com efeitos e desdobramentos não apenas restritos à cultura e aos costumes brasileiros, mas também reverberando pontualmente em outras tantas nações. O fenômeno não foi um evento isolado e independente, mas de um processo desencadeado por uma diversidade de eventos políticos e socioeconômicos favoráveis, alavancados por adequações e avanços em outros núcleos culturais centrais – como a literatura, artes plásticas, música, teatro, dança e outras manifestações estético-culturais – em um processo que, para muitos, tem como estopim a *Exposição de Pintura Moderna* da artista ítalo-brasileira Anita Malfatti, aberta ao público no dia 12 de dezembro de 1917.

Os questionamentos sugeridos e apontados pela literatura e as artes plásticas no Brasil precedem em, pelo menos, meia década – com a Semana de Arte Moderna de 1922 – as primeiras simulações concretas de adoção do estilo arquitetônico moderno no país. O episódio se inicia a partir do projeto da casa na rua Santa Cruz, de 1927-1928, de autoria do arquiteto de origem ucraniana Gregori Warchavchik. Esse sobrado de linhas retas, desprovido de adornos[1] e erguido em generoso lote no bairro da Vila Mariana, em São Paulo, está imerso em um jardim repleto de cactos e demais espécies autóctones brasileiras, concebido por sua esposa e paisagista Mina Klabin. A casa inaugura o que viria a ser anos mais tarde o importante diálogo estabelecido entre a arquitetura moderna brasileira e o entorno no qual essa se insere. Não se tratava, porém, como já abordado por Abilio Guerra – por meio das palavras de Ana Rosa de Oliveira – de uma simples subordinação do jardim "à natureza, à arquitetura, ao lugar, à tradição",[2] mas da busca por uma identidade que coexista em equilíbrio com o meio. Definido como "convicção mesológica", que "supõe íntima relação entre cultura humana e o meio natural",[3] esse ideal, segundo recorda o próprio pesquisador, já se faria presente na obra do escritor Graça Aranha desde o seu famoso romance *Canaã*, publicado em 1902. O tema "perpassa a produção intelectual artística brasileira",[4] inclusive e fundamentalmente nas obras dos participantes da Semana de Arte Moderna de 1922, ou seja, no "desejo de harmonia e correspondência entre a natureza tropical e o homem que busca se aninhar em seu seio".[5]

Aracy Amaral, em seu livro *Artes Plásticas na Semana de 1922*, relembra que a concepção da arquitetura modernista – apresentada durante a paradigmática e referida semana de arte – por meio de dois arquitetos de origem estrangeira – o polonês Georg Przyrembel e, em especial, o espanhol Antônio Garcia Moya – contou com ilustrações de exemplares que beiravam mais a modelos híbridos, mantendo profundo afastamento às prescrições de vanguarda já preconizadas pelo então jovem Le Corbusier, desde meados da década de 1910. Moya, chamado por Menotti del Picchia de "o poeta de pedra"[6] e considerado "o arquiteto da Semana para os modernistas",[7] participou com esboços de casas, todavia não construídas e distantes – tal como expressão do professor Silvio Colin – "frente ao 'traço da poética maquinista'".[8] No entanto, "Moya foi, indubitavelmente, o elemento destruidor na seção de Arquitetura, com seus projetos plenos de atmosfera, revolucionários como concepção por seu caráter de rompimento com a convenção",[9] adotando um estilo compositivo de "inspiração pré-colombiana, sobretudo como elemento decorativo".[10] Trata-se de um período transitório no qual "'procurava-se dar uma tendência moderna, reestabelecer o colonial brasileiro'".[11]

Durante os anos seguintes, a arquitetura moderna brasileira, em meio ao período de disputa com o seu principal estilo concorrente, o neocolonial[12] – em um processo que ganhou corpo com a primeira visita de Le Corbusier ao Brasil, em 1929 – começa a despontar por meio do projeto do Ministério da Educação e Saúde – MES (1935-1945). Construído no Rio de Janeiro, é o primeiro arranha-céu no mundo a ser concebido com os cinco pontos defendidos pelo mestre franco-suíço: planta livre, fachada livre, janelas em fita, terraço jardim e pilotis. Esse processo, que se iniciou na primeira fase do governo de Getúlio Vargas, mas já próximo à implementação do Estado Novo, contou com os traços iniciais de Le Corbusier em sua segunda estadia no Brasil, agora a convite da equipe de arquitetos incumbidos da concepção desse emblemático edifício, então liderados por Lúcio Costa: Affonso Eduardo Reidy, Carlos Leão, Ernani Vasconcellos, Jorge Machado Moreira e Oscar Niemeyer.[13]

Entre outros edifícios subsequentes, estão o Aeroporto Santos Dumont (1937-1944), projeto dos irmãos Roberto – definido por Henry-Russell Hitchcock Jr. como sendo, "provavelmente o mais atraente aeroporto do mundo"[14] – e o Pavilhão do Brasil, projeto de autoria de Lúcio Costa e Oscar Niemeyer para a Feira Mundial de Nova York, de 1939. O edifício do MES, exemplar de grande apuro e de inegável cunho estético e artístico, passa a ser considerado ponto fulcral do reconhecimento que a arquitetura moderna brasileira começa a usufruir em meados da década de 1940, tal como se atesta na edição dupla da revista francesa *L'Architecture d'Aujourd'hui*, de setembro de 1947. Intitulada *Brésil*,[15] esse exemplar seria dedicado aos relevantes feitos arquitetônicos e à avançada capacidade técnico-construtiva com o uso do concreto no país tropical, em um período de forte estagnação e retração econômica para muitas nações europeias, em processo de reconstrução econômica e de enfrentamento do grande déficit habitacional, reflexos da Segunda Guerra Mundial ao longo dos anos 1939-1945.

Para o cenário brasileiro, que se manteve alheio ao conflito em seu início – até que passou a ser intensamente aliciado pelo governo norte-americano com suportes financeiros de vulto e outros acordos de cooperação –, o resultado seria cultural e economicamente positivo, pois as ações de propaganda do governo norte-americano com relação à diversidade e o êxito da produção arquitetônica brasileira, por meio de reconhecidas instituições, seriam de suma importância na difusão daqueles recém-feitos tupiniquins. Principalmente após a exposição organizada pelo arquiteto norte-americano Philip Lippincott Goodwin, trabalho minucioso que contou com as fotografias do crítico George Everard Kidder Smith. Com o título *Brazil Builds: Architecture New and Old, 1652-1942* e realizada pelo MoMA em 1943, a mostra foi de grande impacto no meio cultural, tendo o seu alcance ampliado pela publicação e difusão do respectivo catálogo-livro. Por muitos anos, o catálogo e o livro de Henrique Mindlin, *Modern Architecture in Brazil*, publicado em 1956, seriam um dos poucos meios que buscaram sistematizar parte da relevante e crescente produção da arquitetura moderna brasileira em meados do século passado.

Por ocasião de *Brazil Builds*, Mário de Andrade, em artigo de mesmo nome e que fora publicado no jornal *Folha da Manhã*, celebrou a relevância do reconhecimento norte-americano, destacando e enaltecendo, por fim, a nossa mestiçagem:

> O Ministério da Educação e jamais o Ministério da Guerra; o edifício Esther e jamais a Faculdade de Direito; uma moradia de Artigas e jamais uma morada neocolonial.
>
> A primeira manifestação de arquitetura moderna no Brasil, como a das outras artes, também se deu em São Paulo. Foi uma casa do arquiteto Warchavchic, muito comentada pelas nossas revistas de então. Mas o moderno em arquitetura teve que ceder aqui. A primeira escola, o que se pode chamar de legitimamente de "escola" de arquitetura moderna no Brasil, foi a do Rio, com Lúcio Costa à frente, e ainda inigualado até hoje. [...]
>
> Admirável também é a coleção de fotografias Brazil Builds, que o Museu de Arte Moderna de Nova York

acaba de publicar com, em geral, excelentes comentários do arquiteto Philip L. Goodwin. Eu creio que este é um dos gestos de humanidade mais fecundos que os Estados Unidos já praticaram em relação a nós, os brasileiros. Porque ele virá, já veio, regenerar a nossa confiança em nós, e diminuir o desastroso complexo de inferioridade de mestiços que, nos prejudica tanto. Já escutei muito brasileiro, não apenas assombrado, mas estomagado diante desse livro que prova possuirmos uma arquitetura moderna tão boa como os mais avançados países do mundo.[16]

Nesse momento, em São Paulo – para além das casas pioneiras de Warchavchik, do conjunto de casas de Flávio de Carvalho, de 1936, erguido na alameda Lorena, no bairro dos Jardins, entre outros exemplares modernos posteriores à publicação do artigo de Rino Levi: "A arquitetura e a estética das cidades", de outubro de 1925[17] –, a arquitetura moderna ainda buscava espaço com poucos, porém crescentes exemplares concebidos sob os novos dogmas. Dentre eles, o destacado edifício Esther, de 1934-1938, projeto da dupla Álvaro Vital Brazil e Adhemar Marinho, erguido defronte à praça da República; o Instituto Sedes Sapientiae, de Rino Levi, de 1940-1942 – ambos incorporados à seleção de Goodwin –; além das casas de traços wrightianos concebidas por João Vilanova Artigas a partir do início da década de 1940, ficando estas, porém, fora da seleção curatorial de *Brazil Builds*.

Outros edifícios considerados de maior relevância no eixo Rio-São Paulo fazem parte do catálogo da exposição do MoMA, como a estação de Hidroaviões no Rio, de 1937-1938, de Attilio Corrêa Lima; e novamente com a dupla Álvaro Vital Brazil e Adhemar Marinho, com o Instituto Vital Brazil, em Niterói, de 1942 – ocasião da célebre foto do referido edifício de linhas retas, ainda em obras, em contraste com a carruagem estacionada a sua frente.[18] Alguns poucos exemplares de destaque localizados em outros estados fecham a seleção de obras do MoMA, como a Caixa d'Água de Olinda, de 1937, do arquiteto carioca Luís Carlos Nunes de Souza; e os três primeiros exemplares, encomendados pelo então prefeito Juscelino Kubitscheck, naquele momento já concluídos, que integram o conjunto da Pampulha: o Cassino, a Casa de Baile e o Yatch Club, todos de 1942. Esses edifícios, junto com a Igreja de São Francisco de Assis, concluída um ano depois, em 1943, idealizada em parceria com Candido Portinari e Roberto Burle Marx, proporcionam grande notoriedade e reconhecimento ao então jovem Oscar Niemeyer.

    Essa sucinta introdução, na qual se incorpora uma breve relação dos profissionais que compunham a primeira e excepcional leva de arquitetos modernos brasileiros, pode ser considerada definidora da chamada escola carioca. Grupo que costumeiramente adotava o concreto armado como elemento estruturador de seus projetos, utilizando-o de forma racional e muitas vezes plástica, sob o conceito de forma e função, elevando o edifício do solo quando possível e conveniente – tal como brilhantemente realizado anos mais tarde por Affonso Eduardo Reidy no projeto do Museu de Arte Moderna do Rio, em 1953, e por Lina Bo Bardi, no Museu de Arte de São Paulo – Masp, em 1957. Tal operação permite criar espaços de permanência e de convívio protegidos do intenso calor tropical, da mesma maneira que desobstrui o visual no nível do solo. Aliado a essas características, observa-se a releitura e a incorporação de elementos caros à arquitetura colonial brasileira, processo realizado por meio da assimilação e reinterpretação dos códigos modernos importados do continente europeu em fins da década de 1920, assim como proposto e defendido por Lúcio Costa em muitos de seus textos, como em "Razões da nova arquitetura", de 1936, e "Documentação necessária", de 1937,[19] conceitos esses já cristalizados no concurso do projeto da Vila Monlevade, de 1934, de autoria desse mesmo profissional.

Guardado o amplo espectro de soluções relativamente distintas, desenvolvidas muitas vezes por meio do estreito diálogo com a natureza que a circundava, tais traços e noções podem ser entendidos como as características basilares da arquitetura moderna desenvolvida no país até meados da década de 1940.

A esse panorama ainda é preciso destacar a participação do Estado como mecenas público responsável por promover e consolidar o estilo moderno no país, fator que, somado ao controle do patrimônio histórico, às teorias para habitações populares e ao "desejo de o governo buscar uma nova face para a capital federal"[20] – conforme nos recorda Lauro Cavalcanti –, seria questão preponderante para que a arquitetura moderna brasileira despontasse em meados do século passado diante das demais nações que desfrutavam trajetória sociocultural similar à encontrada no Brasil.

É nesse universo dinâmico que a vasta obra concebida pelo arquiteto carioca Sérgio Wladimir Bernardes irá se desenvolver e despontar. Profissional pertencente à segunda geração de arquitetos modernos brasileiros, Sérgio Bernardes adere e se enfrenta com os valores, técnicas e conceitos até então adotados e estabelecidos pela escola carioca, mas estabelece novas alternativas de interlocuções e desdobramentos. Roberto Segre detecta muito bem a propensão de Bernardes a arriscar o novo, ao afirmar, em uma comparação com Lúcio Costa e Oscar Niemeyer, que "sem lugar a dúvidas, dos três mestres da 'escola carioca', [Bernardes] foi o mais polêmico e versátil, exercendo uma forte influência nos estudantes de arquitetura, em busca de caminhos alternativos ao formalismo estéril do nosso tempo".[21] Se essa busca é constante e uma das marcas da individualidade do arquiteto, ele em nenhum momento coloca-se na posição de negar seu vínculo com a tradição moderna brasileira; ao contrário, defende e incorpora mecanismos já incrustados nas obras fundamentais de nossa arquitetura. Na matéria intitulada "Brasil potência arquitetônica", publicada pela revista *Manchete*, em 1952, Sérgio Bernardes abraça ideias de Lúcio Costa e se coloca em defesa da possibilidade de incorporação de elementos arquitetônicos tradicionais nas construções modernas, questão que se mostrará relevante na própria obra:

Capa e artigo "Brasil potência arquitetônica", reportagem de Lydio de Souza e fotos de Aymore Marella, publicados na revista *Manchete*, n. 33, em 6 de dezembro de 1952. Acervo Fausto Sombra

> Havendo liberdade de forma e de estilo, todos os detalhes da arquitetura antiga podem ser aproveitados nas construções modernas, naturalmente dentro de uma técnica e uma estética determinada. O emprego de tais detalhes, contudo, não significa inspiração nem tendência saudosista, mas uma contribuição do que era belo e necessário à função de uma residência. E que não poderá ser ultrapassado jamais.[22]

O Pavilhão de Volta Redonda, pequeno edifício-ponte erguido no Parque Ibirapuera, entre fins de 1954 e início de 1955; o Pavilhão do Brasil na Exposição Universal e Internacional de Bruxelas, de 1958, e o Pavilhão da Exposição Internacional da Indústria e Comércio – edifício concebido e construído no Rio de Janeiro entre 1957 e fim de 1960, também conhecido como Pavilhão de São Cristóvão – são os objetos principais de análise do presente livro. Eles incorporam relevantes questões técnico-construtivas presentes nas especulações da arquitetura internacional acerca do embarque de novos materiais e tecnologias, como o uso do aço, mas também incorpora práticas e elementos da tradição moderna brasileira – o espaço contínuo e a incorporação de elementos tradicionais, que resultam em conjunto na integração com a natureza –, ambivalência que expressa o rico contexto político e socioeconômico interno pós-Segunda Guerra Mundial.

Pavilhão de Volta Redonda, ponte remanescente, Parque Ibirapuera, São Paulo, 1954-1955. Foto Fausto Sombra

Sérgio Bernardes e colegas de turma, solenidade de formatura, Rio de Janeiro RJ, 1948. Acervo NPD FAU UFRJ / Fundo Sérgio Bernardes

Concebidos em um curto intervalo de tempo, entre os anos 1954 e 1958 – após a primeira década de formação do arquiteto, que se deu em 1948 pela Faculdade Nacional de Arquitetura da Universidade do Brasil, atual UFRJ –, é possível notar, ainda hoje, um incipiente universo crítico acerca dos valiosos planos e demais documentos referentes à constituição dos respectivos exemplares. Alguns estudos, porém, merecem destaque, como as análises e interpretações desenvolvidas por dois pesquisadores: Ana Luiza Nobre, em sua tese de doutorado *Fios cortantes: projeto e produto, arquitetura e design no Rio de Janeiro (1950-70)*, de 2008, momento no qual a autora se acerca dos pavilhões em um de seus subcapítulos – "Malhas, redes, cabos e triângulos" – dedicados ao arquiteto Sérgio Bernardes; e, mais recente, a tese *Sérgio Bernardes: el desafio de la técnica*, defendida por Alexandre Bahia Vanderlei na Universitat Politècnica de Catalunya, UPC, em 2016, momento no qual o pesquisador adota como objeto de estudo dois dos três pavilhões: Volta Redonda e Bruxelas.[23] Outras publicações tangenciam a temática dessa tríade projetual, com destaque para dois livros: *Sérgio Bernardes*, de 2010, organizado por Kykah Bernardes e Lauro Cavalcanti,[24] no qual o arquiteto Murillo Boabaid, ex-sócio de Bernardes no Rio de Janeiro, descreve, por meio de um breve depoimento, o processo de constituição dos três edifícios;[25] e *Arquitetura contemporânea no Brasil*,[26] obra famosa do paleontólogo francês Yves Bruand, fruto de um doutorado e originalmente publicado em 1981.

Bruand, em acordo com parte do entendimento deste trabalho, menciona *en passant* a filiação dos projetos de Bernardes à produção arquitetônica norte-americana de então. O vínculo será defendido por outros estudiosos – caso de Ana Luiza Nobre e de Alexandre Bahia Vanderlei –, ocasião em que se busca estabelecer uma maior proximidade formal de Bernardes à obras de arquitetos norte-americanos ou radicados nos Estados Unidos: a Case Study House n. 8, de 1945, de Charles e Ray Eames; a Casa Coocon, em Siesta Key, Flórida, de 1948, de Paul Rudolph; a Arena Dorton, em Railegh, Carolina do Norte, de 1952, do arquiteto de origem polonesa Matthew Nowichi; as geodésicas desenvolvidas por Richard Buckmister Fuller, principalmente a partir da década de 1960. Destes, dois se relacionam diretamente com os pavilhões aqui estudados: a Casa Coocon, com cobertura catenária similar ao pavilhão de Volta Redonda, e a Arena Dorton, com estrutura e forma similar ao Pavilhão de São Cristóvão, porém em escala consideravelmente menor.

Em análises breves dos três pavilhões, Yves Bruand condena o projeto de grandes dimensões de Sérgio Bernardes desenvolvido para o Pavilhão de São Cristóvão, comparando-o à Arena Dorton de seu antecessor norte-americano, que obteve resultado positivo e não se repetirá na experiência realizada pelo arquiteto carioca:

> Sérgio Bernardes, espírito inventivo, interessado nos problemas mais diversos da atualidade, perdeu aqui todo o senso de medida; deixou-se seduzir pelo orgulho: quis

bater um recorde mundial, o da maior superfície coberta, livre de todo apoio (28.000 metros quadrados, as dimensões da elipse sendo respectivamente 250 e 150 metros de comprimento e largura), mas pode se perguntar se ele não se arriscou em bater ao mesmo tempo o recorde mundial de feiura nesse tipo de trabalho.[27]

O tom destemperado observado nessa análise do Pavilhão de São Cristóvão será consideravelmente alterado ao se referir aos pavilhões antecessores, a começar pelo Pavilhão de Bruxelas:

> De classe bem diferente era o Pavilhão do Brasil, que recebeu o primeiro prêmio de arquitetura na Exposição Internacional de Bruxelas, em 1958. Como era uma construção provisória, Sérgio Bernardes não procurou dar-lhe uma ênfase extraordinária. Seus esforços centralizaram-se em dois pontos essenciais: utilizar soluções econômicas que não trouxessem problemas especiais para montar e desmontar e aproveitar ao máximo a localização caracterizada por diferenças de níveis bastante acentuadas. [...]
> O emprego judicioso de materiais modernos, ao mesmo tempo práticos e pouco onerosos, somando à exploração eficaz de um terreno difícil, levou a uma concepção estrutural e espacial de alta qualidade, perfeitamente adaptada às exigências especiais desse tipo de programa, muito conveniente para o arquiteto.[28]

O discurso positivo de Bruand amplia-se na análise do Pavilhão de Volta Redonda, ressaltando as qualidades do projeto e o espírito inventivo de seu idealizador:

> Aliás, este já tinha brilhado no mesmo gênero, por seu espírito inventivo, quando foi encarregado de erguer o pavilhão da usina siderúrgica de Volta Redonda, por

ocasião da Exposição do 4° Centenário de São Paulo, organizada em 1954 no Parque Ibirapuera. A ideia de transformar esse pavilhão numa ponte, lançada sobre o pequeno riacho que corre no local, permitiu lhe multiplicar a eficácia publicitária do pavilhão, objetivo essencial da companhia que o tinha encomendado: não se contentou apenas em acentuar as possibilidades da construção metálica no Brasil – ressaltou sua plasticidade; enfim, atribuindo à obra um papel utilitário e colocando-a num ponto de passagem quase obrigatório, levou o público a percorrer a instalação onde uma documentação escolhida insistia na importância das realizações dessa sociedade nacional, considerada como um símbolo do desenvolvimento do país.[29]

Carregados de simbolismo, os respectivos pavilhões são realizados com a participação de figuras renomadas, como o artista português Eduardo Anahory, o paisagista Roberto Burle Marx e, dentre outros, o destacado engenheiro recifense Paulo Rodrigues Fragoso, um dos pioneiros no cálculo de estruturas metálicas no Brasil. Tais personalidades auxiliam Sérgio Bernardes a erguer "um dos mais belos exemplares da arquitetura moderna brasileira",[30] ampliando o alcance e o reconhecimento internacional da produção de vanguarda que o arquiteto e sua equipe desenvolvem em meados do século 20.

Fechando aqui essa breve introdução, é oportuno esclarecer acerca do uso mais adequado do termo "vanguarda", acima utilizado e presente no título desta publicação, pois, na acepção cultural que nos cabe, refere-se a artistas e obras inovadoras e experimentais. Do ponto de vista precisamente da arquitetura, essa definição passa a ser vinculada aos movimentos de "iconoclastas europeus que – no começo do século 20 – forjaram uma nova arquitetura mais adequada à era das máquinas do que os valores, instituições e guerras de estilos burguesas próprias da arte e arquitetura tradicionais".[31]

Essas características são presentes em grupos que precedem a Primeira Guerra Mundial, os futuristas, e imediatamente no pós-guerra, os construtivistas. Anos depois, já no pós-Segunda Guerra, o termo é revisto e definido como neovanguarda, passando a ser comumente relacionado com o grupo inglês Archigram, a partir de 1961, e em seguida com o grupo japonês metabolistas. É nesse contexto e precedendo o movimento high-tech, inaugurado pela Reliance Controls Factory em 1967, projeto de autoria do Team 4, e definitivamente pelo Centro Pompidou, em 1977 – este último, de autoria de Renzo Piano e Richard Rogers[32] –, que o termo vanguarda parece aplicar-se adequadamente aos pavilhões aqui analisados, tanto pelo fato dos referidos exemplares representarem certa ruptura com os moldes definidores da escola carioca, como também por se aproximarem da arquitetura de ponta desenvolvida por novos e destacados nomes da arquitetura mundial.

Esse processo antecede inclusive experiências promovidas pelo arquiteto e engenheiro alemão Frei Otto, sendo referência para outros tantos distintos profissionais, como Paulo Mendes da Rocha, figura que revelaria[33] ter se utilizado das soluções técnicas presentes no Pavilhão do Brasil em Bruxelas como inspiração para conceber o premiado projeto do Ginásio do Clube Atlético Paulistano, também de 1958, trabalho elaborado em parceria com João Eduardo de Gennaro.

A proximidade norte-americana e a constituição dos pavilhões

O lançamento das duas bombas atômicas, de Hiroshima e Nagasaki, respectivamente nos dias 6 e 9 de agosto de 1945, já pelo governo do então recém-empossado presidente norte-americano Harry Truman, é um momento considerado decisivo para o desfecho de uma das mais sombrias facetas de nossa história recente. A vitória dos Aliados diante do Eixo define a divisão de grande parte dos países em dois blocos ideológicos, capitalistas e socialistas, liderados pelos Estados Unidos e pela ex-União Soviética. Envolvidas diretamente na Guerra da Coreia, entre junho de 1950 e julho de 1952, as duas grandes potências competem pela influência política e econômica mundial, definindo, a partir desse momento, o início da Guerra Fria. O longo conflito caracteriza-se pela corrida armamentista nuclear e a corrida aeroespacial, disputas que intensificariam as mudanças desencadeadas com a Segunda Guerra em diversas áreas do conhecimento e da sociedade em geral, inclusive no meio arquitetônico.

Voltando um pouco no tempo, no Brasil, a partir da Revolução de 1930, durante a qual o então presidente Washington Luís fora deposto, impedindo a posse do já eleito presidente Júlio Prestes, iniciava-se a era de Getúlio Vargas, período conturbado do fim da República Velha, desdobramento político-social interno em paralelo à ascensão do fascismo no mundo:

> A República Oligárquica enfrentou sua crise mais profunda ao término da década de 1920, quando combinaram fatores internos e externos. Em um clima de colapso do modelo vigente do capitalismo liberal ou concorrencial, coincidindo com os impasses de uma sucessão presidencial mal equacionada, eclodiu outro levante militar, agora liderado por oficiais superiores que se aproveitando dos desencontros entre oligarquias regionais, conseguiram depor o presidente em 1930.
>
> Um presidente eleito pelo senhoriato paulista, Washington Luís, agora se via obrigado com a sua *coterie*, a perder o poder para um grupo que representava o patriciado burocrático nacionalista. E, pior, fora do eixo até então hegemônico Rio-São Paulo.
>
> Segundo Darcy Ribeiro, tratava-se de um novo patriciado – nacionalista, mas também paternalista –, com aberturas para o senhoriato rural e para os trabalhadores urbanos. "Nos anos de ascensão do fascismo no

mundo, Getúlio entra na moda, debilitando ainda mais o patriciado político liberal e fortalecendo o burocrático civil e militar".[34]

A simpatia de Vargas pelo fascismo italiano liderado por Benito Mussolini é flagrante e se expressa em fatos como o frustrado convite ao arquiteto Marcello Piacentini para projetar a Cidade Universitária do Rio de Janeiro em 1935, ou a proclamação da Consolidação das Leis Trabalhistas em 1943, com algumas normativas baseadas na Carta del Lavoro italiana. A simpatia e identificação ideológica do ditador brasileiro pelos regimes totalitários de Benito Mussolini e de Adolf Hitler acaba cedendo espaço às pressões norte-americanas. O Brasil passa a apoiar os Aliados a partir de 28 de janeiro de 1942 ao romper as relações diplomáticas com os países do Eixo e, meses mais tarde, em 21 de agosto do mesmo ano, com a definitiva declaração de guerra.[35]

Essa aliança, do lado brasileiro, leva à permissão para o estacionamento de tropas norte-americanas em bases do Nordeste e o fornecimento de matérias primas e produtos estratégicos a estas. Do lado norte-americano, concretiza-se na forma de reequipamento e modernização das Forças Armadas brasileiras e por expressivos aportes financeiros. O Brasil – naquele momento em processo inicial de crescimento econômico e industrial, fruto do acúmulo de capital oriundo do cultivo do café e outras culturas durante os anos anteriores – pode investir, graças ao auxílio econômico norte-americano, em bens de consumo e em infraestrutura pesada, processos que levam o país a constituir, em 1941, e a inaugurar, em 1946, na cidade fluminense de Volta Redonda, a Companhia Siderúrgica Nacional – CSN, a primeira grande siderúrgica brasileira.

Capítulo relevante que ilustra parte dos eventos sociopolíticos do país em meados do século passado, a ele ainda se deve incluir a influência político-cultural desenvolvida pelos norte-americanos, principalmente por meio de figuras como a do magnata republicano Nelson Rockefeller, personalidade ora definida como um "*brilhante* homem de negócios, como um *missionário*, ora como um dos símbolos máximos do imperialismo ianque".[36]

Tal proximidade se concretizou em distintos períodos, desde meados da década de 1910, por meio de ações coordenadas principalmente no campo da saúde pela Fundação Rockefeller[37] e, anos mais tarde, já com a chefia do próprio Nelson Rockefeller, entre 1940-1946, pela agência para assuntos interamericanos dos Estados Unidos, o Escritório do Coordenador de Assuntos Interamericanos.[38] Esse processo se estende por quase mais duas décadas entre 1946-1961, por meio da agência privada de cunho filantrópico, a Associação Internacional Americana para o Desenvolvimento Social e Econômico (American International Association for Economic and Social Development).[39] No campo das artes, a aliança também se faz presente por meio de um conjunto de ações de vulto: a criação do personagem Zé Carioca, pela Walt Disney, em 1942; a já citada exposição *Brazil Builds*, realizada no MoMA em 1943; o suporte e a parceria na constituição do MAM-SP, em 1948, também pelo MoMA; o apoio à organização da 1ª Bienal do MAM-SP, em 1951, dentre tantas outras. A mostra, que permaneceu aberta ao público durante apenas dois meses, abre caminho para a inauguração, dois anos mais tarde, de um dos mais reconhecidos equipamentos urbanos paulistas, o Parque Ibirapuera e, com ele, a 2ª Bienal do MAM-SP.

A partir desse ponto, inicia-se a narrativa específica desse livro: a busca de um entendimento mais amplo acerca da constituição dos três pavilhões de Sérgio Bernardes. Não por acaso, esses edifícios surgem em um período de grandes mudanças e transformações no país que criariam condições para que o ainda jovem Bernardes pudesse se dedicar à pesquisa técnica focada na industrialização e na experimentação. Trata-se, nesse sentido, de uma sequência de fatos iniciados durante os festejos do 4º Centenário da Cidade de

Francisco Matarazzo Sobrinho ("Ciccillo Matarazzo") e Nelson Rockefeller assinam acordo entre o MAM-SP e o MoMA de Nova York, 1951. Foto Leo Trachtenberg / Trayton Studios. Arquivo Histórico Wanda Svevo / Fundação Bienal de São Paulo

São Paulo e a encomenda da CSN, feita ao arquiteto, para idealização do projeto de seu stand promocional na 1ª Feira Internacional de São Paulo, durante os anos 1954 e 1955, que resultam no Pavilhão de Volta Redonda. Nesse período, Bernardes é laureado com duas importantes premiações: em janeiro de 1954, pelo projeto da residência de Lota de Macedo Soares, com o prêmio Jovem Arquiteto Brasileiro, concedido na 2ª Exposição Internacional de Arquitetura – EIA, durante a 2ª Bienal e, meses depois, com o prêmio da Trienal de Veneza,[40] pelo projeto da casa Hélio Cabal.

Na 2ª Bienal também são premiados o arquiteto norte-americano Paul Rudolph, como jovem arquiteto estrangeiro, e Walter Gropius, com o Prêmio São Paulo, homenagem especial pelo conjunto de sua obra. Naquele momento, em visita ao Brasil e compondo o grupo de profissionais que constituíam o júri da mostra internacional de arquitetura – dentre eles Alvar Aalto, Josep Lluís Sert e Ernesto Rogers –, o experiente arquiteto alemão afirmou, em palestra proferida na capital paulista, que "a arquitetura moderna é uma consequência da evolução científica e industrial",[41] discurso perfeitamente alinhado com os preceitos de Bernardes aplicados na concepção do pavilhão no Ibirapuera.

Composto basicamente de perfis e demais elementos metálicos, esse edifício de caráter efêmero carregava consigo não apenas a inventividade e conceitos técnico-ideológicos presentes na rica produção do arquiteto, mas também elementos relacionados à constituição e à consolidação da capital paulista, cidade que, no então período, buscava se modernizar por meio do desenvolvimento de seu parque industrial e pelo intenso processo de efervescência sociocultural que desfrutava.

O sucesso das belas e delicadas formas desse exemplar, aliado a sua grande inventividade, contribuem para que, por volta de 1956,[42] Sérgio Bernardes seja convidado a idealizar o Pavilhão da Feira Internacional da Indústria e Comércio no Campo de São Cristóvão, no Rio de Janeiro. Agora, porém, por meio do convite do empresário mineiro Joaquim Rolla, atuante na área de turismo – e também na dos requintados cassinos, naquele momento já extintos pelo governo de Gaspar Dutra. O processo que resulta no pavilhão contou, inclusive, com o envolvimento direto do então presidente Juscelino Kubitschek.

Em paralelo, ainda no primeiro semestre de 1957, Sérgio Bernardes também é convidado pelo Ministério das Relações Exteriores, Itamaraty e Ministério do Trabalho a desenvolver o edifício que viria a ser o premiado Pavilhão do Brasil na Exposição Universal e Internacional de Bruxelas, de 1958. No planto internacional, o evento grandioso seria marcado pela celebração dos avanços científicos e tecnológicos e pela acirrada disputa entre norte-americanos e soviéticos. Internamente, pelo momento de pujante desenvolvimento em curso no Brasil, com o crescimento do Produto Interno Bruto – PIB,[43] impulsionado pelo Plano de Metas – "cinquenta anos em cinco" era o mote da época – e pelo planejamento e construção de Brasília, com posterior transferência da capital brasileira do Rio para o Planalto Central. Cabe ao pavilhão do país divulgar ao mundo os feitos do Brasil para o orgulho nacional.

O universo de Sérgio Bernardes: sobrevoo sobre a vida e a obra

Arquiteto das almas. Para Sérgio Bernardes, o homem não é uma abstração dentro de uma estrutura de concreto. O concreto é que deve servir o homem e contribuir para a humanização do mundo em que vivemos. Sérgio pode ostentar muitos títulos e prêmios. O maior, entretanto, é o de sentir a arquitetura filosófica e profundamente, psicológica e humanamente. Este profissional admirável é, antes de tudo, um devotado à felicidade, à segurança, à paz do ser humano. É arquiteto de almas, arquiteto de gente. O concreto vem, sempre depois. Um arquiteto que sabe calcular tudo, menos o incalculável: quantos amigos ele tem... sem saber.
Pedro Bloch, A humanização da arquitetura[44]

Sérgio Wladimir Bernardes nasceu às 10 horas de uma quarta-feira, no dia 9 de abril de 1919, em um sobrado na rua Voluntários da Pátria, n. 177, no bairro de Botafogo, reduto tradicional carioca, próximo a alguns dos principais cartões-postais da capital fluminense. Seus pais, a Sra. Maria de Camargo de Almeida Bernardes e o jornalista Wladimir Loureiro Bernardes – figura influente que durante as décadas de 1920 e 1930 foi proprietário do jornal *Gazeta de Notícias* –,[45] tiveram, além do Sérgio, mais uma filha: Regina Bittencourt,[46] esposa do embaixador Aloísio Régis Bittencourt. Seus avós paternos, tal como se atesta em sua certidão, foram Alfredo Bernardes da Silva e Rita Loureiro Bernardes, enquanto os maternos correspondem a Carlos Ferreira de Almeida e Helena de Camargo e Almeida.

Desde muito jovem, a vocação artística de Sérgio já se faz presente, momento em que "criava os seus próprios brinquedos e ficava horas a fio fantasiando cidades e aventuras nas raízes de uma grande amendoeira existente em seu quintal".[47] Sua habilidade crescente com a carpintaria e o bom trato com os materiais permitiu que, com apenas treze anos de idade, ele abrisse a sua oficina de maquetes. O próprio pai de Sérgio,[48] em matéria publicada na revista *Manchete*, revelou algumas histórias acerca do gosto do filho:

Sérgio Bernardes aos seis anos de idade. Acervo Sérgio Bernardes – Projeto Memória / Escritório Bernardes Arquitetura

Sérgio Bernardes e sua tia paterna, Beatriz Bernardes. Foto sem data. Acervo Sérgio Bernardes – Projeto Memória / Escritório Bernardes Arquitetura

Artigo "Se dependesse do pai, Sérgio Bernardes seria hoje jornalista", com foto do arquiteto com seu pai Wladimir Bernardes, publicado na revista *Manchete*, n. 1.583, em 21 de agosto de 1982. Acervo Fausto Sombra

Sempre sonhei que, depois de crescido, Sérgio iria ser o meu companheiro de profissão, a saber, jornalista". Wladimir Bernardes, pai do arquiteto Sérgio Bernardes, conta que, apesar de ser uma criança muito levada, seu filho sempre demonstrou uma vida interior muito intensa: "Ao mesmo tempo em que participava das travessuras de seus coleguinhas, gostava de ficar sozinho, como se estivesse pensando, em alguma coisa grave". Wladimir diz que só depois notou que não se tratava de uma simples impressão subjetiva. O pequeno Sérgio vivia realmente imaginando coisas. [...] Mais tarde, quando o filho atingiu a maioridade, Wladimir fundou o jornal *Gazeta de Notícias* e pensou levar o filho consigo. Só então descobriu, após uma briga feia, que Sérgio escolhera a arquitetura: "Em 1931, ele ganhou 12 contos de réis para fazer uma maquete da Avenida Presidente Vargas. Quando gastou aquele dinheirão em material de carpintaria, eu que não sabia de nada, tive uma discussão violenta com ele, pensando que se tratava de dinheiro meu. Ele saiu de casa". Essa briga seria decisiva para o futuro daquele que é hoje um dos arquitetos mais famosos do país. Porque Sérgio se dedicou então de corpo e alma aos estudos e logo se fez notar entre os colegas e professores. Mais tarde fez as pazes com o pai e voltou para casa, de onde só saiu aos 22 anos, para se casar. E o velho Wladimir conclui, orgulhoso: "Apesar de ele não ter correspondido ao meu sonho de fazer dele um grande jornalista, não deixo de me sentir orgulhoso em ver em meu filho o grande arquiteto em que se transformou.[49]

Em entrevista ao jornalista Pedro Bloch, quase duas décadas antes, Sérgio Bernardes expôs o seu interesse pela "carpintaria, marcenaria", e ainda "motor de automóvel".[50] Pedro Bloch, sobre a reconhecida paixão de Sérgio por carros, sintetizou no início do referido texto: "Menino de 13 anos, Sérgio Bernardes fugiu uma vez de casa, para ser fazendeiro em Teresópolis. Depois criou fama como ás do volante".[51] Na sequência da entrevista, essa habilidade e o prazer de Sérgio com os carros foram descritas assim pelo próprio arquiteto:

> Eu me realizava no automóvel porque não tinha a convicção de ter me encontrado. No automóvel eu sentia uma realização total. Talvez autodestruição. No primeiro circuito de que eu participei, creio que em 37, Rio-Vassouras, eu vinha em primeiro lugar. Quase à chegada da meta final, o amortecedor pegou a barra de direção daquele carro adaptado. Comprei depois uma Ferrari. Corri e venci o Circuito do Maracanã dois anos seguidos. Ganhei a corrida de Interlagos, creio que em 53. Em 54 parti para o Circuito de Lisboa e do Porto, mas não corri nenhum dos dois. Acidente. Quando recebi dois milhões de liras, como prêmio da Trienal de Veneza, com a casa que fiz para o Hélio Cabal (1954), comprei uma Ferrari nova e corri na *escudérie Guastaglia*, em Pescara, Monza e Siracusa. Nas Mil Milhas da Itália tirei o 13º lugar entre mais de duzentos carros.[52]

Ainda na continuação do seu relato, comprova-se um fato relevante inicialmente já aventado por Kykah Bernardes, de que o contato de Sérgio Bernardes com o tio materno, o destacado arquiteto Paulo de Camargo e Almeida,[53] de alguma maneira teria corroborado com a decisão de Bernardes em seguir com a mesma carreira do tio: "Comecei, ainda estudante, a fazer projetos, a idealizar coisas. Com quinze anos, já trabalhava no escritório de Paulo Camargo de Almeida".[54]

Foi justamente com essa idade, ou seja, em 1934, que Sérgio Bernardes teria concebido o seu primeiro projeto, a casa do Sr. Eduardo Baouth: sobrado com traços e certa composição wrightiana, de largos beirais, erguido em meio a um generoso jardim em terreno localizado no distrito da Itaipava, no Rio de Janeiro.

Pouco depois, por volta de 1937, Sérgio Bernardes ingressou na Faculdade Nacional de Arquitetura da Universidade do Brasil, onde "cursou arquitetura até o terceiro ano e, depois, trancou a matrícula".[55] No ano seguinte, em outubro de 1941, casou-se com Clarice Ramos Leal, amiga de sua irmã Regina, tendo com ela três filhos:[56] Cristiana, Sérgio e o caçula Claudio Bernardes, nascido em 1949 já depois de Sérgio Bernardes haver reingressado à faculdade para concluir os seus estudos e diplomar-se arquiteto em 1948, aos 29 anos de idade. Sua esposa Clarice comentou acerca desse período:

> Sérgio tinha tal capacidade de criação e de trabalho que custou a se formar. Eu quase o obriguei a fazê-lo. E, embora meu grande sonho fosse vê-lo colar grau, não pude estar presente. É que meu filho estava para nascer a qualquer momento. Nós nos casamos ainda garotos.[57]

O engenheiro e amigo Jayme Mason ratificou a relevância do apoio de Clarice na conclusão dos estudos por parte do rebelde Sérgio, relatando:

> Sérgio formou-se em arquitetura na Faculdade de Arquitetura, e depois de muita luta para ser dominado em sua indisciplina e rebeldia aos estudos sistemáticos.
> Desde garoto, assim contou-me sua mãe Da. Maria Bernardes, Sérgio fazia seus projetos e maquetes.
> Coube grande mérito a sua primeira esposa e mãe de seus filhos, D. Clarice, na árdua tarefa para que Sérgio obtivesse o diploma de arquiteto. Contou-me que muitas vezes levava Sérgio à Faculdade e ia buscá-lo, impondo assim um mínimo de sistemática a seu espírito rebelde.[58]

É nesse momento, e provavelmente auxiliado pelo tempo – ainda incerto – de estágio com o seu tio, que Sérgio

Bernardes, antes mesmo de se formar, começava a ascender em seu meio profissional por meio de projetos de vulto, como o Country Club de Petrópolis, no Rio de Janeiro, de 1947, projeto não construído, mas publicado em número especial da revista *L'Architecture d'Aujourd'hui* daquele mesmo ano.[59]

Dois anos depois, já recém-formado, Sérgio Bernardes desenvolveu um dos seus importantes projetos: o Sanatório de Curicica, em Jacarepaguá, também no Rio de Janeiro. Esse processo ocorrerá "durante a sua chefia no Setor de Arquitetura da Campanha Nacional contra a Tuberculose – CNCT, cargo que exerceu nos dois anos que sucederam a sua formatura, 1949-1950".[60] Sua tipologia pavilhonar, elaborada por meio de uma malha estrutural bem definida em concreto armado, conectada por lineares passarelas cobertas, porém abertas, estruturadas por delgados pilares metálicos em forma de "V", voltados para arejados pátios, permitiram a adoção de áreas ajardinadas, algumas contando com a presença de pequenas calhas, a céu aberto, de captação e condução das águas pluviais. Essa solução ilustra a relevância do tratamento dado à água por Sérgio Bernardes em seus projetos, sendo mais intensamente explorada em outras tantas obras futuras do arquiteto, inclusive nos projetos dos três pavilhões aqui retratados. Com as obras iniciadas em maio de 1949 e sendo inaugurado em 25 de janeiro de 1951, o evento contou com a presença do então presidente Gaspar Dutra, que louvou o "alto conceito em que é [ou era] tida a moderna escola arquitetônica brasileira".[61]

Entre outros projetos de início da década de 1950 – inclusive dois edifícios residenciais multifamiliares: o Barão de Gravatá (1952) e Justus Wallerstein (1953) – Sérgio Bernardes desenvolveu as casas de Lota de Macedo Soares e Hélio Cabal, ambas idealizadas em 1951 e premiadas em 1954. Em 1952, Sérgio Bernardes foi o vencedor do concurso para o projeto da Igreja de São Domingos, em São Paulo, não construído, mas sendo posteriormente agraciado com o

Sanatório de Curicica, passarela coberta e calhas de condução de águas pluviais, Jacarepaguá, Rio de Janeiro RJ, 1949-1951. Fotos Fausto Sombra

Prêmio Internacional de Arte Sacra em Darmstadt, Alemanha, em 1956.

As duas residências premiadas, Lota e Cabal, representam aqui um conjunto muito maior de edificações burguesas executadas pelo arquiteto em sua primeira fase profissional, na qual cabe incluir, entre outras, a casa de verão Staub, de dois pavimentos, erguida em Petrópolis em 1950. Nessa ocasião, Bernardes propõe utilizar pilares conformados por uma malha de delgados perfis metálicos dispostos em forma de torres treliçadas, similares aos utilizados posteriormente nos quatro pilares periféricos piramidais do Pavilhão do Brasil em Bruxelas, porém trabalhando diretamente sob compressão.

Também desse mesmo período, mais duas casas ganham destaque. A casa Sampaio Vidal, publicada em 1954, erguida em Petrópolis e definida por um único pavimento, mas composta de dois blocos distintos, cujo corpo principal, o social, é definido por uma grande cobertura com generosos beirais estruturados por delgados pilares metálicos circulares e cujos fechamentos que conformam os ambientes internos se dão de forma independente. Além, e principalmente, a casa do arquiteto, edifício de três pavimentos de grande repercussão no meio arquitetônico, no Brasil e no exterior, recebendo inclusive a visita de Le Corbusier.

Concebida na segunda metade da década de 1950 e concluída provavelmente em 1961, quando foi amplamente divulgada para o grande público, a casa de Bernardes foi erguida em terreno rochoso junto ao mar na avenida Niemeyer, ao lado de um conjunto de oito casas geminadas também de sua autoria. Foi construída especialmente para acomodar a família e receber os amigos, acolhendo também o próprio escritório do arquiteto, fase que antecede o escritório da avenida Sernambetiba, na Barra da Tijuca. Constituída de elementos simples e caros à arquitetura tradicional brasileira, como piso cerâmico, embasamento em pedra e tijolos vazados como paredes divisórias, mas aliado a soluções inventivas e inovadoras, como o uso de tubulões de fibrocimento cortados ao meio, adaptados como telhas que logravam vencer vãos mais generosos e com menor inclinação, nesse projeto, Sérgio Bernardes também incorporou gárgulas de um metro de comprimento. Compostas dos mesmos tubulões da cobertura, estas se lançavam sentido ao mar e se posicionavam precisamente sobre os eixos das janelas dos dormitórios. Mais uma vez, Sérgio valorizava a água como elemento ativo e fenomenológico em seus projetos, pois em dias de chuva criavam-se pequenas cascatas sobre essas aberturas em função da captação das águas provenientes dos terraços descobertos localizados logo acima. Essa bonita solução, provavelmente inspirada nas experiências do uso da água em seus três pavilhões, é, como já salientado, uma preocupação de projeto relevante na obra do arquiteto e que, de formas distintas, aparecerá com maior ou menor intensidade.

A própria solução dada à cobertura de sua casa será amplamente utilizada pelo arquiteto a partir de então, tal como se observa na residência dos Passarinhos, de 1960, na rua Avaré, n. 281, Pacaembu, em São Paulo.[62] Como também

Casa do arquiteto, avenida Niemeyer, Rio de Janeiro RJ, 1955-1961. Publicada no artigo "Morar com gosto", revista carioca *Jóia*, n. 107, em 16 de outubro de 1962. Hemeroteca Digital Brasileira / Fundação Biblioteca Nacional

Casa do arquiteto, sala de estar no pavimento de acesso, avenida Niemeyer, Rio de Janeiro, 1955-1961. Acervo Sérgio Bernardes – Projeto Memória / Escritório Bernardes Arquitetura

Casa do arquiteto, piscina com deck em construção no pavimento inferior, avenida Niemeyer, Rio de Janeiro RJ, 1955-1961. Acervo Sérgio Bernardes – Projeto Memória / Escritório Bernardes Arquitetura

Casa do arquiteto, gárgulas sobre as janelas dos dormitórios, deck da piscina e berço em pedra que a sustenta, avenida Niemeyer, Rio de Janeiro RJ, 1955-1961. Acervo Sérgio Bernardes – Projeto Memória / Escritório Bernardes Arquitetura

na casa que atualmente acolhe o cônsul francês, na rua Prudente Correia, n. 199, Jardim Europa, em São Paulo, originalmente concebida para o Sr. Jayme Souza Dantas Filho.

O jornalista Pedro Bloch, ainda em seu referido artigo, buscou enfatizar a relevância arquitetônica da casa de Bernardes por meio de uma breve síntese descritiva, momento no qual destaca a presença do escritório do arquiteto nesse mesmo local.

> Sua casa debruçada sobre o mar é personalíssima. (Le Corbusier, ao visitá-la, disse: "Esta casa merece um livro!"). Uma parede de vidro em que uma porta se transforma em mesa. Paredes de material por ele criado e adaptado. Um estudo de reflexos que permite ter a cidade longínqua no vidro da porta. Painéis vão surgindo e desaparecendo, conforme a luz que recebem. Mas o que mais me espanta é ver, atravessando o pátio, um

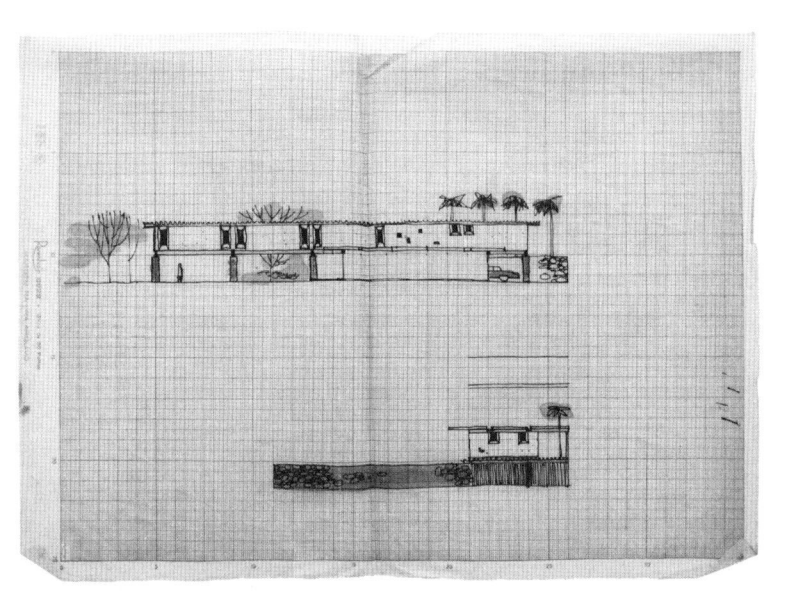

Residência Jayme Souza Dantas, croqui da fachada, Jardim Europa, São Paulo, anos 1960.

Acervo NPD FAU UFRJ / Fundo Sérgio Bernardes

enorme edifício, com pranchetas, maquetas e projetos. Um escritório, em plena avenida Niemeyer? Sim, é o escritório de Arquitetura de Sérgio Bernardes, no qual trabalham quatorze pessoas.[63]

Jayme Mason também descreveu acerca de suas percepções sobre o escritório de Bernardes no período no qual se localizava junto à residência do arquiteto:

Ele possuía escritório na avenida Niemeyer, junto de sua famosa casa no promontório rochoso, que dá vista a todo o Leblon e Ipanema. Era casa que aparecia em revistas internacionais de arquitetura.

O escritório e a casa de Sérgio vivem abertos a todos os amigos e mesmo desconhecidos que o procurassem, aos quais dava preciosa atenção mesmo à custa de seu tempo.

Fixado na parede, existia um grande mapa do Brasil, onde Sérgio anotava pictoricamente a distribuição dos recursos minerais, vias de comunicação, potencialidades econômicas, dos quais era grande estudioso e a cujo respeito tinha teorias próprias.

Muitos anos mais tarde, já em outro lugar, o mapa do Brasil foi substituído por um "mapa mundi" e Sérgio passou a preocupar-se com problemas de geopolítica, problemas astronômicos e cosmológicos.[64]

É justamente nessa fase de intensa e promissora produção, de grandes experimentações, já com certo grau de amadurecimento profissional e a particular visão das possibilidades e da aplicabilidade do aço – em um ambiente no qual o concreto armado era, e ainda é, majoritário em relação aos demais sistemas construtivos adotados na construção civil brasileira –, que Sérgio Bernardes será convidado a desenvolver os projetos dos três pavilhões aqui revisitados. Idealizados e erguidos entre os anos de 1954 e 1960, são exemplares concebidos sobre as premissas do potencial técnico do aço em momento de grande desenvolvimento do país, inclusive com o início da construção de Brasília, a partir de 1957, e a utilização imprescindível desse sistema construtivo na execução, entre outros edifícios, dos ministérios. A lógica, entretanto, adotada por Niemeyer e equipe nos edifícios do eixo monumental foi completamente inversa à adotada pelo seu colega Sérgio, pois desde o projeto da casa da Lota, de 1951, com as suas longas vigas treliçadas à mostra – similarmente ao adotado pelo próprio Niemeyer, de forma isolada, na Casa Edmundo Caravelas, de 1954 –, Bernardes mantém o seu pensamento orientado sob o princípio da verdade dos materiais e das técnicas construtivas a eles empregados, princípio que ganhará força e se explicitará a partir da concepção do Pavilhão de Volta Redonda.

A partir da década de 1960 e com êxito de seus feitos arquitetônicos, principalmente nos últimos anos, ainda que considerando a conclusão tardia do Pavilhão de São Cristóvão após inúmeros contratempos e adequações técnicas, Sérgio Bernardes – um dos poucos arquitetos de gabarito que não elaborou um estudo para a nova capital Brasília – apresenta, já em agosto de 1960, por meio da revista *Módulo* n. 19, a sua proposta, ainda em caráter de "ideias básicas", para o aeroporto da nova capital brasileira. De fato, e como de costume, suas proposições para esse equipamento urbano iam muito além de um projeto esteticamente bem resolvido. Nele, Sérgio Bernardes propõe um inovador modelo de aeroporto, "moderno e funcional, capaz de ajustar as facilidades aeroportuárias existentes no solo às inovações tecnológicas instituídas na indústria de construção das aeronaves".[65] Chamado de Aeroporto Intercontinental América do Sul-Brasília, o princípio básico se baseia na centralização da infraestrutura em um núcleo comum, transferindo-se boa parte do programa para três níveis de subsolo posicionados precisamente abaixo, permitindo "economias de escala, ao mesmo tempo em que aumenta a rotatividade das aeronaves e a eficiência do aeroporto, reduzindo os custos operacionais, o que virá possibilitar que o conjunto funcione como uma unidade industrial".[66]

Com um esboço de projeto já avançado, apresentado na referida revista por meio de planos, cortes, esquemas e uma implantação localizando o aeroporto em relação ao Plano Piloto de Lúcio Costa, afastado 20 quilômetros da praça dos Três Poderes, esse estudo permite compreender o aumento das escalas e a complexidade dos projetos que Bernardes e sua equipe passariam a se debruçar a partir do final da década de 1950. É interessante notar que, pela grandiosidade do que se propunha e possivelmente por despertar o interesse do público em geral, no mês anterior à publicação na revista *Módulo*, a revista *Manchete* saía na frente e dedicava uma matéria de três páginas sobre o tema, apresentando aos seus leitores como o "Aeroporto do século" e sintetizando-o assim em sua página inicial:

> O projeto do primeiro aeroporto intercontinental do mundo está pronto. Será construído em Brasília, e isto equivale a dizer que dentro de pouco tempo estará funcionando. [...]
> – Terá até plataformas para futuros lançamentos de aeronaves interplanetárias!
> Para a concepção de seu trabalho, Bernardes partiu do princípio de que o porta-aviões funciona dentro de uma área limitadíssima e nem por isso seus aviões têm a eficiência diminuída. A isso ele chama de "sistema vertical", que também engloba a necessidade de os serviços de terra serem centralizados. Usando a régua "T" como aeroporto e fazendo da mão direita um potente jato, ele explica:
> – Modifiquei o sistema horizontal de construção de aeroportos por que do jeito que as coisas vão, chegará o dia em que os passageiros terão que caminhar mais de meia hora até atingir o prédio da estação.[67]

Cabe aqui observar que uma parte das premonições de Sérgio Bernardes com relação às problemáticas de um aeroporto no século 21 estaria correta, principalmente acerca das dimensões que os grandes aeroportos atingiriam, tornando-se esse um dos grandes obstáculos à implantação e à ampliação de aeroportos mundo afora. Por outro lado, assim como outros tantos projetos de vanguarda que Sérgio ousaria propor e, por vezes até desenvolver, uma boa parte deles acabaria sendo engavetado – como o inovador aeroporto – e, dentre outros mais, o Hotel Tropical de Manaus.

Concebido a pedido da Companhia Tropical de Hotéis, grupo da empresa Varig, seria implantado no meio da

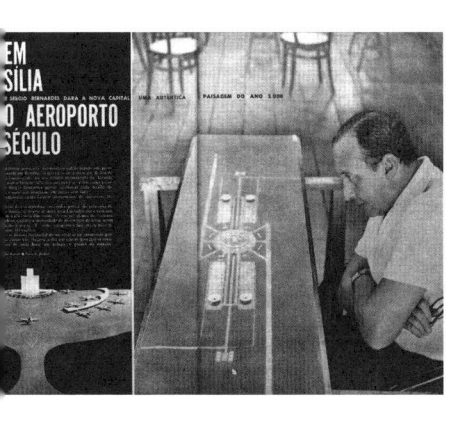

Artigo "Em Brasília aeroporto do século", reportagem de Ronaldo Bôscoli e fotos de Jankiel. Revista *Manchete*, n. 428, 2 jul. 1960, p. 64-65. Acervo Fausto Sombra

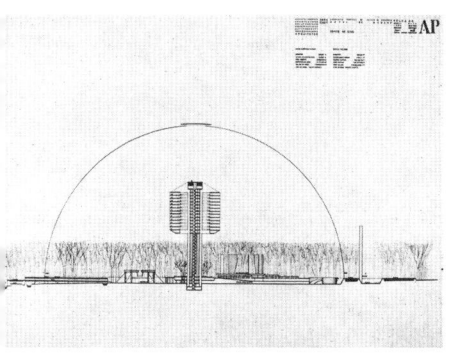

Hotel Tropical, maquete e corte da primeira versão, Manaus AM, 1963. Acervo Sérgio Bernardes – Projeto Memória / Escritório Bernardes Arquitetura

floresta amazônica, a dez quilômetros de Manaus, "à beira do Rio Negro e com acesso somente por barcos".[68] Ao menos duas versões foram desenvolvidas em maior profundidade.[69] A primeira, de 1963, seria composta por uma grande cúpula geodésica aos moldes das estruturas elaboradas pelo norte-americano Richard Buckminster Füller, porém com 300 metros de diâmetro, dimensão quatro vezes maior à executada por ele no pavilhão do Estados Unidos, na Exposição Mundial de Montreal, em 1967.[70] Dentro da grande cúpula seria distribuído todo o programa do hotel, sendo no seu centro localizado uma grande torre cilíndrica com 26 metros de diâmetro onde se localizariam, no seu trecho mais elevado, as suítes do empreendimento.

O cálculo da estrutura da cúpula ficou a cargo do engenheiro Paulo Fragoso, o mesmo profissional responsável pela estrutura do Pavilhão de Bruxelas e de São Cristóvão, bem como a cargo do engenheiro Jayme Mason. Mason seria o "responsável pela versão final da estrutura da cúpula, que se constituía numa calota dupla treliçada, obtida mediante a justaposição de vigas treliçadas planas, de três metros de comprimento e um metro de altura e, portanto, razoavelmente distinta da malha tetraédrica das geodésicas de Füller".[71] O próprio engenheiro abordou a sua participação no projeto, descrevendo:

> Uma construção deste tipo só seria realizável em estrutura metálica. [...]
> A debruçar-me sobre o problema, percebi que era necessário empregar uma estrutura reticulada de dupla camada de perfis metálicos, de modo a obter a suficiente rigidez.
> 　　As grandes dimensões da cúpula e a sua esbeltez tornava expressiva a ação de vento e impondo-se um ensaio aerodinâmico em túnel.
> Tecnicamente falando, do ponto de vista estrutural, estávamos em presença de uma estrutura em casca

anisotrópica, com rijezas flexionais e membranais desacopladas.

A estabilidade elástica de superfície, ou seja, a possibilidade de seu afundamento local era outro problema teórico importante.

Na literatura científica da época, e estávamos na era pré-computacional, não existiam soluções para tais problemas.

Cabia-me desenvolver as teorias apropriadas.

Ainda muito jovem era colocado diante de um desafio entusiasmante.

Ataquei o problema com os recursos teóricos de então e as soluções foram surgindo.

O escritório do Dr. Paulo Fragoso ocupava-se do detalhamento do projeto. O que mais me impressionava em tudo era a reação de Sérgio Bernardes.

Divertia-se como uma criança quando lhe explicava o sentido das teorias, os resultados dos cálculos e suas relações com a estrutura da cúpula.

Adorava o jargão científico, no qual dizia detectar forte componente de poesia.

Sua mente analítica captava com enorme facilidade conceitos e teorias científicas, quando era possível escoimá-los de seu formalismo matemático.

Enchia-me de perguntas extremamente coerentes, que eu procurava responder da melhor maneira possível, chamava seus arquitetos à volta da mesa para que ouvissem as explicações.

Que diferença em relação a outros arquitetos, que abominavam tudo o que estivesse a ver com teorias e números, sem os quais suas criações arquitetônicas não ficariam de pé! [...]

A obra da cúpula de Manaus não veio a realizar-se, como tantas outras grandes ideias de Sérgio, por esbarrar em problemas financeiros e técnicos.

Fui testemunha direta do sofrimento de Sérgio, ante

a não concretização deste sonho e de outros mais no futuro.[72]

E concluiu, acerca da versão final para o hotel:

Comprovada a impossibilidade de realização da cúpula, Sérgio imaginou alternativa em cobertura suspensa, em planta circular, a partir do cimo da torre do hotel. Esta solução, quiçá mais bela do que a inicial, também acabou não sendo realizada. [...]
A cúpula de Manaus marcou o início da minha longa amizade e cooperação com Sérgio Bernardes.[73]

As ideias de vanguarda de Sérgio Bernardes para esse edifício eram de tal ordem à época que, somente em 2010 – passados quase quatro décadas da elaboração da segunda versão do Hotel Tropical de Manaus, em 1970 –, um edifício de partido similar ao do arquiteto carioca poderia ser construído. Trata-se do centro comercial Khan Shatyr, projeto do arquiteto inglês Norman Foster, erguido em Astana, capital do Cazaquistão, sendo considerada a mais alta tenda e estrutura tênsil do mundo, com 150 metros de altura e uma base elíptica de 200 metros.

Ainda que muitos projetos idealizados por Sérgio Bernardes acabaram não se concretizando, principalmente a partir de 1960, o Hotel Tropical Tambaú é testemunho da grande capacidade e sensibilidade de seu arquiteto. Concebido na cidade de João Pessoa, Paraíba, possivelmente entre 1961 até 1971[74] – o hotel está implantado na praia de mesmo nome e teria sido fruto da campanha do governo federal no sentido de promover o turismo "como uma das estratégias de integração nacional em consonância com a modernização dos meios de comunicação e infraestrutura viária".[75] "Tornou-se um marco da cidade e uma importante obra da arquitetura moderna brasileira. Não só pela preservação da

Hotel Tropical, maquete e corte da segunda versão, Manaus AM, 1970. Acervo Sérgio Bernardes – Projeto Memória / Escritório Bernardes Arquitetura

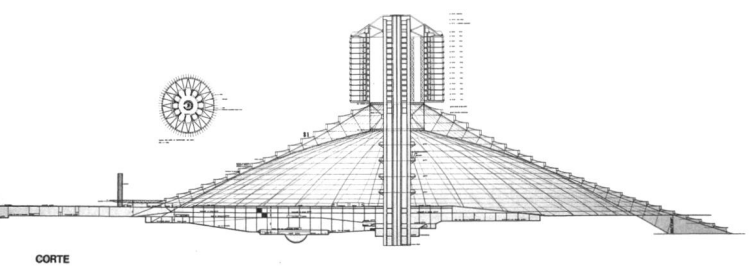

CORTE

qualidade de vida urbana, mas principalmente pela relação entre tecnologia e expressão na experiência construtiva".[76]

Composto basicamente por dois anéis concêntricos, sendo um maior e periférico – estruturado sobre um quebra-mar que serve de base para as suítes e algumas áreas sociais de descanso e lazer junto ao mar – e um segundo anel interno, no qual se concentram – similar ao proposto no estudo do Aeroporto Intercontinental – as principais áreas de serviços e apoio: recepção, salas de reuniões, áreas administrativas, cozinha, restaurante e outros. Constituído em grande medida por três pavimentos, além da torre da caixa-d'água postada no centro do complexo e outros níveis intermediários destinados às circulações secundárias, o edifício ostenta ser um dos mais reconhecidos cartões-postais da capital paraibana.

Erguido estrategicamente no encontro de duas praias, diretamente sobre a areia, em uma área de proteção da Marinha, seu anel externo é "inteiramente aberto ao exterior na sua metade que dá para o mar e cerrado para o lado da cidade protegido por um talude verde onde cresce a vegetação".[77] Solução incomum, ilustra uma das maiores preocupações projetuais de Sérgio nesse período: a chamada "não arquitetura", ou seja, a concepção de um edifício que buscasse interferir visualmente o menos possível.

De solução aparentemente simples, o Hotel Tambaú é resultado de ações controversas, tal como a sua própria implantação, que se deu sobre um local de caráter público, a praia. Tratando-se de um empreendimento privado, dedicado a um público restrito, apresenta pontos questionáveis nesse sentido. Por outro lado, e ainda assim, a sua contribuição e o impacto positivo no seu entorno são inegáveis, fazendo desse um dos projetos mais (re)conhecidos dentro da relação de obra de Sérgio Bernardes.

Atualmente, mesmo com alterações em sua concepção original – como a pintura branca sobre grande parte das paredes que conformam os ajardinados pátios internos, originalmente concebidas em tijolos aparentes – e ainda que sendo necessárias intervenções de vulto no conjunto, com o intuito de contornar as ações do tempo – do desgaste provocado pelas ondas que quebram nas marés altas sobre o seu embasamento, bem como as ações constantes da maresia –, o referido hotel pode ser considerado um verdadeiro marco da arquitetura pós-Brasília.[78]

Ocupando timidamente as páginas de livros especializados voltados ao estudo da arquitetura nacional,[79] o Hotel Tambaú foi destino para muitas personalidades, dentre elas, Juscelino Kubitschek. Por carta endereçada a Sérgio Bernardes, o ex-presidente parabenizou o arquiteto pelos seus feitos alcançados nesse edifício, ocasião que afirma ser o hotel "mais aprazível não apenas do Brasil, mas do próprio mundo":

Hotel Tambaú, fachada Sudeste, João Pessoa PB, 1966-1971. Foto Fausto Sombra

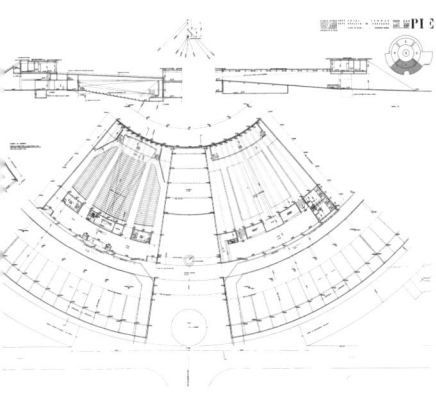

Hotel Tambaú, planta pavimento inferior da seção Oeste (acesso social), João Pessoa PB, 1967. Acervo NPD FAU UFRJ / Fundo Sérgio Bernardes

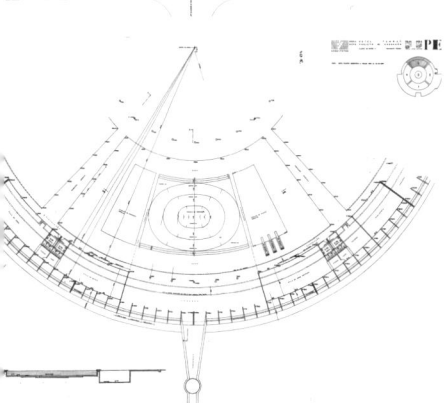

Hotel Tambaú, planta do pavimento inferior da seção Leste (piscinas), Hotel Tambaú, João Pessoa PB, 1967. Acervo NPD FAU UFRJ / Fundo Sérgio Bernardes

Rio de Janeiro (GB), 22 de fevereiro de 1972
Meu caro Sérgio Bernardes,
Entre os arquitetos do mundo, considero-o hoje um dos maiores e mais geniais.

Tive ainda agora uma prova disso, ao passar uns dias no Hotel Tambaú que, sem nenhum favor, é o mais aprazível não apenas do Brasil, mas do próprio mundo.

Já andei muito, conheço demais as rotas do turismo internacional e nunca me abriguei num hotel que cativasse tanto pelo sóbrio, elegante e simpático arranjo de todas as suas peças.

Os meus parabéns são realmente calorosos, porque você pode estar certo de que, em assunto de hotéis de turismo, ninguém produziu melhor que o seu.

Ainda há poucos meses estive em Torremolinos, num excelente hotel, elogiado e procurado internacionalmente. Fica longe da graça das linhas de sua construção e do ambiente agradável que proporciona.

Com o meu abraço muito afetuoso, os votos para que você prodigalize o seu gênio, através deste país, e produza obras tão interessantes como a que assinalou o êxito de Tambaú.

Abraços afetuosos de Juscelino Kubitscheck.[80]

Entende-se que o honroso elogio é consequência da junção do feliz arranjo de materiais caros à arquitetura moderna brasileira, mas também fruto da atmosfera e ambiência criada por meio de elementos articuladores, como os passeios externos avarandados que dão acesso às suítes, além da inclusão de peças advindas da cultura indígena, comuns principalmente na região Norte e Nordeste do país: a rede. Esse elemento já seria incorporado por Lúcio Costa em seus esboços de casas não construídas e elaboradas no início da década de 1930, como no croqui da casa operária da Vila Monlevade, de 1934, no esboço da Casa sem dono n. 1 e n. 2,

Artigo "Quando os arquitetos projetam cadeiras", publicado na revista *Manchete*, n. 610, em 28 de dezembro de 1963. Acervo Fausto Sombra

desse mesmo período, e no Pavilhão Riposatevi na 13ª Trienal de Milão, de 1964.

Todos esses fatores, aliados ao estreito diálogo do edifício com o sítio e os elementos que o conformam, nesse caso, principalmente a água – por meio das ondas que propositalmente tocam o edifício nas marés altas, dissipando sua energia sobre o ripamento de concreto que conforma o citado quebra-mar –, são características e soluções que auxiliam a compreender a forma de pensar e conceber espaços por Sérgio Bernardes.

Para além dos muitos projetos arquitetônicos, os quais o seu escritório era encarregado de desenvolver durante a primeira metade da década de 1960, Sérgio Bernardes se ocupou de outros tantos ofícios, como o design de móveis. Em artigo publicado na revista *Manchete*, em dezembro de 1963, constata-se que o arquiteto, com demais destacados colegas e uma década antes de projetar a sua famosa poltrona Rampa, de 1975, já dedicaria parte de seu tempo nesse trabalho:

> Lúcio Costa disse uma vez que é mais fácil projetar uma cidade do que uma cadeira, referindo-se à poltrona

que a OCA está expondo ao lado dos novos modelos de móveis criados por Sérgio Bernardes, Artur Lício Pontual e Sérgio Rodrigues.[81]

Também é do mesmo período o protótipo do carro concebido por Sérgio Bernardes e equipe, apelidado carinhosamente de Bernardete. Em nota publicada na revista *Manchete*, de novembro de 1964, o periódico revela:

No subsolo de sua residência na avenida Niemeyer, Rio, o arquiteto Sérgio Bernardes pesquisa o que ele chama de "linhas puras do automóvel do futuro". Trabalhando numa maquete já várias vezes alterada, o arquiteto está aos poucos descobrindo a forma de um veículo que, além de confortável e elegante, dará ao seu motorista e passageiros segurança total.[82]

As problemáticas urbanas também já se faziam presentes no trabalho desenvolvido pelo arquiteto. Em depoimento publicado em 1966, após um temporal que destruiu diversas casas erguidas em áreas de risco no Rio, o arquiteto já defendia a necessidade de as cidades aceitarem as comunidades carentes como núcleos que mereciam a devida atenção do Estado. Naquele momento, sugere que fossem reorganizados os espaços de ocupação, permitindo a adequada realização de "serviços de instalação de água, luz elétrica, abertura dos caminhos, canais e todos os melhoramentos públicos. [...] O governo já não pode ficar mais omisso, dizia Sérgio Bernardes".[83]

Pelo menos até junho de 1965, conforme nos atesta o trecho abaixo, do artigo "Dois famosos arquitetos residem em autênticas obras de arte", o escritório de Bernardes ainda dividia espaço com a casa do arquiteto na avenida Niemeyer:

Localizada em local admirável bem escolhido – a avenida Niemeyer, frente ao mar –, sua construção foi feita com material puro, sem revestimento algum, a fim de que o próprio tempo se encarregue de lhe dar o acabamento definitivo. Tem três pavimentos e uma piscina, construída acima do nível do mar e voltada para o oceano. É casa para moradia e também para trabalho, pois à frente está localizado o seu escritório, inteiramente independente da parte reservada ao lar. É uma obra moderna e arrojada.[84]

Entretanto, trabalhando em múltiplas linhas de pesquisas, sobre os mais diversos programas e escalas, Sérgio Bernardes projeta e constrói, possivelmente durante a segunda metade da década de 1960, a nova sede do seu escritório, que passa a ocupar o número 4.446 na avenida Sernambetiba. Conformado por três pavimentos e concebido em estrutura de concreto aparente, com grandes panos de vidro voltados para o mar, sendo o seu hall de entrada implantado meio nível acima da rua, o edifício se sobressaía no então contexto da Barra da Tijuca. O engenheiro Jayme Mason, responsável pelos cálculos do projeto, descreveu sobre o espaço concebido:

> Deixando o escritório da av. Niemeyer, Sérgio resolveu construir outro na av. Sernambetiba, de frente para o mar, em terreno que possuía na Barra da Tijuca.
> Projetou belíssima solução em estrutura aparente de concreto armado, com vigas de seção variáveis e grandes vãos, cobrindo todo o espaço da sala de arquitetura. Era vão, seguramente maior que 20 metros, com a estrutura à mostra. Encarregou-me do projeto estrutural, que executei com grande prazer. [...]
> Por anos, desenvolveu seus projetos neste escritório e pude assisti-lo de perto, onde lhe podia ser útil.
> As suas totais expensas montou no local o LIC – "Laboratório de Investigações Conceituais", ligados a suas teorias urbanísticas e geopolíticas.

Escritório Sérgio Bernardes Associados / Laboratório de Investigações Conceituais – LIC, sala de desenhos e pátio dos fundos, Rio de Janeiro RJ, anos 1960. *Cadernos projetos SBA-LIC* / Acervo Sérgio Bernardes – Projeto Memória / Escritório Bernardes Arquitetura

Escritório Sérgio Bernardes Associados / Laboratório de Investigações Conceituais – LIC, corte longitudinal e plantas, Rio de Janeiro RJ, anos 1960. *Cadernos projetos SBA-LIC* / Acervo Sérgio Bernardes – Projeto Memória / Escritório Bernardes Arquitetura

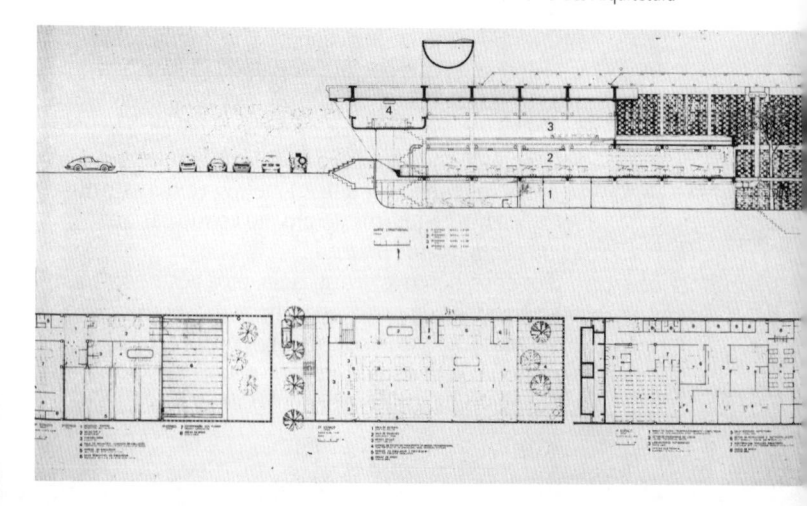

Lembro-me ter assistido, juntamente com o nosso saudoso amigo Paulo Fragoso, uma primeira sessão do Laboratório, em que Sérgio terminou falando quase sozinho.

Numerosos e importantes foram os projetos desenvolvidos neste escritório, até ser entregue ao Banco do Brasil, para cobrir financiamentos de seus contratos, cujos pagamentos não eram honrados a tempos pelos clientes.[85]

Acrescentando sobre o escritório da Barra, o enteado de Sérgio Bernardes, Felipe Guanaes Rego, que dos quatorze aos 22 anos viveu com o arquiteto carioca, então casado com sua mãe Myriam Guanaes, relembra sobre esse generoso espaço de trabalho:

A sala de trabalho de Sérgio Bernardes ficava num mezanino suspenso no ar, com vinte metros de comprimento por cinco de largura, seguro por duas paredes de concreto nas pontas e com duas laterais de vidro que permitiam visualizar, à esquerda, os andares abaixo e, à direta, o oceano Atlântico. Uma grande mesa retangular dominava o ambiente. Sentado na cabeceira, em geral enfurnado nos desenhos a sua frente ou em empolgantes apresentações de novos conceitos espaciais, ficava Bernardes, um homem forte, corpulento, com uma presença marcante e olhos fraternos que chamavam para perto, convidavam a uma boa conversa.[86]

Naquele momento, o escritório de Sérgio no Rio contava com um coordenador-chefe, o Sr. Murillo Boiabad, profissional que trabalhou durante 35 anos com o arquiteto carioca, desde 1952, ocasião em que o escritório era no nono andar do Edifício Seguradoras, na rua Senador Dantas com a Evaristo da Veiga.[87] Também por volta de 1961, em São Paulo, e por meio de um grupo de cinco arquitetos organizados em torno de Ennes Silveira Mello, o escritório contava com uma sede na capital paulista,[88] definindo assim o escritório Sérgio Bernardes Associados – SBA.

Nascido em São Paulo, mas formado na Faculdade Nacional de Arquitetura em 1963, no Rio, Silveira Mello relata a experiência de trabalhar com Sérgio após tê-lo conhecido por ocasião de uma série de entrevistas e fotos que realizou com arquitetos de renome, dentre eles: Lúcio Costa, Niemeyer, Reidy, Artigas, Francisco Bolonha e Oswaldo Bratke.

> Com todos eles eu tive de fazer uma entrevista, falar com eles, ver o que eles tinham, qual era a coisa mais bonita, fotografar. Tive um contato muito grande com todo esse mundo. E desse contato grande que eu tive, eu lógico que me apaixonei pelo Sérgio Bernardes. Um cara cativante, um cara maravilhoso, um cara incrível, uma inteligência, um negócio incrível.
>
> E realmente foi, pode-se dizer, um pai pra mim, onde eu aprendi uma barbaridade. Em um mês eu aprendi o que deveria e o que não deveria. E aprendi também um outro lado dele, que é o lado negativo dele, entendeu? [...] E eu era amigão dele, então eu podia chegar e falar coisas. Eu falava pra ele: "Sérgio você não sabe parar. Você tem uma imaginação tão forte, que você está fazendo o projeto comigo e de repente você muda todo o conceito que você tem, porque você teve outra ideia que você está querendo aplicar" [...] Porque o pintor, quando tá fazendo o quadro ele tem que saber a hora de parar. Tem uma hora que ele tem que parar o quadro. E o Sérgio continuava, entendeu?[89]

Ainda que em São Paulo não houvesse oficialmente um coordenador, ambos os profissionais, Murillo Boabaid e Ennes Silveira de Mello, compunham uma equipe de arquitetos e outros profissionais, muitas vezes, no caso do Rio,

Residência Lota de Macedo Soares, Petrópolis RJ, 1953. Foto Leonardo Finotti

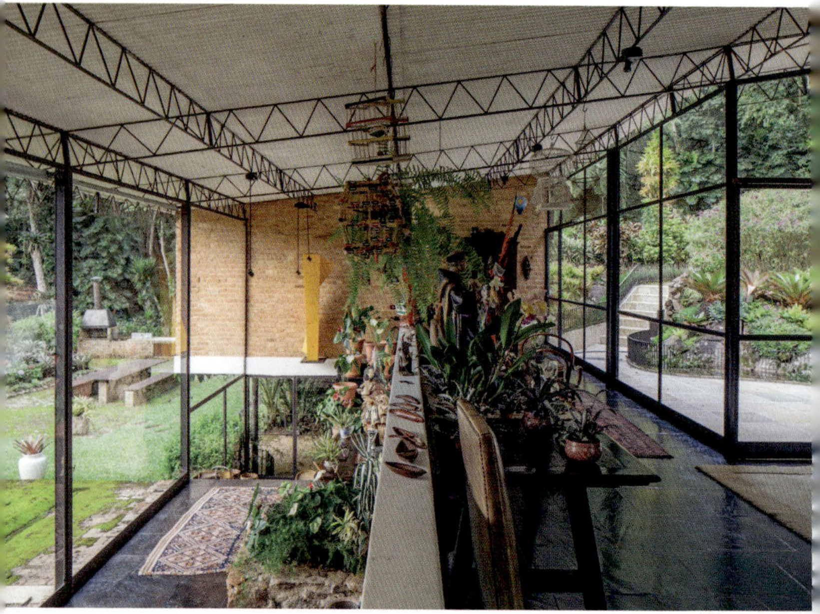

Residência Lota de Macedo Soares,
Petrópolis RJ, 1953. Fotos Leonardo
Finotti

Nas duas páginas seguintes
Edifício Barão de Gravatá, Rio
de Janeiro RJ, 1952

Edifício Justus Wallerstein, Rio
de Janeiro RJ, 1953. Fotos Leonardo
Finotti

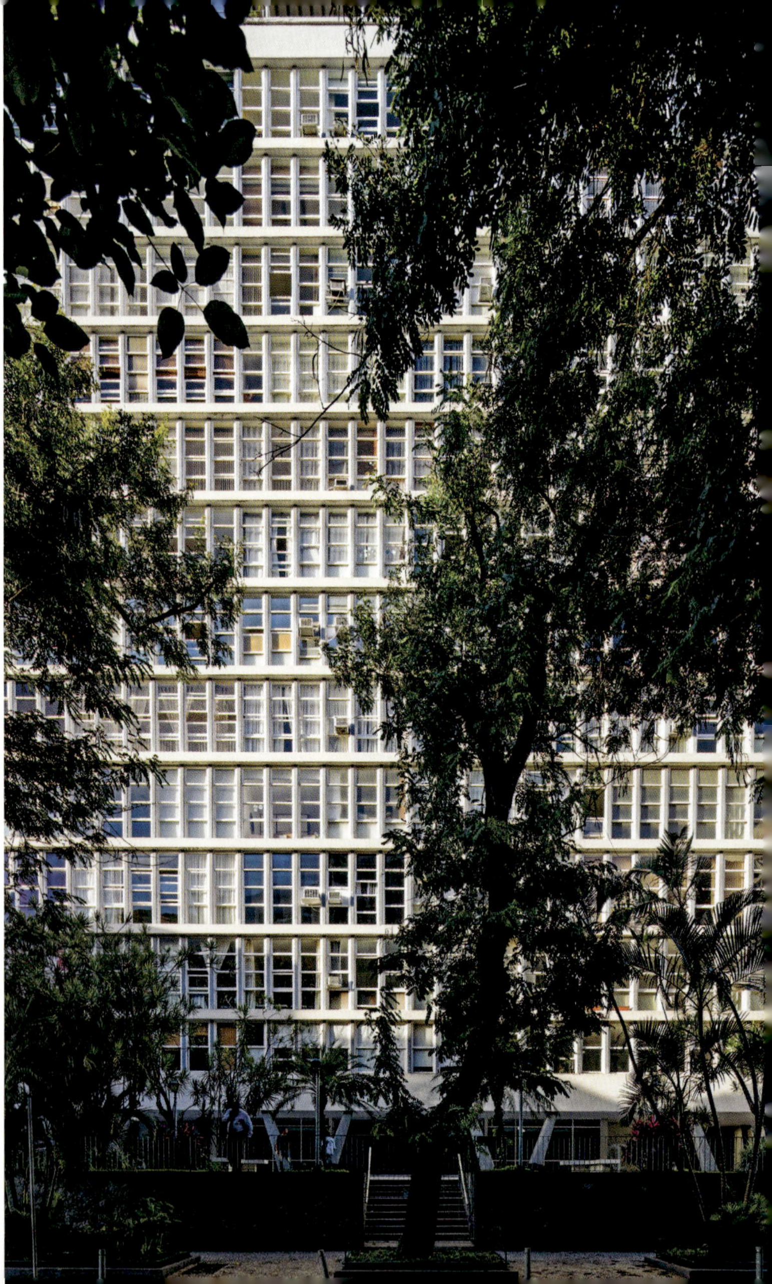

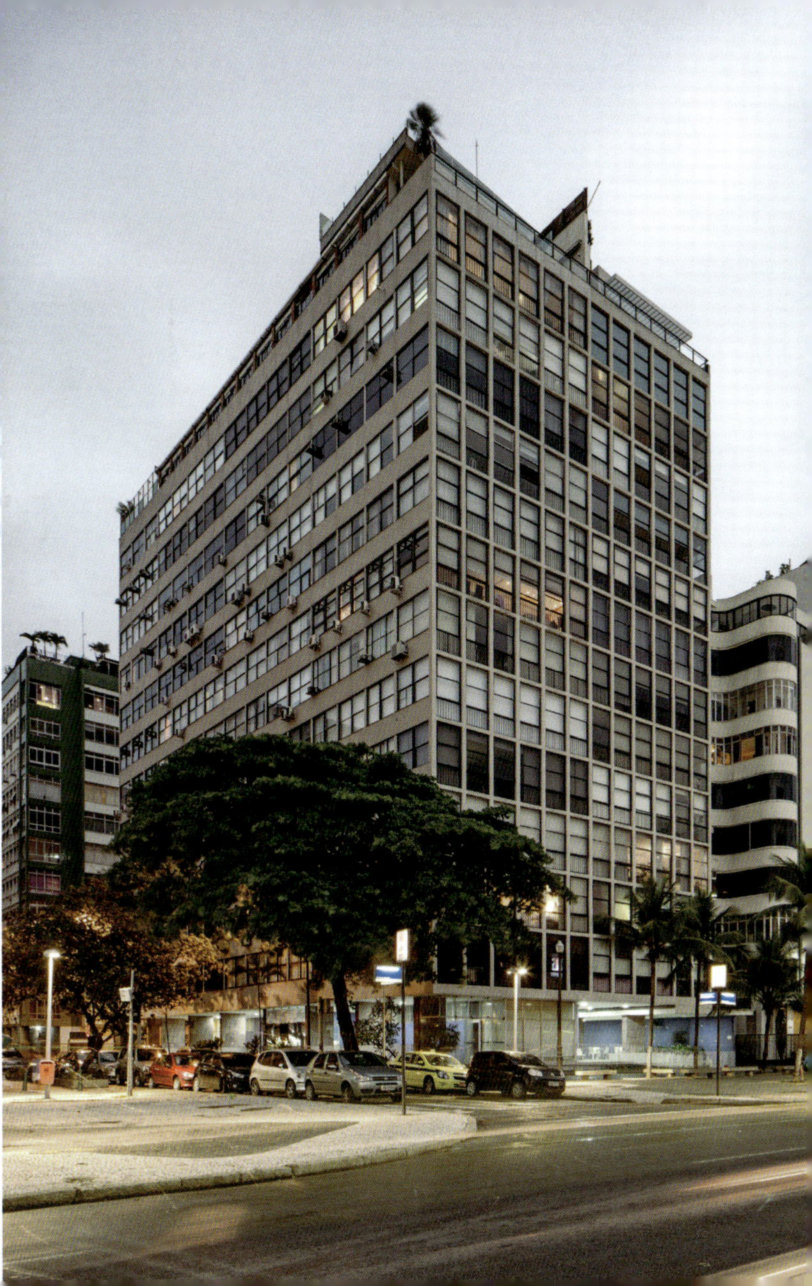

Hotel Tambaú, vista aérea e sala de descanso, João Pessoa PB, 1966-1970.
Fotos Leonardo Finotti

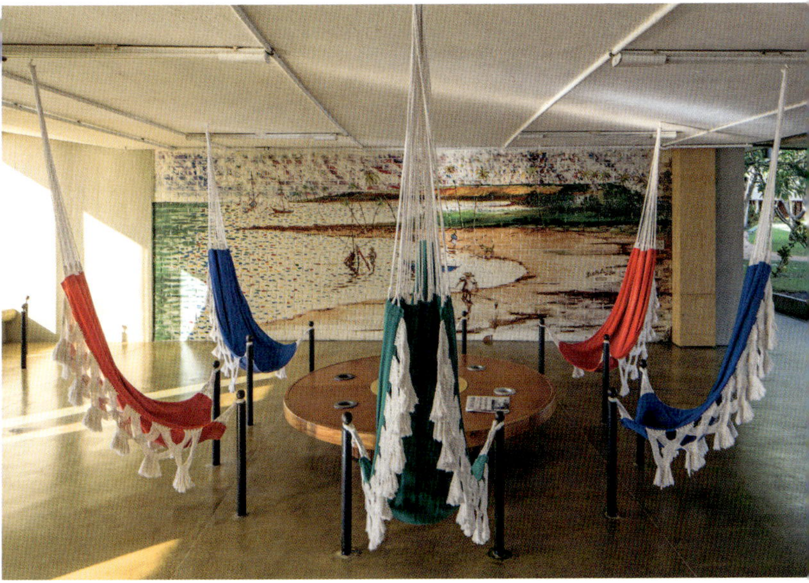

Gabinete de Despacho do Governador, Fortaleza CE, 1960-1970. Foto Leonardo Finotti

Mausoléu Castelo Branco, Fortaleza CE, 1972. Foto Leonardo Finotti

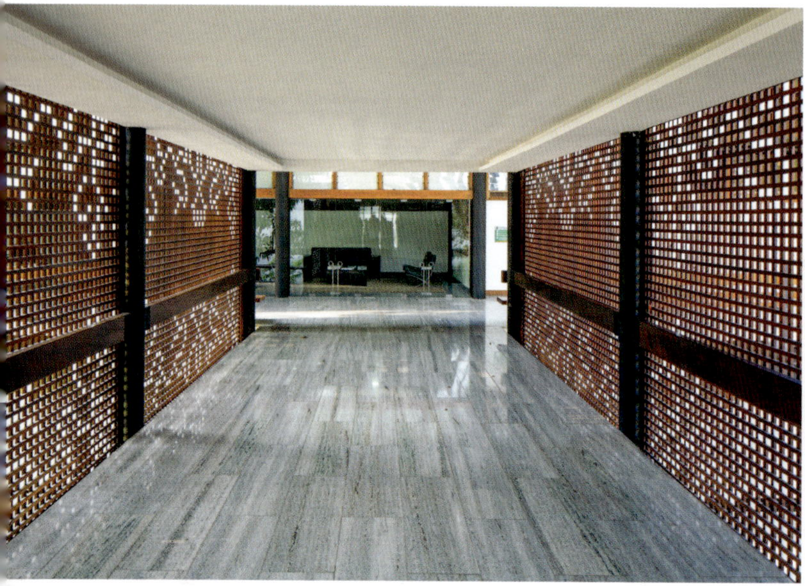

Palácio da Abolição, Fortaleza CE,
1960-1970. Fotos Leonardo Finotti

Centro de Investigações da Petrobrás
– Cenpes, Rio de Janeiro RJ, 1969.
Fotos Leonardo Finotti

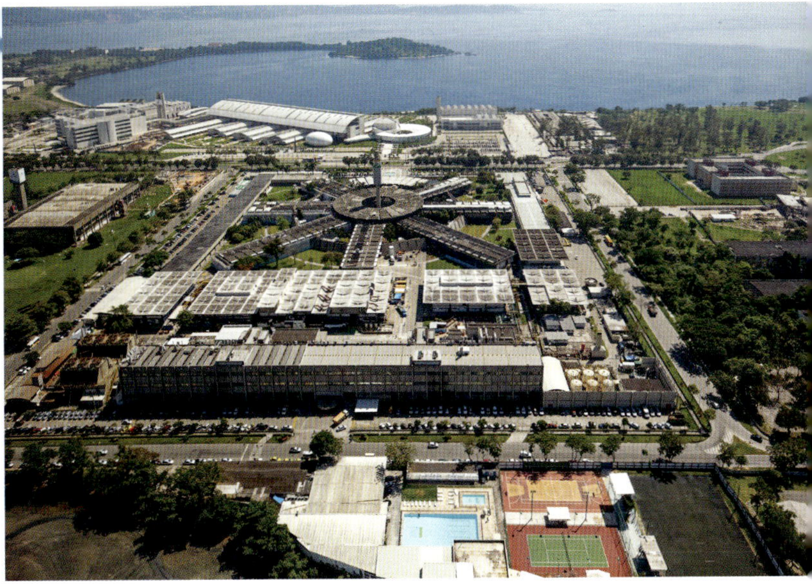

Espaço Cultural José Lins do Rêgo, João Pessoa PB, 1980. Fotos Leonardo Finotti

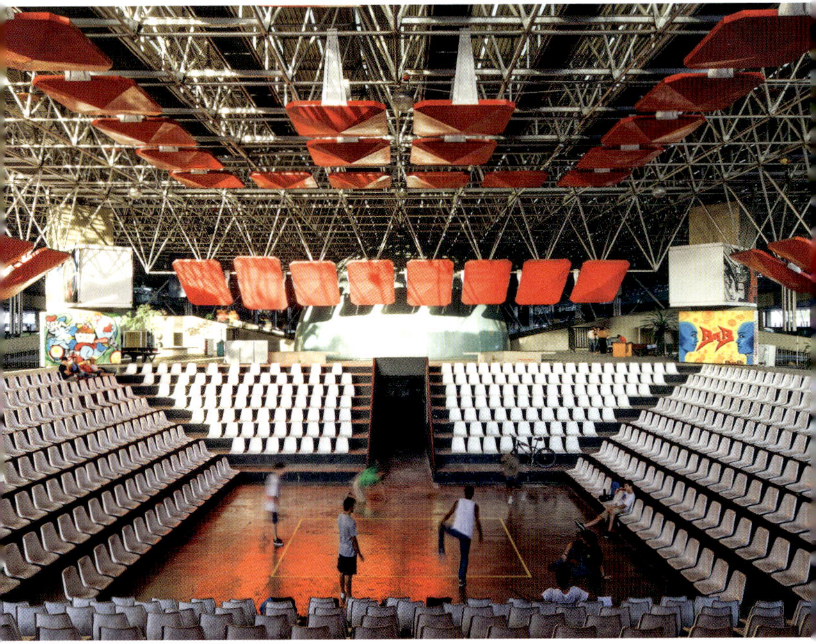

Posto salva-vida, Rio de Janeiro RJ, 1976. Foto Leonardo Finotti

estrangeiros.⁹⁰ Essa internacionalização, inserida dentro da sede principal do escritório, permitia gerar olhares e questionamentos distintos que geralmente enriqueciam o desenvolvimento e o resultado dos projetos e planos elaborados, sendo essa dinâmica já presente desde o escritório da avenida Niemeyer, tal como se atesta por meio de matéria publicada em 1961. Nela, destacam-se as ideias de Sérgio para a expansão da capital fluminense sentido ao Recreio, tendo como introdução um breve panorama da obra do arquiteto carioca e a então estrutura do seu escritório, formada por diversos bolsistas estrangeiros, além do contato com profissionais de renome, como Richard Neutra.

Artigo "O Rio caminha para o Sul", de Bernardo Ludemir, publicado na revista *Manchete*, n. 467, em 1 de abril de 1961. Acervo Fausto Sombra

Sérgio Bernardes é um dos mais importantes arquitetos brasileiros da atualidade. Temperamento irrequieto, mas atualizado, está sempre procurando soluções novas de forma a conseguir realizar obras de peso, que não sejam simples edifícios ou conjuntos. Mas ao lado disto vive preocupado, permanentemente, com o lado social e urbanístico, no mais alto sentido humano.

Seu renome é internacional. Deu ao Brasil o Grande Prêmio de Arquitetura da Exposição de Bruxelas, é um dos planejadores de Interama, cidade em Miami, projetada pelos maiores nomes da arquitetura do hemisfério e acaba de ser convidado para projetar a Faculdade de Medicina de Berlim, juntamente com Richard Neutra.

Hoje o escritório de Sérgio Bernardes é também um escritório internacional. Nele trabalham (inclusive bolsistas) japonêses, chineses, búlgaros, holandeses, franceses e brasileiros, imbuídos da preocupação de pesquisar e apresentar o melhor para os problemas de arquitetura. Ali ninguém é empregado.

Sérgio Bernardes e o seu escritório enveredam cada vez mais no caminho das pesquisas, com o objetivo de criar uma arquitetura verdadeiramente nacional, aproveitando as características mais relevantes da nossa mão de obra, da nossa indústria e da nossa conjuntura econômica e social.[91]

A despeito da proximidade com Richard Neutra, a pesquisadora Fernanda Critelli já abordou brevemente esse tema em *Richard Neutra e o Brasil*,[92] inclusive por meio de foto, não datada, por ocasião da vinda do arquiteto austríaco e sua esposa, Dione Neutra, ao país. A imagem ilustra o casal austríaco em visita à casa de Lota de Macedo Soares na companhia da própria intelectual e de Sérgio Bernardes.

Segundo correspondência de autoria de Dione Neutra endereçada a Sérgio Bernardes, enviada de Buenos Aires em 29 de setembro de 1959, período provável da citada foto, nota-se uma recente, porém, ao que parece, estreita relação estabelecida entre ambos os arquitetos. Em sua carta, Dione agradece a Sérgio por haver confessado a Richard Neutra como as suas ideias o inspiravam, como também confirma a data de uma posterior e nova passagem do casal pelo Rio, nos dias 2 e 3 subsequentes.

Buenos Aires 9.29.59
Mr. Sérgio Bernardes
Rua Tonelero, 180
Apt. 104
Copacabana
Rio de Janeiro, Brasil

    Caro Sérgio,
    Espero que você me permita ser tão familiar depois de um contato tão curto, mas eu sei que você, da mesma forma que nós, deve saber como a vida pode ser tão maravilhosa que se possa reconhecer almas afins imediatamente. Estou feliz por você ter dito ao meu marido o quanto seus pensamentos sobre arquitetura o influenciaram, porque frequentemente ele se sente muito solitário e informações como a sua o mantém em movimento e lhe dão esperança de continuar escrevendo e pensando.
    Nos deixa muito felizes pensar em você e saber que você tem sua ilha para onde fugir e relaxar. Certamente é o paraíso na terra e sempre nos lembraremos com saudade do pouco tempo que pudemos passar ali na companhia dos encantadores macaquinhos.
    Como você já deve saber agora, por meio de nossos telegramas, chegaremos na sexta-feira à noite, às 19h30, do dia 2 de outubro pelo voo 202.
    Ficaríamos muito gratos se você pudesse nos mostrar um pouco do seu trabalho no dia seguinte. É muito longe para dirigir até Theresopolis? Nosso avião para o Porto da Espanha sai sábado à noite, às 20h30.
    Aguardando ansiosamente para estar novamente com você.
    Cordialmente
    Dione [assinatura][93]

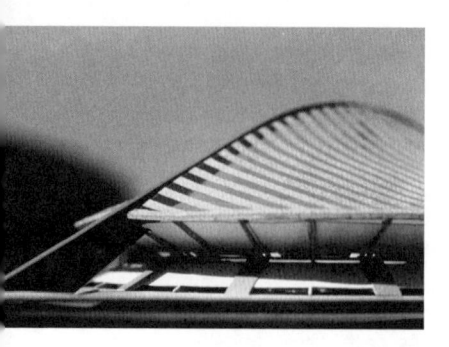

Estádio do Corinthians, maquete do projeto não construído, São Paulo SP, 1968. Acervo Sérgio Bernardes – Projeto Memória / Escritório Bernardes Arquitetura

Na segunda metade da década de 1960, o escritório de Sérgio Bernardes esteve a todo o vapor com obras e projetos de grande porte em diversos estados brasileiros. A começar pelos esboços do "Rio do Futuro", publicados no número especial da revista *Manchete*, tal como já brevemente abordado; o Plano Diretor do Complexo Industrial de Aratu, na Bahia, do qual o mesmo semanário publicaria matérias com fotos divulgando a evolução da obra em novembro de 1967; e o projeto do Estádio do Corinthians, em São Paulo, apresentado em setembro de 1968,[94] não construído. Nesse momento, Sérgio retoma o tema de coberturas por meio de cabos, de forma similar aos pavilhões aqui analisados, agora, porém, por meio de uma grande viga de concreto longitudinal em arco, chegando a atingir 90 metros de altura e da qual os cabos de aço se posicionariam transversalmente e com espaçamento de três metros entre si, elementos que se lançavam em meia catenária até atingir o topo superior das arquibancadas perimetrais, em um partido – guardadas as devidas proporções, arranjo e soluções estruturais – semelhante ao adotado no Ginásio Nacional Yoyogi, de 1964, de autoria de Kenzo Tange.

Outros relevantes projetos são desse período, dentre eles o Hotel Tropical de Recife, também de 1968, não construído, definido por uma torre helicoidal com o escalonamento sucessivo de blocos como uma grande escada, e o Palácio da Abolição em Fortaleza. O hotel de Recife possivelmente seria derivado dos estudos realizados para as grandes torres do "Rio do Futuro", e que ganhou recentemente adeptos no exterior.[95] Além do Instituto Brasileiro do Café, de 1968, em Brasília, também não construído e o bonito e tecnológico Centro de Investigações da Petrobrás – Cenpes, de 1969, no Rio.

Adentrando a década de 1970, encontram-se os já citados projetos Monumento do Pavilhão Nacional, em Brasília, e o Mausoléu Castelo Branco, em Fortaleza, ambos inaugurados em 1972. Deste ano data também o projeto original para o Centro Cultural de Brasília, interessante exemplar do rol de edifícios construídos por Sérgio Bernardes e que – com a adoção de cabos de aço – mantém certas semelhanças, formais e por vezes técnicas, com os pavilhões aqui estudados. Entretanto, após passar por grandes intervenções e ampliação de suas instalações no início da década de 1990, projeto de autoria do escritório Mayerhofer & Toledo Arquitetura, acabou sofrendo grande descaracterização e passou a ser chamado de Centro de Convenções Ulysses Guimarães.

Centro de Convenções de Brasília, cartão-postal da Edicard Editora Cultural Ltda, Setor de Difusão Cultural, sem data. Acervo Fausto Sombra

As pranchas manipuladas referentes aos desenhos executivos desse projeto, elaboradas pela equipe de Sérgio e arquivadas no NPD, apontam no carimbo a data de 2 de outubro de 1977, ou seja, sugerindo que a sua inauguração tivesse ocorrido em momento posterior.[96] Esse longo processo estabelecido entre o início de sua concepção original e o seu desenvolvimento, de no mínimo cinco anos, é parcialmente revelado por meio do artigo publicado no jornal *O Estado de S. Paulo*, de 16 de novembro de 1972. Com o título "Cultura é esquecida, mas tem novo projeto",[97] são levantadas questões relacionadas ao descaso do então governo militar com a cultura em Brasília, ao desenvolvimento propriamente do estudo por parte de Sérgio Bernardes e questionamentos sobre o motivo deste não ter sido concedido ao colega Oscar Niemeyer, que já havia, segundo o próprio texto, projetado "uma sala de conferência e uma sala de exposições",[98] conformando o então Setor Cultural da cidade.

Ao longo da década de 1970, Sérgio Bernardes ainda projeta vários outros edifícios, muitos deles não construídos, como a Escola de Guerra em Brasília, de 1972, edifício que teve apenas as suas fundações executadas; o Hotel Paquetá, de 1974, não construído; a sede da empresa de informática IBM no Rio, também de 1974 e não construída; além dos postos salva-vidas na orla do Rio, de 1976, de elegante formato oblongo, concebidos para que obstruíssem o mínimo possível o visual do interior no sentido da praia.[99] A Sede Desportiva do Clube da Aeronáutica, o Zoológico e Hotel, ambos no Rio e de 1978, também acabaram não se concretizando.

Em 1974, por outro lado, Sérgio concebe o complexo industrial da empresa farmacêutica Schering, em Jacarepaguá, no Rio de Janeiro. Com uma concepção simples definida por uma grande cobertura composta de treliças espaciais, totalizando "quase 47 mil metros quadrados",[100] o edifício apresenta um grande rasgo quadrangular de 50m x 50m na sua porção central, sob o qual se encontra um grande espelho d'água. Sua cobertura espacial precede em alguns anos o Espaço Cultural José Lins do Rêgo, de 1980, como também o projeto do Aeroporto Castro Pinto, de 1981 – este atualmente bastante descaracterizado –, sendo ambos de autoria de Sérgio Bernardes e localizados na capital paraibana.

Espaço Cultural José Lins do Rêgo, show de Jorge Altinho no encerramento da Feira do Artesanato Paraibano, João Pessoa PB, 1980. Acervo Sérgio Bernardes – Projeto Memória / Escritório Bernardes Arquitetura

Espaço Cultural José Lins do Rêgo, instalação e detalhe da estrutura espacial, João Pessoa PB, 1980. Acervo Sérgio Bernardes – Projeto Memória / Escritório Bernardes Arquitetura

Ainda que idealizado mais de uma década depois do Parque do Anhembi, em São Paulo, projeto de 1968, de autoria de Jorge Wilheim e Miguel Juliano, o Espaço Cultural José Lins do Rêgo, assim como o seu par anterior, a Schering, são exemplos das preocupações de ambientação e de humanização dos espaços que Bernardes buscava imprimir aos edifícios e lugares por ele concebidos. Se nesses dois exemplares o arquiteto carioca adota a cobertura espacial como elemento estruturador do conjunto, o papel dado à água – por meio da presença dos espelhos d'agua e da explicitação e tratamento dos tubos de condução e queda sobre eles –, revela-se conceitualmente de igual relevância. Aliada a essas características, a ideia de flexibilização do uso dos espaços por meio da adoção de "volumes prismáticos que não chegam a denunciar a sua função"[101] e a utilização de materiais estruturais leves são características que, adaptadas ao clima e às condições técnico-financeiras, aproximam-se da lógica perseguida pelo high-tech a partir, principalmente, do final da década de 1970, com o Centro Pompidou em Paris. Tais intenções, ainda que de forma incipiente, podem ser encontradas no próprio pavilhão de Volta Redonda, assim como se atesta por meio da descrição desse movimento:

> O uso do metal e do vidro é uma característica-chave da arquitetura high-tech, que propõe uma espécie de abordagem invertida, na qual a honestidade de expressão é desejável mesmo quando se trata de revelar a estrutura interna do edifício – a ossatura. Tal concepção encarna ideias sobre a produção industrial de massa, segundo as quais elementos do edifício podem ser padronizados em uma fábrica, antes de serem montados no canteiro de obras. Uma das prioridades da arquitetura high-tech é a flexibilidade de uso. Isso significa que a ênfase recai sobre a funcionalidade do espaço, e não sobre as vantagens sociais ou artísticas da obra, como exemplificado no Centro Pompidou, de Richard Rogers e Renzo Piano,

em Paris. Edifícios high-tech, portanto, contam com desenhos mais voltados à eficiência e à funcionalidade construtiva que ao serviço de um propósito específico. Se Le Corbusier descreveu a casa como "uma máquina de viver", mas teve dificuldades para alcançar, o high-tech exemplifica o potencial dessa máxima: a máquina é uma metáfora que apresenta a tecnologia aplicada e serve como fonte de inspiração e de imaginação. A estética não reflete o que acontece no interior desses edifícios, que têm pouca relação com seu entorno e contexto.[102]

Durante esse período, em 1979, o Laboratório de Investigações Conceituais – LIC, entidade sem fins lucrativos, é oficialmente criado, acomodando-se com o escritório Sérgio Bernardes Associados – SBA. Nesse momento, o arquiteto carioca e sua equipe de profissionais interdisciplinares passam a debruçar-se ainda mais sobre o desenvolvimento de estudos e planos urbanos, regionais e nacionais, cápsulas submarinas, cidades no Ártico e outros projeto de grande complexidade, organização única e pouco vista no universo arquitetônico brasileiro ou mesmo internacional. Essa estrutura de trabalho pode ser comparada, naquele momento, à sugerida pelo Office of Metropolitan Architecture – OMA, fundado por Rem Koolhaas em 1975, após associar-se aos seus colegas Elia e Zoe Zenghelis e Madelon Vriesendorp.[103]

Esclarecendo de forma sucinta as ações do LIC, abaixo se transcreve parte do texto publicado na edição especial da revista *Módulo*, dedicada a Sérgio Bernardes em 1983, que define a criação dessa entidade, cujo conteúdo denota certa angústia de Sérgio com os caminhos de sua profissão, propondo, dessa forma, a aplicação da pesquisa como meio de desenvolver planos mais adequados às necessidades e realidades do ambiente, principalmente urbano.

Laboratório de Investigações Conceituais – LIC

Arquitetura e urbanismo, hoje em dia, nada têm a ver com as cidades – e é para as cidades que estão indo 80 por cento da população da Terra. Enquanto o urbanismo cria apenas viadutos e neuroses, tentando ordenar o caos, a arquitetura não consegue ser sadia. Arquitetura e urbanismo, assim, são hoje artes finais de uma grande inércia – a rapidez dos avanços científicos e tecnológicos é esmagada pela lentidão da evolução dos conceitos de organização da vida urbana e da própria sociedade em sua pluralidade política, econômica, social e cultural.

Foi a partir dessa constatação e da necessidade de intervir a tendência natural de todo governo de gerar diretrizes apenas depois que surgem eventos ou acontecimentos – como simbolicamente ilustra a solução dos viadutos – que nasceu em 1979 o Laboratório de Investigações Conceituais – LIC, uma entidade sem fins lucrativos que tem como único capital a ideia – a ideia de ser um núcleo de pensamento que intervenha na realidade atual e sugira como o homem pode se organizar melhor no espaço, harmonizando trabalho, circulação, habitação e lazer, condições elementares de seu bem-estar.

O LIC alimenta-se dos desacertos para conceber mudanças. Mas mudanças que se fundamentem na naturalidade do homem, que é a evolução, e não a revolução, que é a falta de naturalidade para admitir essa mesma evolução. Inspirado em experiências acumuladas pela humanidade, mas também na percepção de que se vive no momento em que só o caos é planejado, o LIC não prescreve receitas paliativas, ou analgésicas, nem indica remédios apenas para partes doentes dos tecidos sociais e urbanos. Antes, imagina que as cidades, por exemplo, são como o homem, um organismo que deve ser estudado e medicado em seu conjunto, de forma sistêmica.

Tem uma visão mais ampla ainda o LIC. Acha que o Homem é uma extensão do Universo e considera a Terra seu bem capital. Por isso, entende que o Homem tem o direito de receber todos os frutos da transformação da Terra, até se consumar a fusão natural entre os dois sistemas – Homem e Terra.
A partir de uma investigação permanente de conceitos – porque os conceitos caducam em velocidade surpreendente – o LIC desenvolve projetos que ofereçam novos horizontes as potencialidades que a Terra e cada país em particular oferecem. São propostas que ignoram crises econômicas momentâneas, porque são indicações de soluções definitivas que geram emprego, proporcionam bem-estar social e viabilizam as cidades.[104]

Do ponto de vista do presente estudo, não se faz necessário alongar a narrativa a respeito do relevante papel do LIC e dos demais temas que Sérgio Bernardes ainda se envidaria no fim de sua longa carreira profissional – como o plano intitulado Anéis de equilíbrio, de 1979, para o Rio;[105] o concurso para o Parc de la Villette, de 1982, em Paris;[106] os estudos para "Uma cidade sobre a linha do trem" e Lagocean, ambos de 1983, no Rio; além da sua candidatura para prefeito da capital fluminense, no ano de 1985, pelo Partido da Mobilização Nacional.

Destaca-se, por fim, que um dos últimos trabalhos que Sérgio Bernardes desenvolveu, já na virada do século, ou seja, próximo de seu falecimento, foi o projeto de reconstrução do Pavilhão de Volta Redonda, emblemático edifício, assim como seus pares da segunda metade da década de 1950, que serão revisitados nos três capítulos subsequentes que compõem e definem propriamente o tema de análise da presente pesquisa, momento relevante e de inflexão na vasta obra desse profissional.

Parc De La Villette, desenhos do concurso, projeto não construído, Paris, França, 1982. Acervo NPD FAU UFRJ / Fundo Sérgio Bernardes

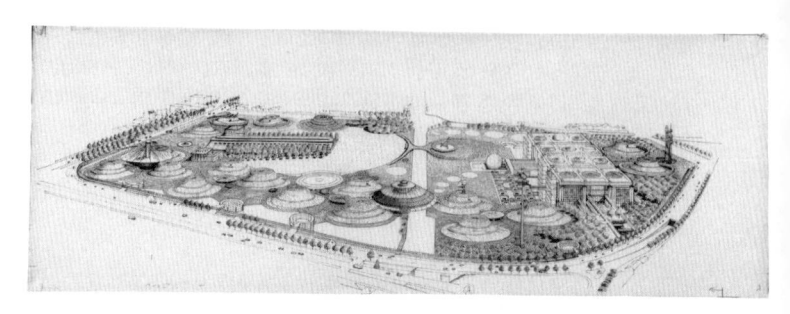

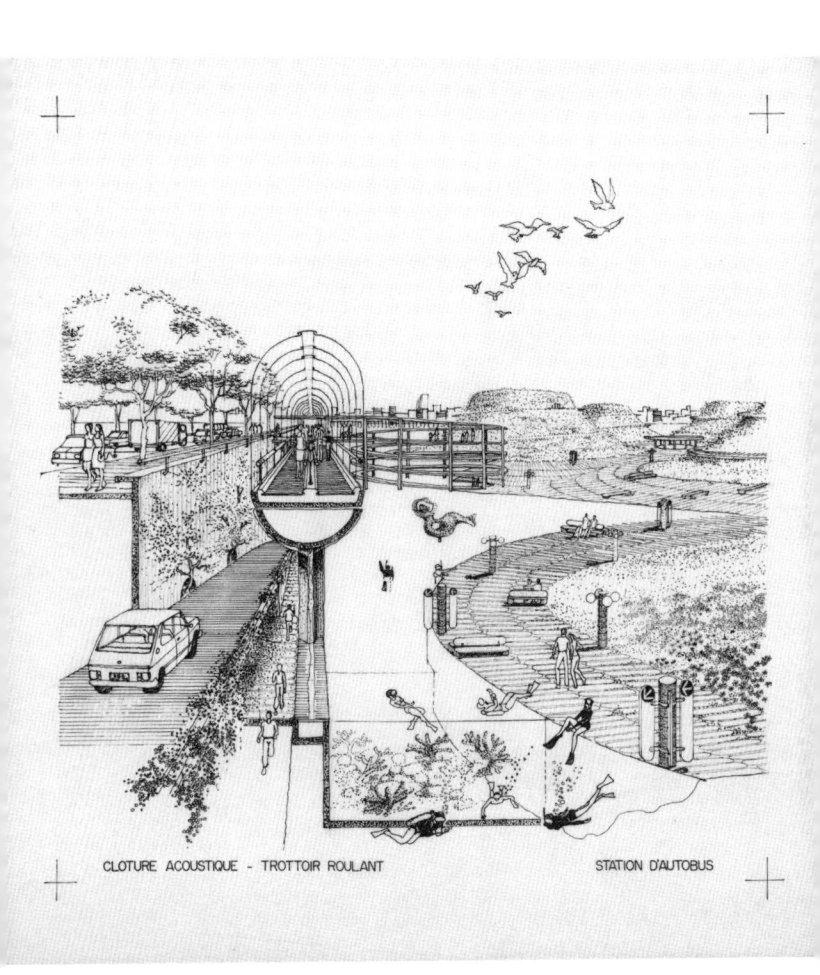

CLOTURE ACOUSTIQUE - TROTTOIR ROULANT   STATION D'AUTOBUS

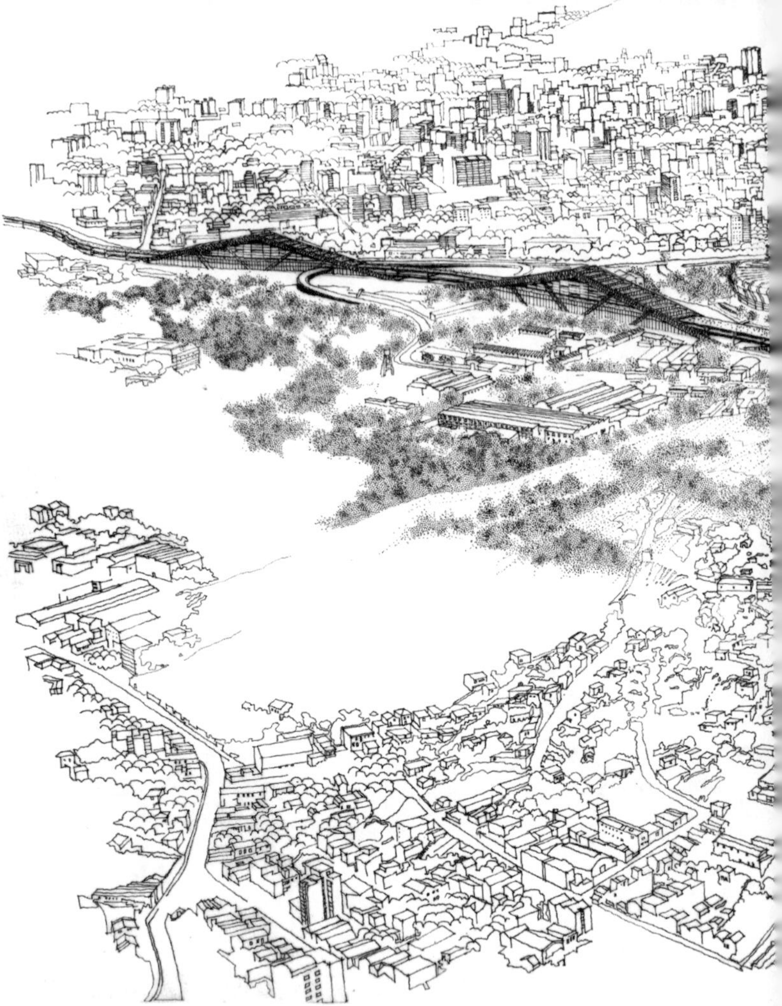

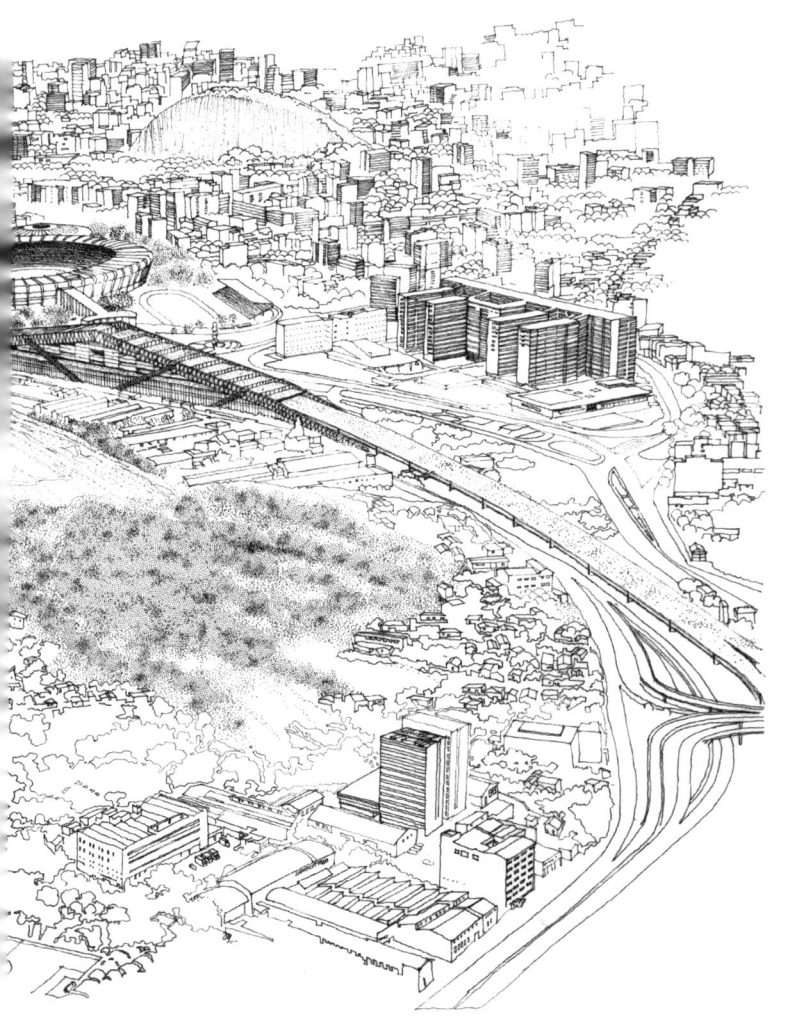

"Uma cidade sobre a linha do trem", estudo não construído. Rio de Janeiro RJ, 1983. Desenho Pablo Benetti. Acervo Sérgio Bernardes – Projeto Memória / Escritório Bernardes Arquitetura

Notas

1. José Lira, em seu livro sobre Gregori Warchavchik, relembra a história que envolveu a construção da Casa da Rua Santa Cruz: "Não custa lembrar a épica do evento [...]. Para obter o alvará de construção dos censores de fachada, o arquiteto simulara uma solução compositiva convencional, alegando ao fim da obra a falta de recursos para executar a ornamentação prevista". LIRA, José. *Warchavchick: fraturas da vanguarda*, p. 151.
2. GUERRA, Abilio. Lúcio Costa, Gregori Warchavchik e Roberto Burle Marx: síntese entre arquitetura e natureza tropical. 2002, p. 315.
3. Idem, ibidem, p. 313.
4. Idem, ibidem, p. 313.
5. Idem, ibidem, p. 313.
6. AMARAL, Aracy. *Artes Plásticas na Semana de 1922*, p. 151.
7. Segundo depoimento de Luís Saia a Aracy Amaral. Idem, ibidem.
8. COLIN, Silvio. A arquitetura na Semana de Arte Moderna de 1922.
9. AMARAL, Aracy. Op. cit., p. 157.
10. Idem, ibidem, p. 157.
11. MALFATTI, Guilherme. Apud AMARAL, Aracy. Op. cit., p. 151.
12. Acerca do estilo neocolonial, ver: PINHEIRO, Maria Lucia Bressan. *Neocolonial, modernismo e preservação do patrimônio: debate cultural dos anos 1920 no Brasil*.
13. Acerca da constituição do edifício do MES, ver: SEGRE, Roberto. *Ministério da Educação e Saúde: ícone urbano da modernidade brasileira (1935-1945)*.
14. HITCHCOCK, Henry-Russell. *Latin American Architecture since 1945*, p. 31.
15. *L'Architecture d'Aujourd'hui*, n. 13 /14 (número especial Brésil), set. 1947.
16. ANDRADE, Mário de. Brazil Builds.
17. LEVI, Rino. A arquitetura e a estética das cidades: uma carta de um estudante brasileiro em Roma.
18. Fato que evidencia a precariedade do desenvolvimento técnico brasileiro à época ante o estilo racionalista difundido por escolas de vanguarda na Europa, como a Bauhaus, extinta precocemente em 1933 pelos nazistas.
19. Respectivamente publicados originalmente na *Revista da Diretoria de Engenharia da PDF* e no exemplar inaugural da *Revista do Serviço do Patrimônio e Histórico e Artístico Nacional*.
20. CAVALCANTI, Lauro. *Quando o Brasil era moderno: guia da arquitetura 1928-1960*, p. 12-14.
21. SEGRE, Roberto. Sérgio Bernardes (1919-2002): entre o regionalismo e o *high tech*.
22. SOUZA, Lydio de. Brasil potência arquitetônica, p. 22.

23. Alexandre Bahia apresenta em sua pesquisa uma relação de projetos de Sérgio Bernardes organizada de forma cronológica e tipológica, contribuição significativa na intenção de reorganizar a vasta produção projetual de Bernardes. VANDERLEI, Alexandre Bahia. *Sérgio Bernardes: el desafio de la técnica*.
24. BERNARDES, Kykah; CAVALCANTI, Lauro (Org). *Sérgio Bernardes*.
25. BOABAID, Murillo. Pavilhões, p. 54-63.
26. BRUAND, Yves. *Arquitetura contemporânea no Brasil*, p. 259-261.
27. Idem, ibidem, p. 260.
28. Idem, ibidem, p. 260-261.
29. Idem, ibidem, p. 261.
30. CAVALCANTI, Lauro. *Sérgio Bernardes: herói de uma tragédia moderna*, p. 38.
31. DENISON, Edward (Org.). *30-Second Architecture: 50 estilos fundamentais explicados de forma clara e rápida*, p. 106.
32. Acerca da arquitetura high-tech, ver: DAVIES, Colin. *A New History of Modern Architecture*, p. 344-361.
33. MAS, Vicente; VILLAC, Isabel; GARCÍA-GASCO, Sérgio; OLIVER, Isabel; VARELLA, Pedro; CALAFATE, Caio. Conversación con Paulo Mendes da Rocha, p. 115.
34. MOTA, Carlos Guilherme; LOPEZ, Adriana. *História do Brasil: uma interpretação*, p. 610.
35. Sobre o envolvimento do Brasil na Segunda Guerra, principalmente sobre o conflito naval entre o Brasil e a Alemanha nesse período, momento em que Hitler afirmava que "no Brasil se acham reunidas todas as condições para uma revolução que permitiria transformar o Estado governado e habitado por mestiços numa possessão germânica". SANDER, Roberto. *O Brasil na mira de Hitler: a história do afundamento de navios brasileiros pelos nazistas*, Epígrafe, p. 15.
36. SILVA, Claiton Márcio da. Nelson Rockefeller e a atuação da American International Association for Economic and Social Development: debates sobre missão e imperialismo no Brasil, p. 1697.
37. Ver: FARIA, Lina Rodrigues de. Os primeiros anos da reforma sanitária no Brasil e a atuação da Fundação Rockefeller (1915-1920).
38. "Um dos motivos pelos quais Roosevelt contratou Nelson, em agosto de 1940, para trabalhar em seu governo como coordenador do Office of the Coordinator of Inter-American Affairs" nada tem a ver "com o fato de ele ser o herdeiro de uma das maiores fortunas do mundo, mas sim com o bom trânsito que mantinha com a elite latino-americana". TOTA, Antônio Pedro. *O amigo americano: Nelson Rockefeller e o Brasil*, p. 17.
39. Ver: SILVA, Claiton Márcio da. Op. cit.
40. Trienal de Veneza é o termo, aparentemente equivocado, utilizado por Sérgio Bernardes como nome de outro certame, não identificado pela pesquisa, no qual ganhou o prêmio de arquitetura para a residência Hélio Cabal no Rio.

41. REDAÇÃO. A expansão de São Paulo se fez explosivamente.
42. Um documento presente no acervo do arquiteto – uma carta de 3 de julho de 1956, encaminhada pela Companhia Imobiliária Kosmos, endereçada a Sérgio Bernardes, "aos cuidados da Comissão Executiva da Exposição Internacional de Indústria e Comércio" – menciona o "estudo de taboletas (sic) que serão afixadas na obra em referência", o que confirma que nessa ocasião Bernardes já está encarregado do projeto do Pavilhão. COMPANHIA IMOBILIÁRIA KOSMOS. Correspondência a Sérgio Bernardes.
43. Entre os anos 1956 e 1958 o PIB brasileiro saltou de 2,9% para 10,8%. Ver: REDAÇÃO. Brasília 50 anos.
44. BLOCH, Pedro. A humanização da arquitetura, p. 101.
45. O jornal *Gazeta de Notícias*, periódico de então grande circulação, foi empastelado em 1931 no governo provisório de Getúlio Vargas, por se posicionar diretamente contra as ações do interventor. Para um breve histórico do periódico, ver: LEAL, Carlos Eduardo. Gazeta de Notícias (verbete).
46. Regina Bittencourt nasceu em 9 de maio de 1922.
47. BACKHAUSER, João Pedro. *A obra de Sérgio Bernardes* (op. cit.).
48. Acerca do pai de Sérgio Bernardes, ver: REDAÇÃO. Um dicionário hilariante.
49. BERG, Marly; VASCONCELOS, Lúcia; ARAÚJO, Celso Arnaldo. O que eles sonharam para os filhos. Para a escolha de uma profissão, a influência dos pais pode não ser um fator positivo, p. 52.
50. BLOCH, Pedro. A humanização da arquitetura (op. cit.), p. 98.
51. Idem, ibidem, p. 98.
52. Idem, ibidem, p. 98.
53. Ver: CERÁVALO, Ana Lúcia. *Paulo de Camargo e Almeida: arquitetura total na trajetória de um arquiteto brasileiro.*
54. BLOCH, Pedro. A humanização da arquitetura (op. cit.), p. 98.
55. Idem, ibidem, p. 98.
56. Sérgio Bernardes ainda teria um quarto filho fora do casamento com a Sra. Clarice, uma menina, Bernarda Van Allen Guaraná Bernardes, nascida em 1975. O arquiteto dedicou o seu livro *Cidade: a sobrevivência do poder* aos seus quatro filhos.
57. BLOCH, Pedro. A humanização da arquitetura (op. cit.), p. 98.
58. MASON, Jayme. *Humanismo, ciência, engenharia: perspectivas, depoimentos, testemunhos*, p. 225-226.
59. REDAÇÃO. Sérgio Bernardes: Country Club e Petrópolis.
60. COSTA, Renato da Gama-Rosa; PESSOA, Alexandre; MELLO, Estefânia Neiva de; NASCIMENTO, Dilene Raimundo do. O sanatório de Curicica: uma obra pouco conhecida de Sérgio Bernardes.
61. Idem, Ibidem. Ver também: MALAQUIAS, Thaysa. Sérgio Bernardes e o Sanatório de Curicica: herança da formação na FNA.

62. A casa foi reformada e adaptada pelo arquiteto Guilherme Lemke Motta para e atual moradora, a artista plástica Jacqueline Aronis, que deu um depoimento para essa pesquisa. ARONIS, Jacqueline. Depoimento a Fausto Sombra. São Paulo, residência-ateliê da artista, 21 set. 2019.
63. BLOCH, Pedro. A humanização da arquitetura (op. cit.), p. 98.
64. MASON, Jayme. Op. cit., p. 226.
65. REDAÇÃO. Aeroporto Intercontinental América do Sul-Brasília.
66. Idem, ibidem.
67. BÓSCOLO, Ronaldo. Em Brasília, o aeroporto do século, p. 64.
68. NOBRE, Ana Luiza. Malhas, redes, cabos e triângulos, p. 37.
69. O pesquisador Marcelo Jabor comprova que Sérgio Bernardes chegou a propor pelo menos três soluções para o Hotel Tropical em Manaus. ALMEIDA, Marcelo Jabor de Oliveira. *Vestígios de um futuro (ou o Hotel Tropical de Manaus de Sérgio Bernardes sob a óptica do redesenho)*.
70. No Brasil, na cúpula do Conjunto Nacional, projeto de 1955 de autoria de David Libeskind e do engenheiro austríaco Hans Eger, já se observava o pioneiro uso desses inovadores sistemas de cobertura.
71. NOBRE, Ana Luiza. Sérgio Bernardes: a subversão do possível, p. 40.
72. MASON, Jayme. Op. cit., p. 223-224.
73. Idem, ibidem, p. 224.
74. No acesso principal do hotel, uma placa afixada na parede próxima a recepção esclarece: "Tambaú Hotel João Pessoa, construído no governo de João Agripino, 6 mar. 1971, e inaugurado no governo de Ernani Sátyro, 11 set. 1971, Secretaria dos Transportes, Comunicações e Obras, SUPLAN". SUPLAN. Placa de inauguração do Tambaú Hotel. João Pessoa, Governo Estadual da Paraíba, 11 set. 1971.
75. ROCHA, Germana; TINEM, Nelci; COTRIM, Marcio. Hotel Tambaú, de Sérgio Bernardes: diálogo entre poética construtiva e estrutura formal.
76. Idem, ibidem.
77. Idem, ibidem.
78. O destino do hotel ainda está indefinido. Recentemente, após o imóvel ser leiloado, a prefeitura de João Pessoa manifestou a intenção de desapropriar, tombar, restaurar e preservar o edifício. G1-PB. Prefeitura de João Pessoa transforma Hotel Tambaú em bem de utilidade pública: em meio a disputas judiciais, Prefeitura quer manter a preservação do local. Próximo passo é tentar desapropriar o prédio.
79. BASTOS, Maria Alice Junqueira; ZEIN, Ruth Verde. *Brasil: arquiteturas após 1950*, p. 147.
80. KUBITSCHECK, Juscelino. Carta a Sérgio Bernardes.
81. REDAÇÃO. Quando os arquitetos projetam cadeiras.
82. REDAÇÃO. Posto de escuta.
83. COSTA, Juracy; SODRÉ, Muniz. Favela cinco vezes inferno, p. 30.

84. REDAÇÃO. Dois famosos arquitetos residem em autênticas obras de arte, p. 58.
85. MASON, Jayme. Op. cit., p. 227.
86. GUANAES, Felipe. *Sérgio Bernardes: doutrina de uma civilização tropical*, p. 12.
87. BOABAID, Murillo. Depoimento a Fausto Sombra. Rio de Janeiro, mensagem eletrônica, 22 nov. 2019.
88. Segundo Ennes Silveira de Mello, o escritório em São Paulo se organizava da seguinte forma: "Eu organizei o escritório, quem coordenou os trabalhos foi Edla Van Steen, minha mulher, Modesto Carvalhosa advogado, meu tio Antônio contador. Lew Parrella fotógrafo, Luís Baravelli perspectivas, Zoltan Snowsky detalhista. Arquitetos: Henrique Pait, Arthur Fajardo, Dácio Ottoni, Eduardo Almeida, Ennes Silveira Mello. Minha ideia foi criar um atelier de arquitetura e não um escritório de arquitetura. Todos éramos sócios, não havia empregados. Deu certo por sete anos". MELLO, Ennes Silveira de. Depoimento a Fausto Sombra. São Paulo, mensagem eletrônica, 22 nov. 2019.
89. Cf. MELLO, Ennes Silveira de. Depoimento a Fausto Sombra. São Paulo, residência do arquiteto, 6 fev. 2018.
90. Informações confirmadas pelo arquiteto Antônio Claudio Pinto da Fonseca, ex-colaborador de Sérgio Bernardes no Rio de Janeiro, e Joan Villà, arquiteto e ex-colaborador de Sérgio Bernardes em São Paulo, em depoimentos dados no mesmo dia para uma pequena plateia no saguão da Faculdade de Arquitetura e Urbanismo da Universidade Presbiteriana Mackenzie. Cf. FONSECA, Antônio Claudio Pinto da. Depoimento em palestra. São Paulo, FAU Mackenzie, 9 out. 2018; VILLÀ, Joan. Depoimento em palestra. São Paulo, FAU Mackenzie, 9 out. 2018.
91. LUDEMIR, Bernardo. O Rio caminha para o Sul. Sérgio Bernardes afirma que o Recreio dos Bandeirantes será um balneário melhor do que Punta del Este, p. 64.
92. CRITELLI, Fernanda. *Richard Neutra e o Brasil* (dissertação de mestrado), p. 167.
93. Original em inglês: "Dear Sérgio, I hope you allow me to be so familiar after such a short acquaintance, but I know, you must the same way as we do, how wonderful life can be that one can recognize kindred souls immediately. I am happy for my husband that you told him how much his thoughts on architecture have influenced you, because he often feels very lonely and such information like yours keeps him going and gives him hope to continue writing and thinking. It makes

us both very happy to think of you and know that you have your island to flee to and relax there. It surely is paradise on earth and we shall always remember with nostalgia the short time we could spend there in company with the charming little monkeys. As you know by now through our telegrams, we shall arrive Friday night 7:30 Oct. 2 PAA flight 202. We should be very grateful if you could show us some of work next day. It is too far to drive to Theresopolis? Our plane for Port of Spain leaves Saturday night at 8:30 pm. Looking forward to be again with you Cordially, Dione [assinatura]". Acervo Sérgio Bernardes (em posse de Kykah Bernardes por ocasião da pesquisa).
94. BACKHEUSER, João Pedro. Estruturas que se lançam no espaço, p. 66.
95. Ver: REDAÇÃO. Un nuevo edificio conformará el paisaje de Puebla, México: Torre Helea.
96. O projeto original dataria de 1972-1973 e, após diversos ajustes de programa e área, teria sido inaugurado em 1979. REDAÇÃO. Centro de Convenções Ulysses Guimarães: neste icônico projeto, Sérgio Bernardes contemplou a vista de Brasília com uma grande construção horizontal.
97. REDAÇÃO. Cultura é esquecida, mas tem novo projeto.
98. Idem, ibidem.
99. Os postos ainda são encontrados, com maior ou menor descaracterização, nas praias de Copacabana, Ipanema e Leblon.
100. NOBRE, Ana Luiza. Sérgio Bernardes: a subversão do possível (op. cit.), p. 43.
101. Idem, ibidem, p. 43.
102. DENISON, Edward (Org.). Op. cit., p. 116.
103. Ver: REDAÇÃO. Rem Koolhaas (verbete).
104. REDAÇÃO. LIC – Laboratório de Investigações Conceituais, p. 15-16.
105. BRITO, Alfredo. Sérgio Bernardes e o Rio, p. 132.
106. Ver: VIEIRA, Monica Paciello. O Parc La Villette na concepção de Sérgio Bernardes.

Capítulo 2
Pavilhão de Volta Redonda
1954-1955

Pavilhão de Volta Redonda, maquete desenvolvida para tese de doutorado de Fausto Sombra, Parque Ibirapuera, São Paulo SP, 1954-1955. Foto André Nazareth

Parque do Ibirapuera, escultura símbolo do 4º Centenário de São Paulo, São Paulo SP. Oscar Niemeyer, 1954.
Arquivo Histórico Wanda Svevo / Fundação Bienal de São Paulo

A relevância do Pavilhão de Volta Redonda

Não é incomum identificar contribuições da chamada escola carioca na consolidação da arquitetura moderna paulista durante meados do século 20, a contar as importantes obras atribuídas a Oscar Niemeyer, como o Copan,[1] 1951-1966, e o conjunto do Parque Ibirapuera,[2] 1951-1953, ambos os projetos atrelados diretamente aos festejos comemorativos do 4º Centenário da Cidade de São Paulo.[3] Sérgio Bernardes – detentor de uma linguagem própria, entendida, segundo Lauro Cavalcanti, como "concomitantemente orgânica e racional",[4] referindo-se à obra de Mies van der Rohe e Frank Lloyd Wright – fez parte desse primoroso grupo de profissionais que, como outros talentosos arquitetos do Brasil e do exterior, deixou obras de grande vulto no planalto piratiningano.[5] Nesse contexto é que a presente publicação tem como objetivo não só recuperar e enfatizar a relevância da obra de Sérgio Bernardes em seu âmbito geral, mas também valorar a contribuição do arquiteto à vanguarda arquitetônica moderna paulista.

Para isso, toma-se como objeto de estudo o ainda pouco (re)conhecido Pavilhão de Volta Redonda. De caráter efêmero, esse exemplar foi idealizado e construído fundamentalmente com perfis e demais elementos metálicos a convite da Companhia Siderúrgica Nacional – CSN, sendo inaugurado em 15 de fevereiro de 1955 e servindo como *stand* promocional da referida estatal na 1ª Feira Internacional de São Paulo. Evento de destaque, a feira foi instalada no Parque Ibirapuera e aberta oficialmente ao público a partir de 21 de agosto de 1954.[6] Além de reunir museus, bares, restaurantes, circo, área de rodeio, parque de diversões e outras diversas atrações, contou também com os pavilhões que acolhiam e representavam 28 nações – sendo alguns individuais, como o Pavilhão do Uruguai e do Japão – e outros pavilhões de destaque representando onze estados da federação,[7] como o Pavilhão de Minas Gerais e o Pavilhão do Rio Grande do Sul.

Outros tantos edifícios de menor envergadura, vinculados às empresas patrocinadoras, como a Ford, Philips, Coca-Cola, Shell, General Eletric, Companhia Antarctica Paulista, Mercedes-Benz, Nestlé e Eternit, foram erguidos no parque, sendo a grande maioria, ao que tudo indica, desmontados no término do evento. Exceção apenas ao Pavilhão do Japão, do Rio Grande do Sul e do próprio Pavilhão de Volta Redonda. Este, por se posicionar inteligentemente sobre o estreitamento do córrego do Sapateiro, antes de se abrir para o grande lago do parque, era utilizado também como travessia dos usuários em um ponto central e estratégico desse equipamento urbano, considerado já naquele momento, por muitos críticos, como um dos melhores conjuntos arquitetônicos da Paulicéia.[8]

Parque do Ibirapuera por ocasião de sua inauguração, São Paulo SP, anos 1950. Foto Vasclo Agência Fotográfica. Arquivo Histórico Wanda Svevo / Fundação Bienal de São Paulo

O cenário que possibilitou a constituição dessa grande mostra, e consequentemente a construção do Pavilhão da CSN, contou com uma complexa rede de ações promovidas por influentes mecenas e intelectuais, cultivadas sob um meio favorável ao desenvolvimento da cidade de São Paulo, que buscava, desde a Semana de Arte Moderna de 1922,[9] se colocar econômica e culturalmente à frente da sua concorrente direta, a então capital federal, o Rio de Janeiro.

Imersa em um intenso processo de imigração[10] desde fins do século 19, principalmente com o grande número de vagas de trabalho advindo do cultivo do café e demais lavouras no interior paulista – fator que permitiu anos mais tarde o acúmulo de capital necessário para acelerar o processo de desenvolvimento do seu parque industrial e o processo de metropolização, forjado, entre outros fatores, pela quebra e ressignificação dos valores e da organização social comumente encontrada nas cidades mais tradicionais –, a "São Paulo no meio do século 20"[11] passava por um fervilhante desenvolvimento cultural fruto das mais diversas manifestações. Dentre elas, destacam-se as criações dos museus paulistas: Masp (1947) e MAM-SP (1948), e a realização das bienais de arte e arquitetura a partir de 1951. Esse certame, realizado aos moldes da Bienal de Veneza e que ocorreu primeiramente na reforma e ampliação[12] do antigo edifício eclético do arquiteto Ramos de Azevedo, o Belvedere Trianon, de 1916, na avenida Paulista, já a partir de fins de 1953,[13] na sua segunda edição, passa a ser realizado nos recém-inaugurados Palácios das Nações e dos Estados, ambos no Parque Ibirapuera.[14]

Caracterizado entre vários outros fatores pela constituição desses reconhecidos museus, concretizados pelas idealizações do jornalista paraibano Assis Chateaubriand e de seu concorrente, o empresário paulista Francisco Matarazzo Sobrinho,[15] nesse período do início da década de 1950, no qual os "olhos do mundo" se voltavam para São Paulo, a capital paulista contava com uma população de aproximadamente 2,2 milhões de habitantes,[16] chegando a 2,5 milhões em 1954. Nesse momento também contava com 40% dos trabalhadores da indústria brasileira e a sua produção correspondia a 54% da produção manufatureira do país.[17] A indústria paulista era motivo de orgulho, e a sua capital buscava constantemente explicitar o avanço dos números de sua economia:

> São Paulo é a capital do Estado do mesmo nome, cujo território abrange apenas 3% da área do Brasil. É a 2ª cidade do país, 3ª da América do Sul e 14ª do mundo, em população (2.500 habitantes – 1.000 habitantes por km²). A arrecadação municipal prevista para 1954 é de dois bilhões e trezentos milhões de cruzeiros, 17.415 indústrias, 173.000 veículos motorizados. São Paulo é a cidade que mais cresce no mundo![18]

Pavilhão da 1ª Bienal do Museu de Arte Moderna, São Paulo SP. Luís Saia e Eduardo Kneese de Mello, 1951.

Arquivo Histórico Wanda Svevo / Fundação Bienal de São Paulo

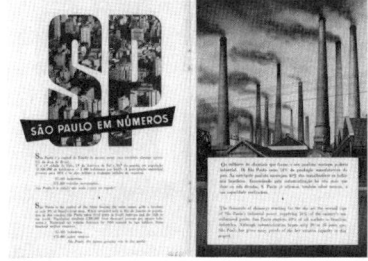

Folders "Os olhos do mundo" e "São Paulo em números". Comissão do 4º Centenário da Cidade de São Paulo, anos 1950. Arquivo Histórico Wanda Svevo / Fundação Bienal de São Paulo

Temática já abordada pelo pesquisador Alexandre Bahia em seu artigo "Pavilhão da CSN 1954: recorrência técnica e manifesto da modernidade",[19] esse trabalho pode ser considerado um dos escassos estudos que buscam compreender em profundidade os fenômenos relacionados à constituição do referido pavilhão. Em seu texto, encontra-se um breve trecho extraído do livro *Brasil: arquiteturas após 1950*, no qual Maria Alice Junqueira Bastos e Ruth Verde Zein sintetizam parte das questões acima explicitadas:

> Apesar de seu crescimento demográfico e econômico exponencial ao longo do século 20, a metrópole de São Paulo, atualmente uma das cinco maiores aglomerações urbanas do mundo, teve até os anos 1940 um papel secundário no panorama cultural brasileiro. Com a concentração progressiva de riquezas advindas da ascensão de sua burguesia rural e depois industrial e formação de um extenso proletariado abrangendo migrantes e imigrantes, São Paulo foi consolidando, ao longo da primeira metade daquele século, uma crescente importância na definição dos rumos econômicos do país, com repercussões cada vez mais relevantes nas questões culturais.

[...] Mas será apenas em finais dos anos 1940, com a criação, por Assis Chateaubriand, do MASP (Museu de Arte de São Paulo), em 1947, e com a criação da família Matarazzo em 1948, do MAM-SP (Museu de Arte Moderna) e, em 1951, da Bienal de Arte de São Paulo – instituições que rapidamente alcançam nome internacional – que São Paulo começou a ter presença marcante no circuito internacional das artes.[20]

As pesquisadoras ainda complementam o seu raciocínio destacando o grande embate intelectual e ideológico empreendido nas primeiras bienais, parte dele atrelado aos próprios movimentos artísticos que a cidade abrigava: "o concretista e seus polêmicos manifestos, e a seguir os confrontos entre concretos e neoconcretos, quando a mão de direção é invertida, com os cariocas contestando a predominância paulista".[21] Esse conflito de ideias teria a sua origem com o tema da adoção da arte abstrata[22] na 1ª Bienal e a sua relação com o imperialismo norte-americano, processo anteriormente já salientado pela pesquisadora Leonor Amarante em seu livro *As Bienais de São Paulo: 1951-1987*, de 1989.

No início do seu texto, Amarante aborda o embate entre o crítico pernambucano Mário Pedrosa e o arquiteto João Vilanova Artigas, que naquele momento integrava a comissão de redação da revista *Fundamentos*.[23] Veículo ligado ao PCB, foi responsável pela difusão e defesa dos preceitos definidos pelo chamado Manifesto de Agosto.[24]

O Brasil vivia mais uma de suas turbulências sócio-político-econômicas e a Bienal de certa forma serviu de pretexto para que alguns intelectuais se manifestassem contra certas atitudes do governo, especialmente aquelas que restringiam a liberdade. De um lado, o crítico carioca Mário Pedrosa – amigo de Trotski e um dos principais divulgadores de suas ideias no Brasil –, com uma visão mais internacional da arte, defendia a Bienal e o movimento abstracionista que dominou a primeira edição. De outro, radical, o arquiteto J. B. Vilanova Artigas considerava a Bienal a "expressão da decadência burguesa". [...]

Nessa época foi lançado, e logo apreendido, o livro *O mundo da paz*, de Jorge Amado, e o arquiteto Oscar Niemeyer não conseguia uma cátedra em universidades brasileiras. Bancas de jornais eram depredadas pela polícia à procura da revista *Fundamentos*, da qual Artigas era colaborador. "Ao lado dessas medidas, soa como um conto de sereia o programa de uma variante. É nessa linha de argumentação enganadora que se coloca a Bienal de São Paulo, uma grande exposição de arte abstrata no Brasil, com o comparecimento maciço de heróis da arte decadente da burguesia, que transforma o nosso País em quartel-general do cosmopolitismo", escrevia [Artigas] indignado.[25]

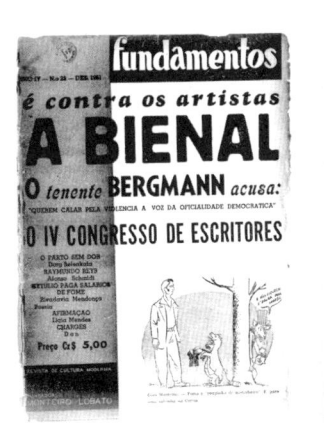

Capa e artigo "A Bienal é contra os artistas brasileiros", publicados na revista *Fundamentos*, n. 23, dezembro de 1951. Hemeroteca Digital Brasileira / Fundação Biblioteca Nacional

Leonor Amarante ainda complementa sobre o discurso de João Vilanova Artigas:

> O imperialismo americano, que traça as medidas policiais do governo de Getúlio Vargas, que exige nossos jovens para a guerra, que suga nossos recursos econômicos e reduz a nossa gente à mais negra miséria, está atrás de todas essas manobras, batendo palmas à sagacidade provinciana de seus representantes em nossa pátria.[26]

Sob tais divergências ideológicas, pautadas sobre os cânones das artes em suas mais diversas manifestações e em parte constituído e articulado pela presença de figuras e forças externas – como a já mencionada presença do magnata Nelson Rockfeller – é que os processos de metropolização e industrialização paulista e de alguns poucos estados da União se fortalecerão. Este fenômeno é observado inicialmente na própria constituição da Companhia Siderúrgica Nacional,[27] durante o Estado Novo, no governo de Getúlio Vargas,[28] pois parte do capital que permitiu a instalação da maior siderúrgica da América Latina,[29] ao longo da década de 1940, no município de Volta Redonda, seria proveniente de "créditos norte-americanos, concedidos pelo Export-Import Bank".

> A implantação da Usina de Volta Redonda e a forma de sua constituição ficaram definidas em julho de 1940. Ela foi financiada por créditos americanos, concedidos pelo Export-Import Bank, e por recursos do governo brasileiro. Seu controle ficou nas mãos de uma empresa de economia mista, a Companhia Siderúrgica Nacional, organizada em janeiro de 1941. Essa solução não resultou de uma clara definição do governo, desde o início do Estado Novo, nem houve na máquina governamental um pensamento uniforme acerca do assunto. Os diferentes grupos concordavam apenas em reconhecer a

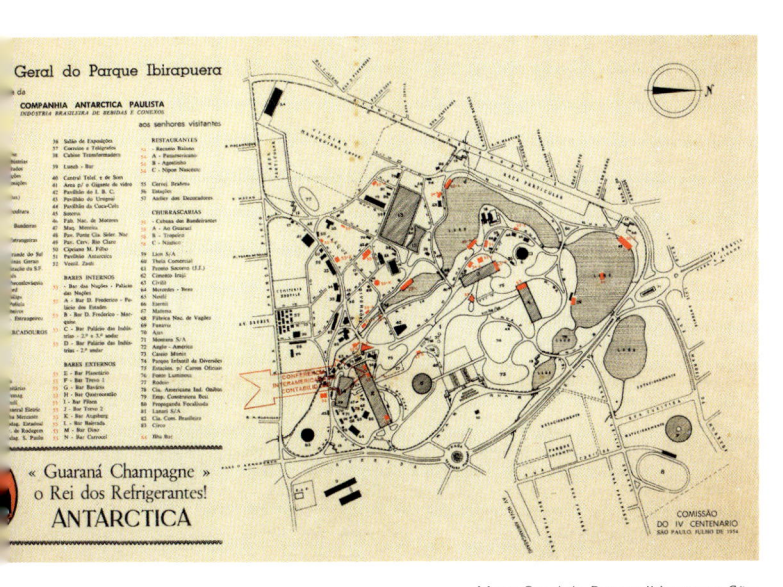

Mapa Geral do Parque Ibirapuera, São Paulo SP. Comissão do 4º Centenário da Cidade de São Paulo, julho de 1954. Arquivo Histórico Wanda Svevo / Fundação Bienal de São Paulo

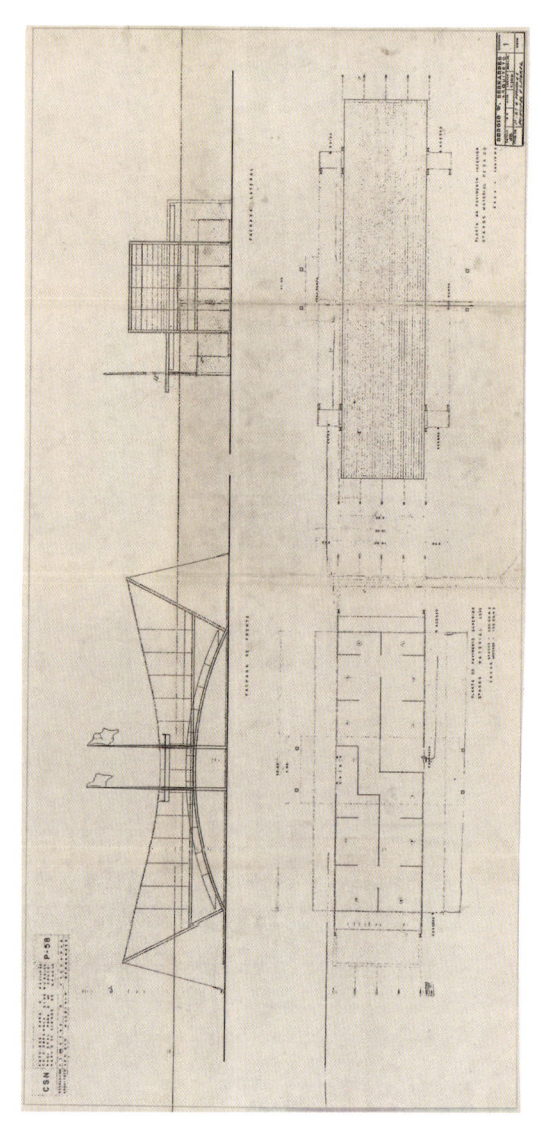

Pavilhão de Volta Redonda, *Desenho 1*, estudo inicial em escala 1:100, Parque Ibirapuera, São Paulo SP, anos 1950. Acervo NPD FAU UFRJ / Fundo Sérgio Bernardes

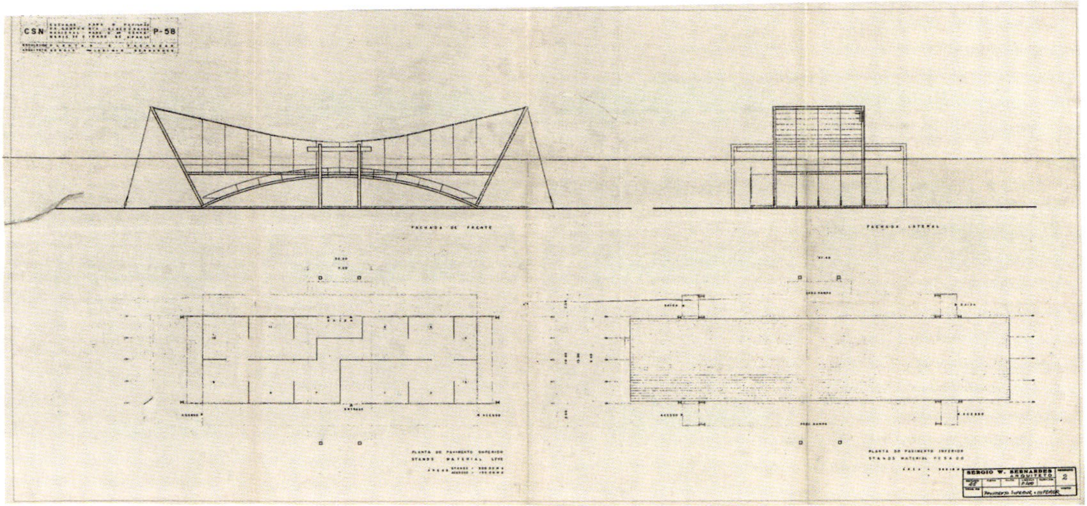

Pavilhão de Volta Redonda,
Desenho 2, estudo inicial em escala
1:100, Parque Ibirapuera, São Paulo
SP, anos 1950. Acervo NPD FAU UFRJ
/ Fundo Sérgio Bernardes

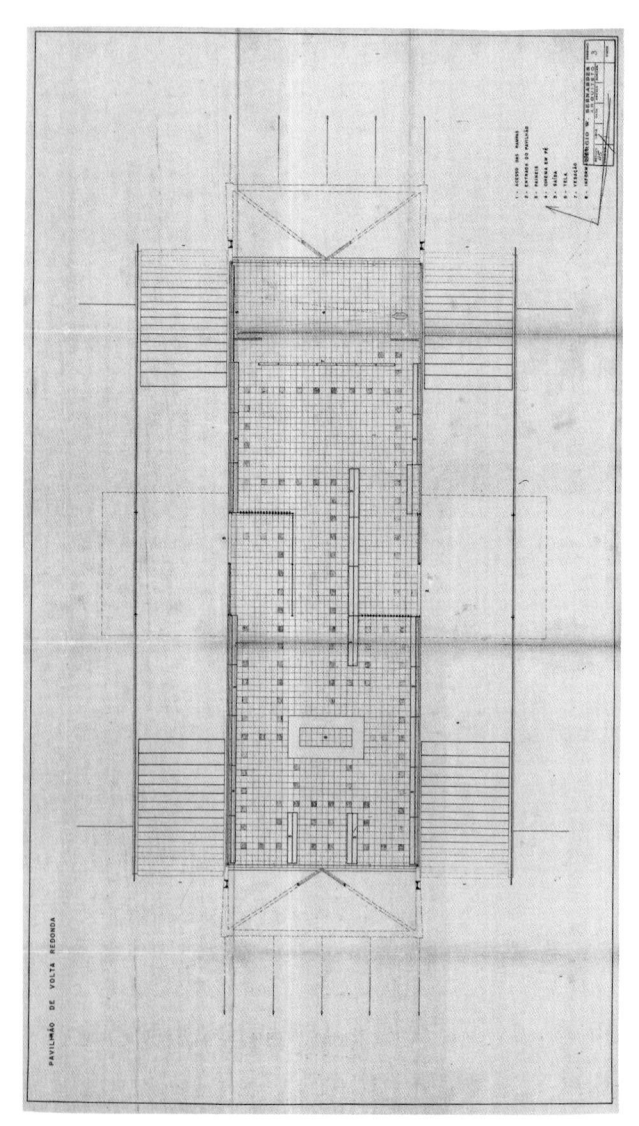

Pavilhão de Volta Redonda, *Desenho 3*, planta definitiva nível superior em escala 1:50, Parque Ibirapuera, São Paulo SP, anos 1950. Acervo NPD FAU UFRJ / Fundo Sérgio Bernardes

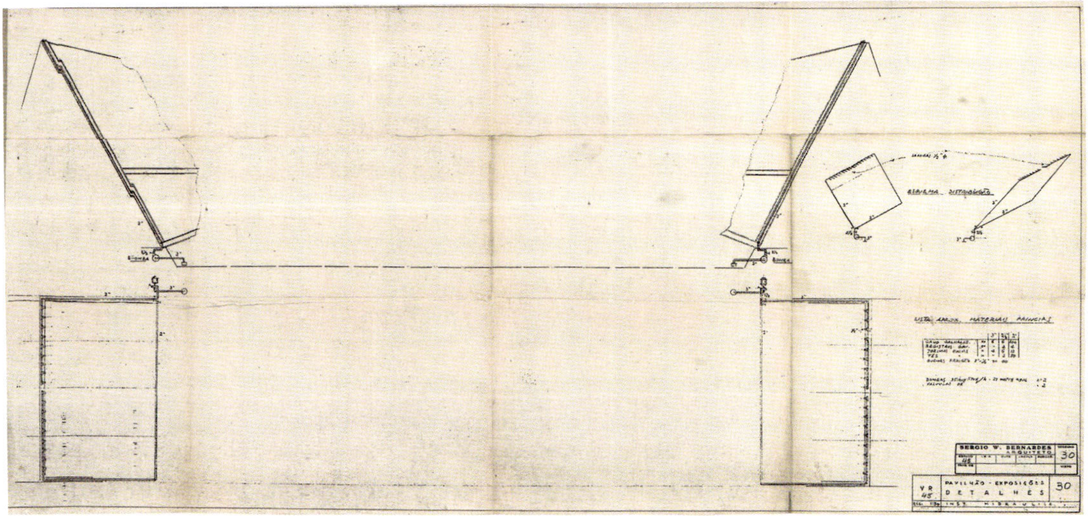

Pavilhão de Volta Redonda,
Desenho 30, instalações hidráulicas
em escala 1:50, Parque Ibirapuera, São
Paulo SP, anos 1950. Acervo NPD FAU
UFRJ / Fundo Sérgio Bernardes

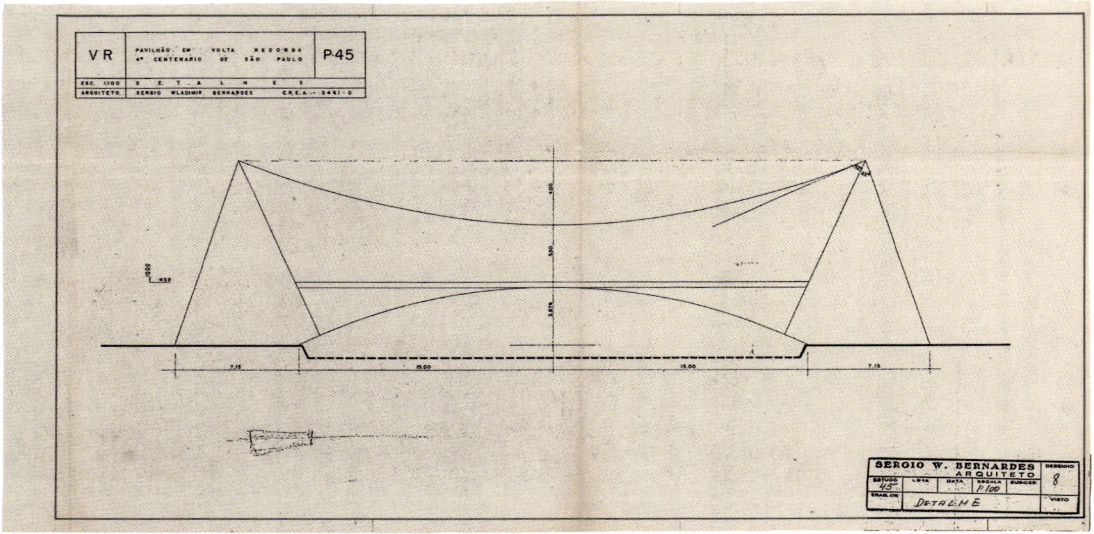

Pavilhão de Volta Redonda, *Desenho 8*, elevação lateral em escala 1:100, Parque Ibirapuera, São Paulo SP, anos 1950. Acervo NPD FAU UFRJ / Fundo Sérgio Bernardes

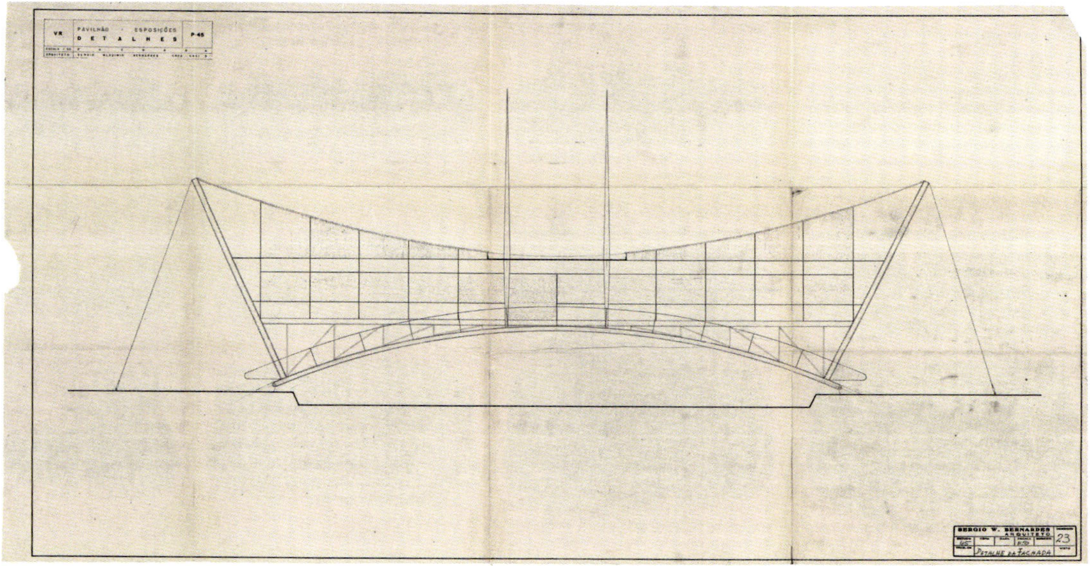

Pavilhão de Volta Redonda,
Desenho 23, elevação em escala 1:50,
Parque Ibirapuera, São Paulo SP, anos
1950. Acervo NPD FAU UFRJ / Fundo
Sérgio Bernardes

Pavilhão de Volta Redonda, *Desenho 34*, detalhe da amarração das sapatas internas submersas em escala 1:100, Parque Ibirapuera, São Paulo SP, anos 1950. Acervo NPD FAU UFRJ / Fundo Sérgio Bernardes

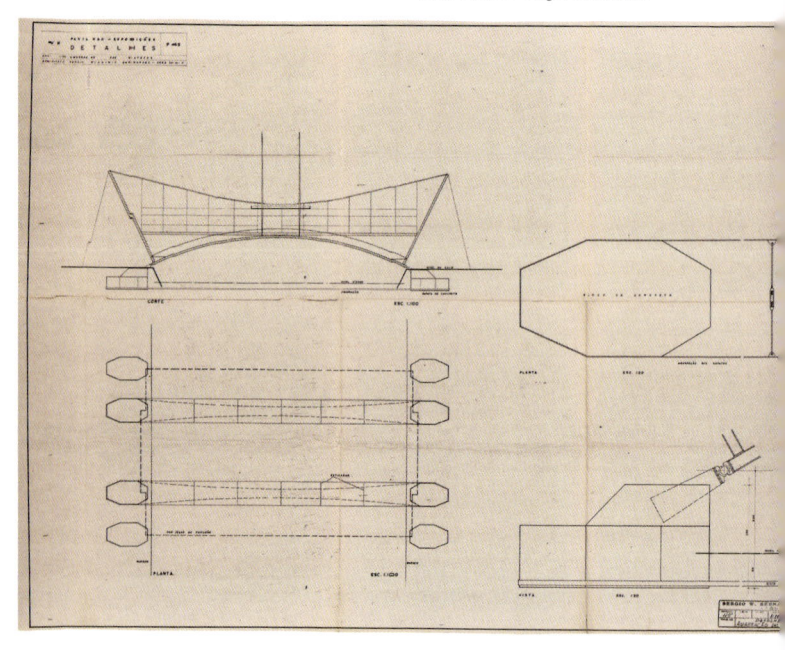

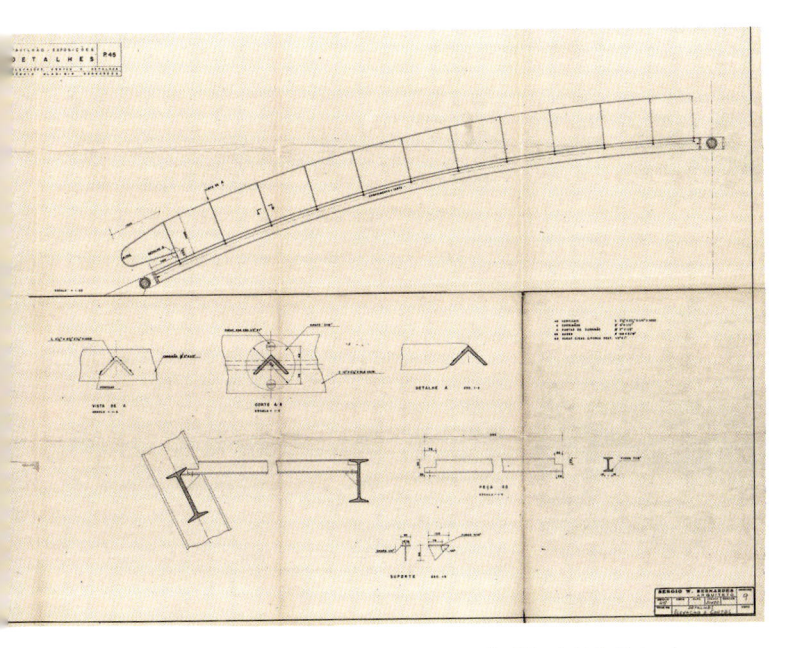

Pavilhão de Volta Redonda, *Desenho 9*, detalhes dos guarda-corpos em escalas 1:2, 1:5 e 1:20, Parque Ibirapuera, São Paulo SP, anos 1950. Acervo NPD FAU UFRJ / Fundo Sérgio Bernardes

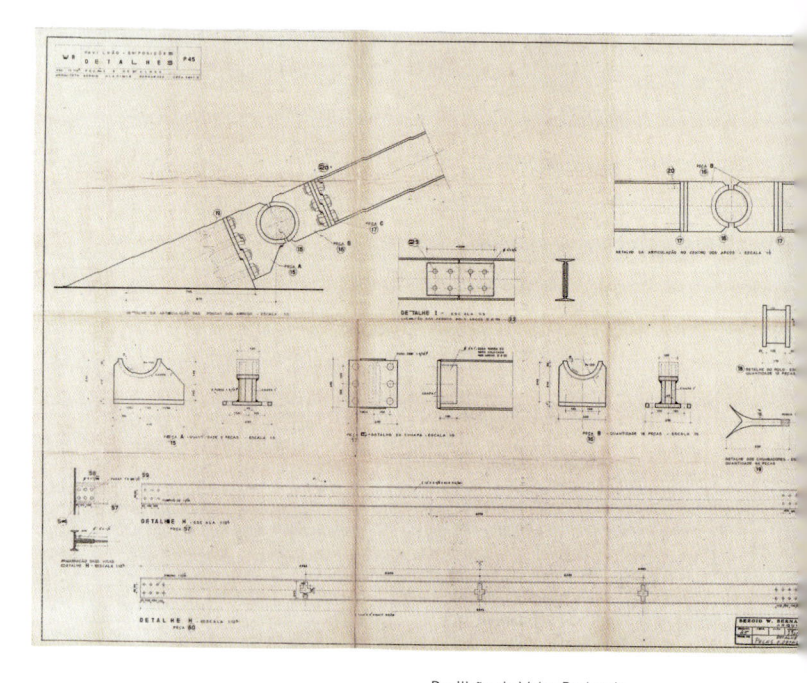

Pavilhão de Volta Redonda, *Desenho 13*, detalhes das articulações dos arcos das pontes em escalas 1:5 e 1:12,5, Parque Ibirapuera, São Paulo SP, anos 1950. Acervo NPD FAU UFRJ / Fundo Sérgio Bernardes

Pavilhão de Volta Redonda, *Desenho 25*, planta e detalhe dos contraventamentos da cobertura em escalas 1:2 e 1:50, Parque Ibirapuera, São Paulo SP, anos 1950. Acervo NPD FAU UFRJ / Fundo Sérgio Bernardes

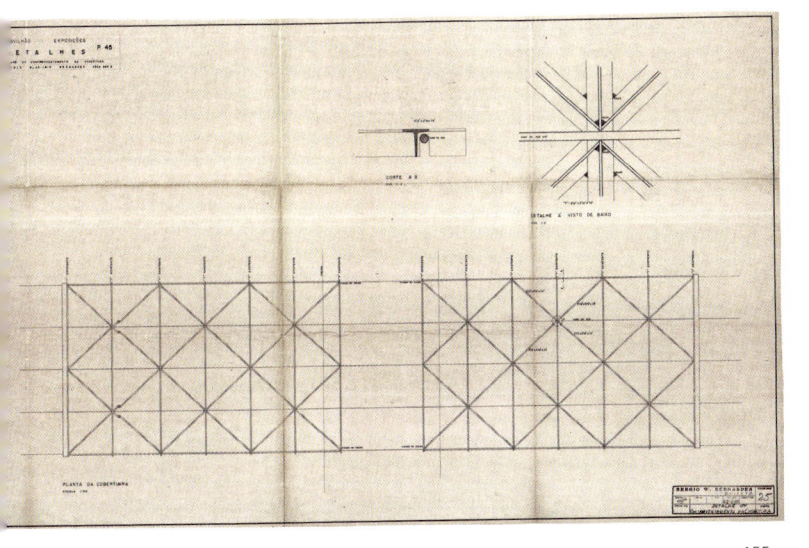

Pavilhão de Volta Redonda, *Desenho 14*, planta e fachadas mostrando a posição dos elementos metálicos em escala 1:100, Parque Ibirapuera, São Paulo SP, anos 1950. Acervo NPD FAU UFRJ / Fundo Sérgio Bernardes

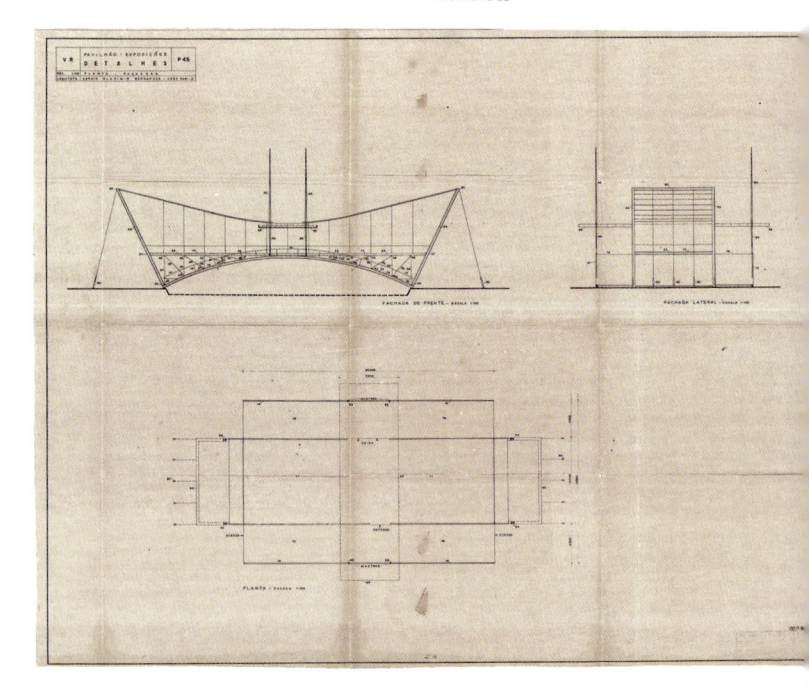

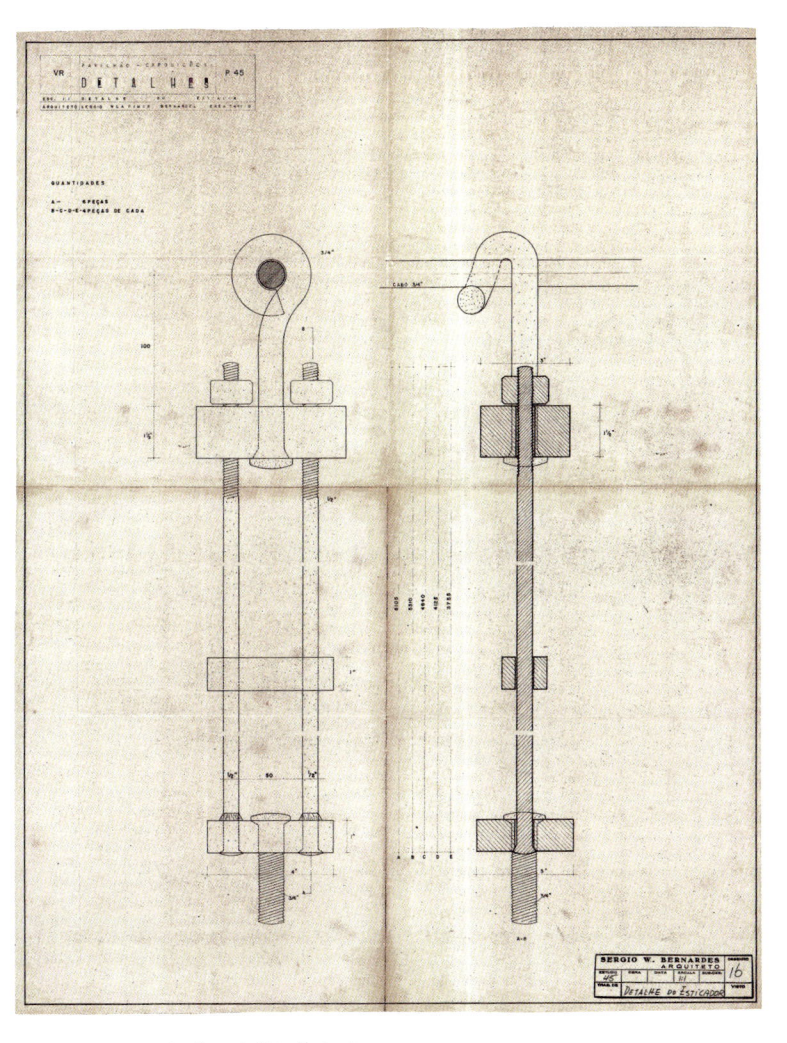

Pavilhão de Volta Redonda,
Desenho 16, esticadores tipos A, B, C
e D em escala 1:1, Parque Ibirapuera,
São Paulo SP, anos 1950. Acervo NPD
FAU UFRJ / Fundo Sérgio Bernardes

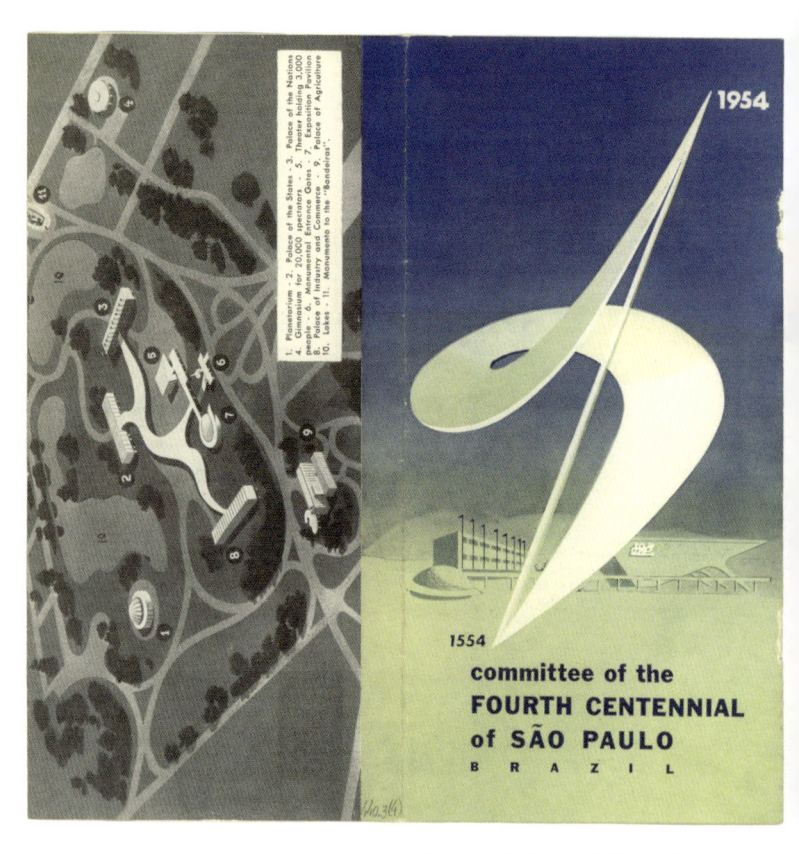

Folder dos festejos do 4º Centenário da Cidade de São Paulo. Committee of the Fourth Centennial of São Paulo, Brazil. Arquivo Histórico Wanda Svevo / Fundação Bienal de São Paulo

Folder dos festejos do 4º Centenário da Cidade de São Paulo. Programme des fêstes du IVème. Centenaire de la ville de São Paulo. Arquivo Histórico Wanda Svevo / Fundação Bienal de São Paulo

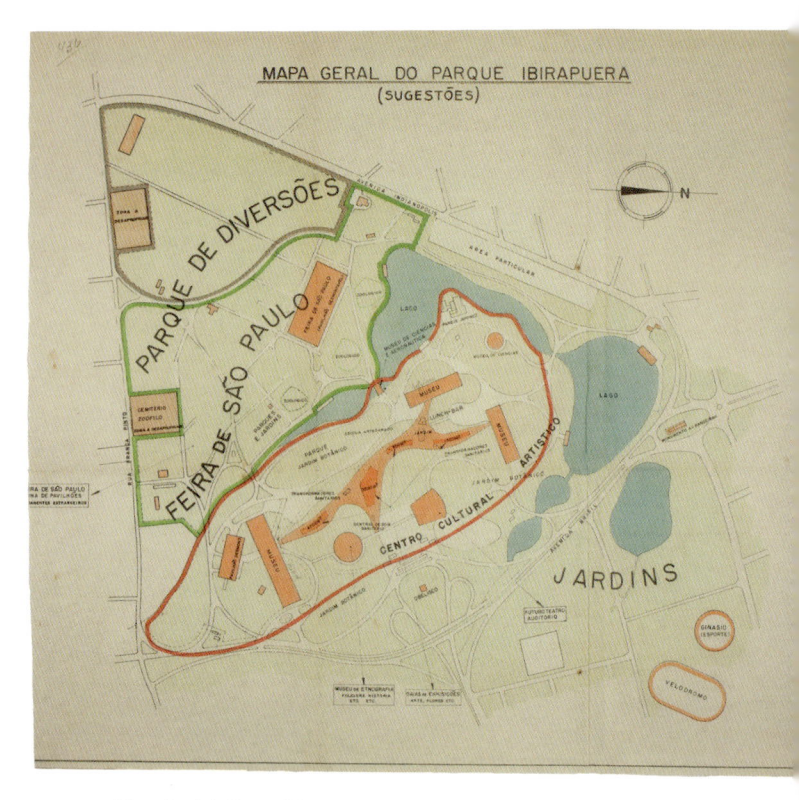

Mapa Geral do Parque Ibirapuera – sugestões, anos 1950. Arquivo Histórico Wanda Svevo / Fundação Bienal de São Paulo

necessidade de ampliar e diversificar a produção de aço. A expansão dos serviços de transporte e a instalação de uma indústria pesada dependiam da solução do problema; além disso, as importações de aço representavam um peso cada vez maior para o balanço de pagamentos continuamente desfavorável.[30]

É nesse panorama que as primeiras bienais de arte e arquitetura floresceram e sobre as quais o pesquisador Helio Herbst discorre ao longo de sua tese, *Pelos salões das bienais, a arquitetura ausente dos manuais: expressões da arquitetura moderna brasileira expostas nas bienais paulistanas (1951-1959)*, de 2007, publicada em livro em 2011.[31] A mesma temática foi brevemente abordada por Junqueira Bastos e Verde Zein, quando as autoras frisam a importância das primeiras cinco edições da Bienal durante esse período, que premiaram arquitetos de destaque, como o franco-suíço Le Corbusier; os alemães Mies van der Rohe e Walter Gropius; o italiano Bruno Zevi; o suíço Max Bill; e os norte-americanos Philip Johnson, Craig Elwood e Paul Rudolph.[32]

Aqui recorda-se que Rudolph foi premiado na 2ª Bienal, em 1954, com o prêmio Jovem Arquiteto Estrangeiro, concedido aos projetos da Casa de hóspedes Walker em Senibal Island, Flórida, de 1953, da Casa de Inverno, de 1951, e da Cabana Club, de 1953, enquanto Sérgio Bernardes levou o prêmio Jovem Arquiteto Brasileiro pelo projeto da Residência Lota de Macedo Soares,[33] em Petrópolis, Estado do Rio de Janeiro, de 1953.

É também nesse universo, por vezes conturbado por ideias contrárias às desenvolvidas no contexto geral das primeiras Bienais de Arte e Arquitetura, inicialmente com grande vínculo aos dogmas desenvolvidos nas edições do Congresso Internacional de Arquitetura Moderna – Ciam – recordando as ferrenhas críticas proferidas por Max Bill em sua visita ao Brasil em junho de 1953, quando "causa polêmica ao denunciar o tom socialmente descompromissado de

Casa de hóspedes Walker, Senibal Island, Flórida, 1952-1953. Paul Marvin Rudolph. Arquivo Histórico Wanda Svevo / Fundação Bienal de São Paulo

Residência Lota de Macedo Soares, Petrópolis RJ, 1953. Foto Leonardo Finotti

grande parte da arquitetura brasileira", de "curvas caprichosas e gratuitas", referindo-se à Pampulha[34] –, que o Pavilhão de Volta Redonda foi constituído. Em outras palavras, Sérgio Bernardes desfrutou das repercussões positivas alcançadas pelo projeto da casa de Lota Macedo Sorares – com alguns elementos chave, por assim dizer, protoindustriais[35] – para projetar um pavilhão concebido sob um programa e um ideal de extrema industrialização, em um discurso mais próximo, porém não exclusivo, ao proposto pelos arquitetos representantes da escola bauhausiana, como a de seu fundador Walter Gropius.

Dessa forma, e celebrando os festejos do quadringentésimo aniversário da capital paulista, é que o Pavilhão de Volta Redonda, edifício-ponte único no rol dos edifícios modernos brasileiros, foi concebido. Conformado por duas pontes paralelas com 5 metros de largura e com afastamento de 10 metros entre si, cada uma composta por um par de perfis "I" arqueados e triarticulados,[36] de aproximadamente 30 centímetros de altura – sistema que possibilitou vencer um vão livre cem vezes maior, de generosos 30 metros –, o edifício tinha nas extremidades de seus dois arcos internos os pontos de apoio para os dois pórticos transversais principais inclinados que conectavam estruturalmente ambas as pontes. Tais elementos eram responsáveis por determinar o perímetro do tabuleiro do piso – definindo uma superfície de 30m x 10m –, bem como a cobertura catenária da área expositiva. Esta, por sua vez, era conformada por cinco cabos de aço que se ancoravam em cada uma das margens do córrego, se estendendo paralelamente entre si e longitudinalmente sobre o pavilhão. Para conferir estabilidade, os cabos eram travados por um sistema de delgados perfis "T" que formavam uma malha rígida triangular e sobre a qual repousavam as chapas corrugadas metálicas, configurando assim a cobertura em si. As referidas chapas eram dispostas longitudinalmente no edifício tendo as suas ranhuras voltadas para a marquise transversal posicionada no centro do edifício – marcando os acessos do stand –, para qual a água era conduzida em dias de chuva e/ou depois de bombeada do córrego abaixo, possibilitando, além da melhora no desempenho térmico pelo resfriamento da cobertura, o efeito fenomenológico da queda d'água de volta ao córrego do Sapateiro, localizado logo abaixo.[37]

Ainda que ligeiramente similar a estruturas já existentes, como A casa sobre o arroio,[38] do destacado arquiteto argentino Amancio Williams, erguido em concreto armado em forma de ponte arqueada sobre o curso d'água La Chacras, na cidade de Mar del Plata, em 1946, para o seu pai Alberto Williams, pianista; ou também a Casa Coocon,[39] de Paul Rudolph, erguida no estado da Flórida, em 1950, com uma cobertura em forma de catenária, também com o uso de cabos, similar à encontrada no Pavilhão de Volta Redonda – porém de escala bem mais reduzida –, a concepção e o poder de síntese de Sérgio Bernardes nesse edifício, nos quesitos: forma, técnica, materialidade e programa, surpreendem aos mais rigorosos estudiosos e críticos, fatores que levaram o projeto a ser publicado pela mídia especializada da época, como na revista *Arquitetura e Engenharia* n. 36, de julho/agosto de 1955; a revista *Módulo* n. 2, de agosto de 1955;[40] além de menção no difundido livro de Henrique E. Mindlin: *Modern Architecture in Brazil*, de 1956.[41]

Tais qualidades, bem como a implantação estratégica do edifício sobre o córrego, na região central do Parque Ibirapuera, muito provavelmente contribuíram para que uma das pontes sobrevivesse ao desmonte do restante do pavilhão em momento ainda não devidamente esclarecido.[42] Além disso e conforme já salientado, as condições que envolveram a constituição do Pavilhão de Volta Redonda e os fatos que o sucederam permitem equipará-lo ao contexto da construção e o desmonte do Pavilhão Alemão na cidade de Barcelona, em 1929, bem como a sua reconstrução, no ano de 1986, como parte das comemorações do centenário do seu idealizador: Mies van der Rohe, pois similarmente ao ocorrido com o célebre arquiteto europeu, Sérgio Bernardes foi convidado pela própria Companhia Siderúrgica Nacional, provavelmente em 1999, para o projeto da reconstrução do Pavilhão de Volta Redonda em seu local original. Contudo, e diferentemente do arquiteto alemão, Bernardes sugeriu radicais adequações diante do projeto de 1954, optando, segundo as suas próprias palavras, por uma "revisão conceitual compatível com os atuais avanços tecnológicos".[43] Essa nova proposta – a que se teve acesso por meio do contato com Kykah Bernardes e a pesquisadora Monica Paciello Vieira, estagiária no escritório de Sérgio durante os anos de 1998 e 1999[44] – ainda que contando com o apoio de reconhecidos profissionais, conforme abordado mais adiante, acabará, por fim, não saindo do papel.[45]

Anunciado com entusiasmo pelos periódicos na época, independentemente do desfecho desse episódio, a ponte existente do lado Norte ainda hoje catalisadora de grande público aos fins de semana e feriados, seria, na entrada do século 21, novamente alvo de seu idealizador, momento no qual Sérgio Bernardes, já aos oitenta anos, despenderia tempo e esforços na luta pela sua reconstrução, reforçando e enfatizando a relevância dessa obra na condição de exemplar de vanguarda da arquitetura moderna paulista e nacional.

O esboço inicial e conjecturas acerca da escolha do sítio

As 38 pranchas correspondentes ao projeto executivo do Pavilhão de Volta Redonda, conforme material conservado no Acervo Sérgio Bernardes, no NPD UFRJ, sugerem que ao menos dois estudos distintos foram desenvolvidos para a conformação do pavilhão.

O primeiro estudo conta com dois pavimentos, o primeiro no nível do solo e o segundo elevado a aproximadamente quatro metros de altura. Como indica esse estudo inicial – que guarda geometria e espacialidade semelhantes ao projeto construído –, em um primeiro momento o arquiteto não pensou em situá-lo sobre o Córrego do Sapateiro, como uma ponte, mas sim diretamente em terra firme.

Estruturado por um conjunto de quatro arcos concorrentes e dois pórticos com suas traves superiores inclinadas para o exterior da edificação, além da cobertura em forma de catenária com os seus cinco cabos de aço dispostos longitudinalmente – similar à disposição observada no projeto construído –, esse arranjo permitia mais que dobrar a metragem total de área expositiva a ser explorada pela Companhia Siderúrgica Nacional, de 300 para aproximadamente 690 metros quadrados.

A prancha que ilustra essa opção, intitulada como *Desenho 2*, não datada e na escala 1:100, apresenta duas elevações: frontal e lateral, além das plantas dos dois pavimentos. A prancha também destaca o nível térreo servindo como "stand de material pesado" e o seu nível superior para "stand de material leve", distribuição lógica em função da menor sobrecarga prevista para o tabuleiro do piso superior e, nesse sentido, a possibilidade de se utilizar perfis mais esbeltos e de menor expressão visual no corpo principal do edifício.

Além dessa constatação inicial e diferentemente do projeto final concebido, esse estudo apresenta quatro apoios centrais extras que partem do solo em forma de dois pórticos paralelos, elevando-se um pouco acima da marquise central, estruturando-a como um par de vigas invertidas – solução que, mesmo plasticamente expressiva, proporcionava menos leveza ao conjunto quando comparada ao projeto construído.

Para além disso, o referido estudo, que conta com duas rampas paralelas para acesso ao pavimento superior, de 2,5 metros de largura e em forma de arco, ou seja, com a metade da largura das escadarias posteriormente adotadas no projeto construído, de certa forma, contradiz – assim como já propusera o pesquisador Alexandre Bahia Vanderlei em seu artigo acerca do tema[46] – a ideia de que o projeto fora idealizado, desde o início, sobre o córrego do parque. Nesse sentido parece plausível aventar que esse estudo, ainda que não datado, assim como a grande maioria das demais pranchas desse projeto, aponte para uma condição natural de evolução do projeto arquitetônico, ou seja, do seu desenvolvimento ao longo do processo, com o aprimoramento da técnica, da composição, do rearranjo dos principais elementos que compõem o objeto final e mesmo, nesse caso, do local definitivo de sua construção.

Ainda sobre essa versão inicial, porém agora definida sobre uma nova prancha intitulada como *Desenho 1*, constata-se, por meio de intervenção de croqui à mão, a sugestão de que dois dos quatro apoios centrais devessem se elevar como mastros. Essa condição, além de quebrar a predominância das linhas horizontais do edifício, propicia a criação de elementos visuais que ampliam a exposição do pavilhão perante os visitantes e seus usuários. Outras duas intervenções à mão sobre o mesmo estudo já sugerem o aumento da largura das rampas e a transformação da marquise transversal em calha, elemento que posteriormente passa a funcionar como meio de captação e condução de águas pluviais.

Mesmo sem precisar as datas de elaboração dos desenhos acima ilustrados, é possível estabelecer, ainda com certa margem de imprecisão, que o estudo inicial tenha sido elaborado por volta de janeiro ou fevereiro de 1954, pois o contrato de elaboração de projeto do Pavilhão de Volta Redonda – estabelecido entre Sérgio Bernardes e a Companhia Siderúrgica Nacional, composto de duas páginas e datado de 28 de abril de 1954 – confirma que boa parte das especificações já teriam sido encaminhadas com o "estudo preliminar pelo arquiteto, em carta dirigida à Companhia, datada de 5 de março de 1954",[47] ou seja, quase dois meses antes da data apontada no referido documento.

Inicialmente definido como "construção de um pavilhão da CSN, para a Exposição do 4° Centenário da Cidade de São Paulo", logo na sequência o contrato estabelece precisamente o trabalho a ser desenvolvido e entregue pelo arquiteto:

Arquiteto Sérgio Wladimir Bernardes.
Rua Senador Dantas, 74 – 11º andar.
Rio de Janeiro – DF.

Pela presente VR-SE, a Companhia Siderúrgica Nacional, adiante designada COMPANHIA, encomenda ao Arquiteto Sérgio Wladimir Bernardes, adiante designado ARQUITETO:

Item 1: Elaboração de projeto completo e fiscalização da obra de construção de um Pavilhão com que a Companhia se fará representar no IV Centenário da Cidade de São Paulo.

Item 2: Fornecimento e colocação do material de decoração, inclusive pisos e iluminação, no Pavilhão citado no Item 1 acima.

I:
O Projeto completo do Pavilhão inclui:
a-) Estudo Preliminar.
b-) Ante-projeto.
c-) Projeto.
d-) Detalhes Gerais.
e-) Projetos Estruturais.
f-) Projeto de Instalações.
g-) Especificações e orçamentos.

II:
O arquiteto fornecerá à Companhia os originais e uma cópia de cada original de todos os desenhos referentes ao projeto.

III:
Os serviços de decoração mencionados no item 2 consistirão no fornecimento e colocação de painéis e demais elementos decorativos, inclusive foto-montagens, gráficos, legendas, balcões para distribuição de prospectos, suporte para apresentação de mostruários, composição de trilhos, piso, aparelhos de iluminação, tudo de acordo com as especificações apresentadas com o estudo preliminar pelo Arquiteto, em carta dirigida à COMPANHIA, datada de 5 de março de 1954 e que ficará fazendo parte integrante desta VR-SE.[48]

Outro detalhe relevante acerca desse exemplar – e diferentemente dos documentos manuseados para o Pavilhão do Brasil em Bruxelas, os quais serão abordos mais adiante – é que nas pranchas do projeto do Pavilhão de Volta Redonda não há indícios da orientação Norte e tampouco há ilustrado algum tipo de implantação do entorno que aponte para um local preciso de construção do edifício. Nesse caso, e com base nas informações presentes no contrato entre as partes, parece plausível sugerir que o arquiteto Sérgio Bernardes teria sido inicialmente convidado a desenvolver um estudo simples do pavilhão, ainda sem um sítio específico, tendo como base um possível programa de necessidades preliminarmente encaminhado pela CSN. Nesse raciocínio e com o retorno positivo dado pela empresa por meio do referido documento, Sérgio Bernardes teria mais tempo para evoluir adequadamente o desenho do pavilhão e inclusive definir, possivelmente com os organizadores do certame e a equipe de arquitetos do próprio parque, a posição mais adequada e conveniente para se erguer o edifício.

Nesse ponto, é preciso lembrar que o projeto original do Parque Ibirapuera, idealizado por Oscar Niemeyer e a sua equipe de arquitetos paulistas, sofreria consideráveis adequações, inclusive o cancelamento do estudo paisagístico de autoria de Roberto Burle Marx, datado de 1953, substituído naquele mesmo ano pelo projeto do engenheiro agrônomo paulista Otavio Augusto Teixeira Mendes.[49] Ele que, entre outros relevantes trabalhos, foi autor dos jardins da residência de Maria Luisa e Oscar Americano, em generoso lote localizado no bairro do Morumbi, além de ser, naquele momento, o Chefe do Serviço Florestal do Estado.

Como reflexo desses e outros contratempos, pouco depois, a primeira edição da revista *Módulo*, de março de 1955, publica o artigo "Mutilado o conjunto do Parque Ibirapuera". Acompanhando o seu texto crítico, nele tem-se as fotos das maquetes do anteprojeto e do projeto aprovado do parque. Diferenças entre ambas as propostas são perceptíveis, pois, enquanto a do anteprojeto ilustra a grande marquise com cinco pontas e o restaurante ocupando a mesma margem do lago dos demais edifícios de destaque do parque – então denominados Palácios –, a do projeto aprovado ilustra a marquise composta por apenas quatro pontas e o restaurante deslocado para a margem oposta. Pontos em comum também são identificados entre ambos os esboços, como a presença do auditório – que só viria a ser construído meio século depois –, além de ajustes consideráveis na geometria dos lagos em comparação ao projeto final executado.

Constata-se também, sobre os referidos esboços, que não foi proposta nenhuma travessia próxima ao local da futura implantação do Pavilhão de Volta Redonda, apenas duas travessias mais periféricas, sendo uma delas sempre próxima ao restaurante, edifício que, por fim, nunca se viabilizou.

Em outras palavras, edifícios considerados relevantes no conceito arquitetônico do parque, como o próprio restaurante e o referido auditório para dois mil lugares – que inclusive contaria com uma tapeçaria, que seria especialmente desenhada por Le Corbusier para o seu interior, e seria erguido na entrada principal do parque, em oposição à Oca – acabaram na época sendo definitivamente cancelados. Mesmo a ponte prevista para ser erguida ao lado do

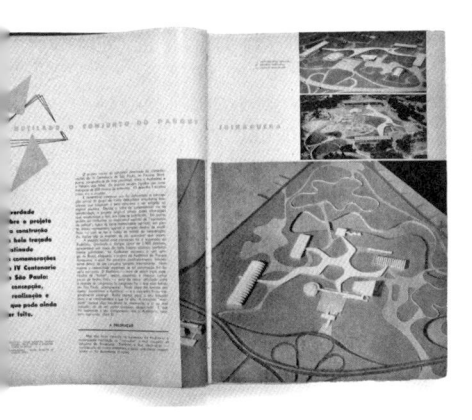

Parque do Ibirapuera, maquetes do anteprojeto e do projeto aprovado, São Paulo SP, projeto de Oscar Niemeyer e equipe, publicado na revista *Módulo*, n. 1, em março de 1955. Acervo Biblioteca FAU USP

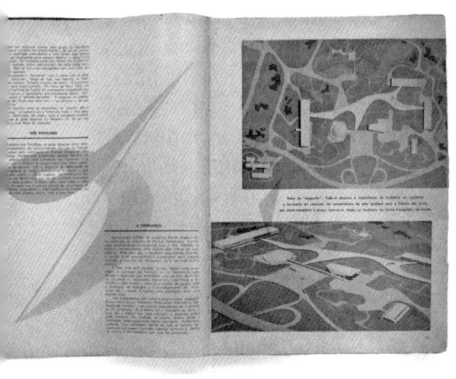

restaurante, não construído, acabou no final não saindo do papel. Assim, não parece muito distante a ideia de que, com a escassez de verbas e com as disputas político-ideológicas entre Christiano Stockler das Neves, que inclusive elaborou uma proposta para o parque em 1951,[50] e Francisco Matarazzo Sobrinho – que acabou saindo da presidência da Comissão do 4º Centenário,[51] sendo substituído pelo escritor Guilherme de Almeida, que "pouco pôde remediar"[52] –, essa condição, a princípio desfavorável, no resultado final parece ter contribuído positivamente para o sucesso do Pavilhão de Volta Redonda.

Ainda que carente de mais fatos comprobatórios, as evidências sugerem que Sérgio Bernardes e seus colaboradores tenham acertado dois alvos com um tiro só. Ou seja, definindo implantar o pavilhão em um ponto central do parque, sobre o Córrego do Sapateiro, que conforma e alimenta os lagos, e considerando que, nesse ponto, não havia sido previsto nenhum elemento de transposição do curso d'água, o projeto passou a alcançar uma solução estratégica, de elevado grau e interesse estético.

Assim, compondo com os distintos edifícios que definiam o caráter principal do parque: os Palácios das Indústrias, das Nações, dos Estados, da Agricultura etc., a esse grupo se juntará, além do pavilhão da CSN, outros pavilhões erguidos provisoriamente para a 1ª Feira Internacional de São Paulo. Com destaques para o Pavilhão das Indústrias Estrangeiras – mais pelas suas dimensões já que no aspecto compositivo era extremamente simples – e, também, o Pavilhão do Rio Grande do Sul, sendo este de autoria do arquiteto Jayme Luna dos Santos,[53] idealizado com sistema misto de cabos e perfis de aço, recoberto com telhas, resultando em interessante edifício de cobertura com traços curvilíneos, "lembrando uma sela de montaria" e tecnicamente definida como "hiperboloide de revolução".[54]

Dentro desse contexto e agora por meio de um partido mais maduro e definitivo de projeto, Sérgio Bernardes desenvolve, com o apoio do Escritório Técnico de Engenharia Adolfo A. de Aguiar – responsável pelos cálculos da casa da Lota[55] – e seus consultores na Companhia Siderúrgica Nacional, as soluções técnico-estruturais do Pavilhão de Volta Redonda. Agora não mais como um exemplar implantado em terra firme, mas como um edifício-ponte no qual a água passará a ser, assim como o aço, elemento de grande expressão técnica e formal.

O projeto definitivo

Passado o momento de elaboração do estudo inicial do Pavilhão de Volta Redonda, que, como observado, seguramente fora elaborado antes de 28 de abril de 1954, sendo num primeiro momento proposto para ser erguido em terra firme, com dois níveis e em paralelo com a definição do sítio no qual este seria erguido, os demais desenhos, 36 pranchas, referem-se ao que seria o projeto definitivo do pavilhão.

A começar pela prancha denominada *Desenho 3*, ilustrada na escala 1:50 e referente à planta do nível superior do edifício. Nela se observa a distribuição interna desse pavimento, e que segundo as poucas imagens internas e externas disponíveis, conferem, em grande parte, com o projeto construído do Pavilhão de Volta Redonda. Além de incorporar as ideias esboçadas à mão no *Desenho 1*, anteriormente apresentado – ou seja, o aumento da largura das rampas de acesso de 2,5 para 5 metros, nas quais também se observa a incorporação de dezessete degraus em seus trechos iniciais –, a planta ainda define as portas de acesso e saída do prédio, ambas sob duas áreas tracejadas que ilustram a marquise transversal postada no eixo do conjunto, elemento que passa a ser definido como *calha*. Na referida planta, observa-se o piso interno quadriculado em duas cores, responsável por definir o trajeto dos visitantes, e uma legenda no canto direito inferior descrevendo simploriamente os acessos e os elementos representados no seu interior, sendo: 1) acesso das rampas; 2) entrada do pavilhão; 3) painéis; 4) cinema em pé; 5) saída; 6) tela; 7) vedação; 8) informações.

Também não datado, esse desenho, por outro lado, apresenta dois traços verticais paralelos que são interrompidos pelas quatro escadas de acesso ao edifício, elementos que representam e definem, ainda que simbolicamente, a existência do córrego abaixo dele. E mesmo que não ilustrada uma planta de situação ou se quer uma orientação, a breve legenda, que define como a entrada do pavilhão a porta no trecho inferior do desenho e a saída do pavilhão como a porta no trecho superior do desenho, tal informação permite concluir – por meio da posição da área de projeção do cinema – a orientação correta de como o projeto foi implantado no parque. Para ser mais preciso, quando se analisam os registos fotográficos do exterior do pavilhão, pode-se observar que a luz – que deveria fluir pelos painéis de vidro cristal que conformavam parte da fachada do prédio – nitidamente não tem a mesma intensidade em ambos os lados.

Esse fato se deve pela vedação interna que fora aplicada nos vidros dessa porção do edifício – no caso, o lado direito da planta do *Desenho 3* –, possibilitando criar um ambiente interno com pouca luz, necessário para que os visitantes pudessem assistir adequadamente a projeções de filmes dentro do pavilhão. As duas fotos aqui ilustradas, retratando as duas fachadas principais do prédio (Norte e Sul), permitem observar claramente um dos lados mais escuro, sendo esse, certamente, o lado da área de projeção.

Analisando ainda a geometria dos lagos e os edifícios que aparecem ao fundo nas fotos, e cruzando com os elementos e informações extraídas das fotos aéreas do Parque Ibirapuera na época do 4º Centenário, pode-se determinar com precisão que a área destinada às projeções no interior do Pavilhão de Volta Redonda estava próxima à margem na qual se encontrava o Pavilhão do Rio Grande do Sul, determinando, assim, que o acesso ao seu interior se dava pela ponte Norte, com vista para o Pavilhão Japonês, e a saída do pavilhão pela ponte Sul, com vista para o Palácio das Indústrias, atual Bienal. Essa análise torna-se mais consistente quando se observa as duas fotos do interior do pavilhão publicadas na revista *Arquitetura e Engenharia* n. 36, de julho/agosto de 1955.

Antes de avançar para outros desenhos e da concepção propriamente dita do pavilhão, outros detalhes podem ser observados na planta do nível superior, como os

Pavilhão de Volta Redonda, fachadas Norte e Sul, interior com projeto expográfico, Parque Ibirapuera, São Paulo SP, 1954-1955. Acervo Sérgio Bernardes – Projeto Memória / Escritório Bernardes Arquitetura

Pavilhão de Volta Redonda, Parque Ibirapuera, São Paulo, 1954-1955, publicado na revista *Arquitetura e Engenharia*, n. 36, de julho e agosto de 1955. Acervo Biblioteca FAU USP

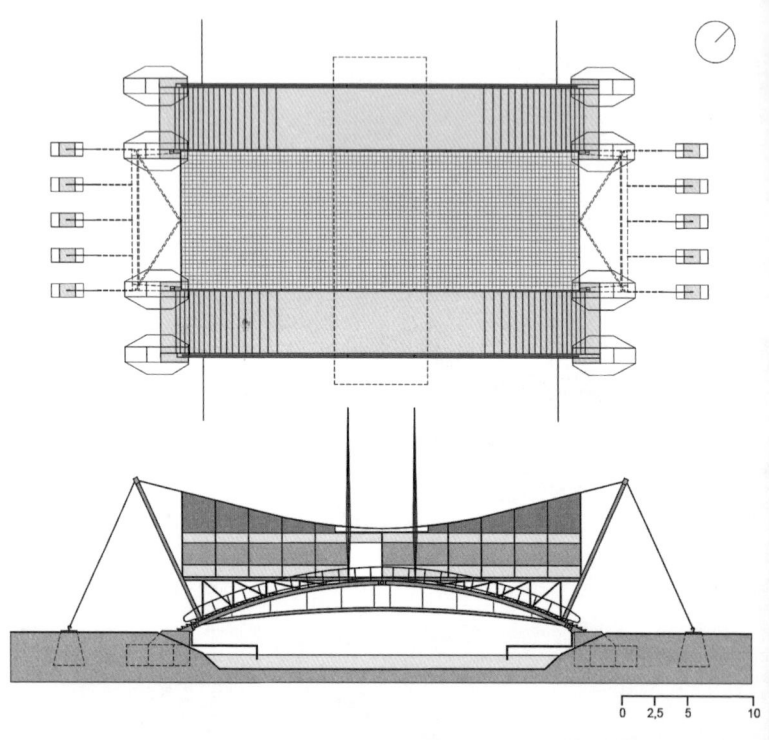

Pavilhão de Volta Redonda, planta e elevação, Parque Ibirapuera, São Paulo SP, 1954-1955. Redesenho Fausto Sombra contraventamentos dispostos na diagonal e no interior dos dois pórticos inclinados que, por sua vez, criam os pontos de inflexão dos cinco cabos da cobertura e, por consequência, conformam a geometria da catenária, conforme será visto adiante.

Ainda por meio da planta consegue-se identificar um padrão de doze módulos, de 2,5 metros, distribuídos no sentido longitudinal do edifício, totalizando 30 metros de comprimento, e oito módulos, distribuídos na transversal do prédio, sendo quatro módulos destinados ao piso da área expositiva e quatro módulos que definem o espaço destinado às duas rampas de acesso, totalizando vinte metros de largura.

Essa métrica, visível no par de vergalhões que estruturavam os painéis de chapa de aço corrugada que conformam e definem as fachadas, e os painéis de vidro cristal – dispostos em duas linhas horizontais, posicionadas na base do piso e na sua porção mais elevada junto à face inferior da marquise/calha, com 90 e 70 centímetros de altura cada uma, respectivamente – criavam uma faixa cega à meia altura com 1,6 metro de altura, contornando todo o perímetro do prédio, possibilitando a colocação de grande parte da expografia do pavilhão. Esta, em grande medida, seria conformada por painéis suspensos elaborados por delgados tubos metálicos que se elevavam do piso, estruturando fotos e informações acerca da então crescente produção de elementos e perfis metálicos produzidos pela Companhia Siderúrgica Nacional.

Muitos desses painéis apresentavam ainda, em sua porção mais elevada e tal como se observa nas fotos do interior do pavilhão, delicadas calhas metálicas destinadas, ao que tudo indica, a acolher lâmpadas para iluminação direta desses elementos, solução idealizada pelo arquiteto e artista português, nascido em Lisboa, Eduardo Anahory, conforme revelou o artigo publicado no jornal *O Estado de S. Paulo*, no dia seguinte à inauguração do prédio, transcrito abaixo na íntegra:

Parque Ibirapuera, vista aérea, São Paulo SP. Número especial "IV Centenário de São Paulo" da revista *Manchete*, 1954. Arquivo Histórico Wanda Svevo / Fundação Bienal de São Paulo

Pavilhão de Volta Redonda, ponte remanescente Norte, São Paulo SP, 1954-1955. Foto Fausto Sombra

Inaugurou-se na tarde de ontem, no Ibirapuera, o Pavilhão da Companhia Siderúrgica Nacional. Projeto do arquiteto Sérgio Bernardes, o "Stand da Siderúrgica" consiste em uma ousada estrutura metálica que liga as duas margens do grande lago funcionando como uma ponte de linhas ultramodernas, dando uma aparência de extrema leveza e elegância. A decoração interna compreende 27 painéis, executados pelo pintor Anahory. Ao ato estiveram presentes numerosas personalidades do mundo civil e militar, tendo a inauguração disso efetivada pelo vice-presidente da Companhia Siderúrgica Nacional, Sr. Ismael Coelho de Souza, em substituição ao presidente, general Macedo Soares, que se encontra na Europa. Declarando inaugurado o pavilhão, o vice-presidente da Companhia proferiu breve discurso relatando a evolução da empresa e exaltando o progresso paulista.[56]

A menção dos militares, inclusive a presença do vice-presidente da CSN, ratifica a importância estratégica, econômica e militar da companhia para o país desde o período do Estado Novo, tema que será abordado pelo historiador Boris Fausto em seu livro *História do Brasil*:

Podemos sintetizar o Estado Novo sob o aspecto socioeconômico, dizendo que representou uma aliança da burocracia civil e militar e da burguesia industrial, cujo objetivo comum imediato era o de promover a industrialização do país sem grandes abalos sociais. A burocracia civil defendia o programa de industrialização por considerar que era o caminho para a verdadeira independência do país; os militares porque acreditavam que a instalação de uma indústria de base fortaleceria a economia – um componente importante de segurança nacional, os industriais porque acabaram se convencendo de que o incentivo à industrialização dependia de uma ativa intervenção do Estado.[57]

Capa e matéria de divulgação do
Pavilhão de Volta Redonda no jornal
O Lingote, de 10 de março de 1955.

Centro de Documentação Corporativo – CEDOC / Companhia Siderúrgica Nacional – CSN

Outros jornais de circulação na época também noticiaram com destaque a inauguração do Pavilhão de Volta Redonda, sendo esses textos importantes fontes de registro e informações acerca do projeto e sobre questões socioeconômicas que permearam a sua constituição. É o caso do jornal *O Lingote* n. 48, datado de 10 de março de 1955[58] – veículo produzido pela própria CSN – e o extenso artigo publicado no jornal *Folha da Manhã*, no dia 17 de fevereiro de 1955,[59] dois dias após a sua inauguração. Neste, além de enaltecerem o elegante projeto de Sérgio Bernardes e incluírem a transcrição do discurso do vice-presidente, Ismael Coelho, citado no artigo anterior, também mencionam um detalhe de certa forma claramente visível em algumas das fotos do prédio, inclusive a que estampa o artigo –, mas que até o momento passou despercebido por parte dos pesquisadores. Trata-se do bombeamento da água do Córrego do Sapateiro para sua cobertura.

Dividido em cinco partes, pela relevância e riqueza na descrição dos detalhes presentes no referido artigo, ainda que com certa inelegibilidade em alguns trechos, optou-se pela transcrição de seus dois trechos iniciais:

> A solenidade de anteontem à que esteve presente o presidente em exercício da CSN – uma estrutura totalmente em aço de Volta Redonda.
> Em cerimônia realizada na tarde de anteontem foi inaugurado no Ibirapuera [15/02/1955] o pavilhão mandado erigir pela Cia. Siderúrgica Nacional. O ato contou com a presença do presidente em exercício da companhia, Sr. Ismael Coelho de Souza. Além de altas personalidades civis e militares e de representantes das entidades governamentais e das classes produtoras.
> O pavilhão acha-se montado sobre um dos lagos, ladeado por duas pontes, em local que constitui passagem natural para os visitantes da exposição. Sua estrutura é toda metálica e seu revestimento aparente constituído por chapas de aço, tudo material proveniente dos altos fornos de Volta Redonda. Os arcos de sustentação apresentam no centro e nas bases junções móveis, a fim de compensar as dilatações e contrações provocadas pela variação de temperatura. Com a finalidade de resfriar a estrutura, mas resultando em apreciável efeito estético, deslizam constantemente sobre as chapas de cobertura jorros de água que se despencam inteiramente em duas cascatas.
> No interior do pavilhão acha-se montada uma [série grandes expografias e quadros estantes], mutuamente com os quais são expostos produtos fabricados pela Cia. Siderúrgica Nacional. A mostra põe em realce a magnitude da obra realizada em Volta Redonda – "que caminha para a produção de um milhão de toneladas anuais" – o esforço desenvolvido para chegar a esse resultado, a qualidade dos produtos ora ali fabricados: a importância

que têm eles para a indústria nacional, em especial, para as ferrovias e a indústria de construções: e as relações econômicas da usina com o parque industrial paulista, seu maior consumidor. São também ilustradas relações patronais vigorantes na empresa e a assistência sanitária social prestadas a seus empregados.[60]

Sendo claramente comprovada pelo jorro d'água presente nas fotos, o bombeamento da água também se torna visível pela presença do par de tubulações posicionadas sob a ponte Norte, ambas visíveis também em fotos da época. Além disso, a prancha de instalações hidráulicas do projeto, definida como *Desenho 30*, na escala 1:50, ilustra perfeitamente como esse sistema fora idealizado, sendo previsto duas bombas junto à fundação do arco externo da ponte Norte, de 35 mil litros/hora, uma em cada margem do córrego.

Essa engenhosa solução, na qual a água é parte integrante do projeto, acompanha de perto o restante do arrojado desenho arquitetônico e estrutural elaborado para o projeto do Pavilhão de Volta Redonda, sendo o mesmo sinteticamente ilustrado por linhas e suas principais medidas no *Desenho 8*, representado na escala 1:100. Nele, pela primeira vez, pode-se observar a representação do córrego abaixo do pavilhão, com largura de 30 metros, e os ângulos de 42 graus que conformam a catenária.

O referido desenho e a planta do nível superior, apresentada no início deste capítulo, são complementados agora com a elevação do edifício por meio do *Desenho 23*, representado na escala 1:50. Nele, observa-se o que seria o edifício construído, porém com a falta de alguns elementos que seriam posteriormente incorporados durante a sua execução e não ilustrados em nenhuma das pranchas manipuladas. Trata-se primeiramente dos dois perfis arqueados e localizados sob os arcos internos que recebiam os dois pórticos inclinados conformando a cobertura, e que teriam como função contraventar o edifício, evitando que os esforços das cargas principais do pavilhão, que eram transferidos para as quatro sapatas internas de concreto armado em solo, pudessem se deslocar horizontal e gradativamente em sentido contrário, tendo como eventual consequência o colapso estrutural do pavilhão.

Esses contraventamentos são claramente visíveis em todas as fotos do exterior do edifício, porém não estão mais presentes na ponte Norte remanescente no Parque Ibirapuera. Entretanto, com simples prospecções por meio de visitas realizadas ao local, identificam-se as marcas deixadas pela remoção de um dos contraventamentos na viga interna em arco que conformava a ponte Norte, comprovação da posição e junção precisa desses elementos no conjunto arquitetônico.

Pavilhão de Volta Redonda, base da ponte Sul removida, São Paulo SP, 1954-1955. Foto Fausto Sombra

Ainda por meio das fotos de ambas as fachadas do pavilhão, nota-se a presença de elementos verticais muito delgados distribuídos com espaçamento ordenado, talvez a cada módulo de 2,5 metros, e posicionados, ao que parece, sempre em pares entre as vigas arqueadas e os referidos contraventamentos. Esse detalhe já foi observado na parte final do subcapítulo "Questões metodológicas" da Introdução do presente livro, momento em que se defende a necessidade da existência de tais elementos perante o questionamento do atento pesquisador Alexandre Bahia Vanderlei.

Referente ainda ao tema das fundações, uma nova prancha definida como *Desenho 34* ilustra uma segunda forma de contraventamento proposta para as quatro sapatas internas do edifício. No título do desenho, indicado como "Detalhe amarração das sapatas", observa-se quatro elementos, similares a um tipo de fita, talvez de aço, que seriam amarrados em dois pares entre as quatro sapatas internas do prédio.

Diferentemente, porém, dos contraventamentos sob os arcos internos, estes se localizariam abaixo do nível da água do córrego e cada par seria conectado por cinco esticadores no sentido transversal, distribuídos de forma uniforme ao longo do comprimento das fitas de amarração. Acerca desse sistema, é possível supor que, por ele se posicionar sob a água e ser consequentemente de execução mais complexa, este tenha sido substituído pelo sistema de contraventamentos expostos diretamente acima da água. Entretanto, apenas prospecções mais detalhadas a serem elaboradas no córrego responderão definitivamente a essa questão.

Outro elemento que não é presente nas pranchas manuseadas referentes ao projeto, mas visível na ponte remanescente Norte, são as vigas vagonares executadas sob os degraus e o piso em arco no topo da ponte. Esses elegantes e delicados elementos estruturais, com seis contraventamentos em "X" ao longo de toda a extensão da ponte, não são ilustrados no *Desenho 9*, no qual são apenas apresentados os perfis que conformam os guarda-corpos e as vigotas "I" que estruturavam as chapas de aço do piso da ponte. As referidas vigotas, ao menos no papel, seguem um preciso alinhamento com os montantes verticais dos guarda-corpos, ocorrendo a cada aproximadamente 1,2 metro, porém com visível aproximação dos montantes verticais próximo ao eixo transversal das pontes.

Outras tantas pranchas que ilustram o projeto e seus elementos são relevantes, cabendo aqui mencioná-las. Primeiramente, as vigas em treliça que se posicionavam sob a viga "I" que conformava as bases laterais do tabuleiro do piso expositivo no nível superior, *Desenho 20*. A prancha que ilustra as três articulações que se posicionavam no eixo e em ambas as bases dos quatro arcos em perfil "I" e que conformavam ambas as pontes, *Desenho 13*, sendo estes elementos ainda presentes na ponte remanescente. Destaque também

Pavilhão de Volta Redonda, face inferior e articulação de base da ponte renascente Norte, Parque Ibirapuera, São Paulo SP, 1954-1955. Fotos Fausto Sombra

para as pranchas referentes aos detalhes e locação das sapatas, *Desenhos 31* e *32*, sendo estas as únicas pranchas que se encontram datadas, com o dia 30 de maio de 1954 e 10 de maio de 1954, respectivamente, ambas com o carimbo do engenheiro Adolfo A. de Aguiar – único engenheiro que é realmente citado nos documentos manuseados.

Para além destas, duas mais pranchas merecem destaque. A primeira, *Desenho 25*, referente à cobertura do pavilhão, ilustra um engenhoso sistema de perfis "T" dispostos diagonalmente e transversalmente ao prédio, todos estruturados pelos cinco cabos de aço que conformam a cobertura catenária. Esse desenho permitia que o sistema ganhasse rigidez, ao mesmo tempo em que criava os pontos de apoios necessários para fixação das chapas de aço corrugado que conformavam a cobertura. A segunda prancha, definida como *Desenho 14*, não se trata necessariamente de um projeto, mas de um guia ilustrando as fachadas lateral e frontal, e uma planta esquemática, todas repletas de números. Cada número corresponde a um elemento metálico que compõe o edifício, funcionando, nesse sentido, como um guia de localização das peças, solução simples, mas inteligente, que organiza perfeitamente o sistema de montagem, de cunho industrial, proposto para esse exemplar.

Todas as 38 pranchas do projeto, conservado no acervo do arquiteto, muitas delas relacionadas a detalhes de elementos que compõem o edifício, representados em escalas variando entre 1:1 e 1:20, ratificam a preocupação de Sérgio Bernardes e sua equipe pelo desenvolvimento dos detalhes únicos e personalizados em seus edifícios. É o caso, por exemplo, do detalhe correspondente aos esticadores, *Desenho 16*, concebidos para unir os cinco cabos – que conformavam a cobertura catenária – ao solo. Estes elementos ancoravam-se em ambas as margens, em dez grandes blocos de fundações de concreto armado e de desenho trapezoidal, geometria especialmente projetada para receber os esforços de tração provenientes dos cabos.

Sendo elementos representativos do projeto, como exercício complementar, seguindo os procedimentos realizados com modelos físicos – as maquetes dos edifícios em escala 1:100 –, solicitou-se a usinagem de um dos esticadores na escala 1:1 para que este pudesse materializar simbolicamente o pavilhão executado em aço, trabalho elaborado pela empresa FEG Brasil. O resultado, após o esticador ser redesenhado em suas distintas vistas, é uma peça de aproximadamente seis quilos e 50 centímetros de comprimento, medida que pode apresentar certa variação em função do par de hastes rosqueáveis necessários para tensionar com precisão e individualmente cada um dos cinco cabos.

Segundo as simulações preliminares elaboradas com base em modelos tridimensionais unifilares – exercício elaborado pelo então estudante do curso de engenheiro-arquiteto da Politécnica da USP, Márcio Sartorelli,[61] e com consultoria do engenheiro Yopanan – cada uma das três distintas posições dos cabos – cabos externos, cabos intermediários e cabo central – estava sujeita a uma grandeza de esforços distinta. Essa constatação talvez seja o caminho para compreender o porquê de a prancha dos esticadores apontar a necessidade de se produzir um total de 22 esticadores, sendo seis iguais ao de maior tamanho (tipo A), e mais dezesseis esticadores com quatro tipos distintos de comprimentos (tipos B, C, D e E).

Uma hipótese simples para essa questão seria se os calculistas simplesmente tivessem solicitado esticadores distintos e em maior quantidade – originalmente seriam apenas dez esticadores – para que testes fossem realizados durante a montagem do edifício. Dessa forma, eventuais correções – mais complexas de se calcular no então momento, como, por exemplo, a ação dos ventos – pudessem ser simplesmente corrigidas com a substituição de um ou mais esticadores.

Entretanto, esse é um tema que requer novas e mais amplas análises, não cabendo ao presente estudo, tanto com relação ao prazo e valores envolvidos, a sua realização. Por outro lado, a pergunta que se coloca parece relevante para compreender em maior profundidade esse intrigante exemplar, que após a sua construção e desmonte ganhará, no final da década de 1990, novamente atenção por parte da Companhia Siderúrgica Nacional e de seu idealizador.

Pavilhão de Volta Redonda, perspectiva, elevação e fundação em modelo 3D, São Paulo SP, 1954-1955. Desenhos Fausto Sombra

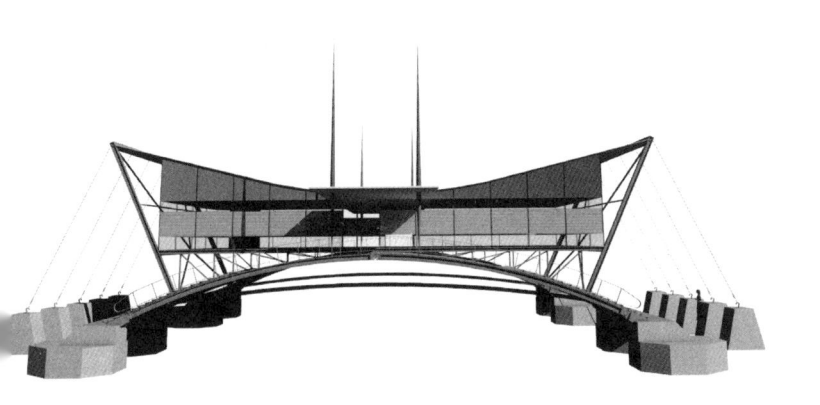

O desmonte e a ideia da reconstrução

O Pavilhão de Volta Redonda, como visto, abriu as suas portas ao público no dia 15 de fevereiro de 1955 em cerimônia que contou com a presença de ilustres convidados e após aproximadamente onze meses a contar da data definida no contrato firmado entre a Companhia Siderúrgica Nacional e Sérgio Bernardes. Esse processo se deu durante um intervalo no qual outros relevantes pavilhões participantes inauguraram seus espaços, como é o caso do já destacado Pavilhão do Rio Grande do Sul, oficialmente aberto meses antes, no dia 20 de setembro de 1954,[62] e o Pavilhão do Uruguai, inaugurado quase três meses depois, no dia 11 de dezembro de 1954.[63]

Esses e outros efêmeros exemplares foram concebidos para permanecerem erguidos durante a 1ª Feira Internacional de São Paulo, certame que fora oficialmente aberto em 21 de agosto de 1954,[64] após muitos contratempos, corte de verbas, adaptações e mesmo após o cancelamento da construção de relevantes edifícios idealizados na concepção original do projeto, como o já mencionado auditório e o restaurante na ponta do lago, cortes que teriam causado irritação em Oscar Niemeyer e sua equipe de colaboradores.

Mesmo sob tais circunstâncias, as readequações promovidas garantiram a manutenção de grande parte dos eventos e congressos programados para o ano de 1954, desde a realização da 2ª Bienal, de 13 de dezembro de 1953 a 26 de fevereiro de 1954, com o Parque Ibirapuera ainda em obras, passando por um programa extenso de atividades que seriam divulgadas de forma regular e sistemática pela Comissão do 4º Centenário, por meio de cartazes, panfletos, periódicos etc., inclusive em francês e inglês, tal como documentação conservada no Acervo Histórico Wanda Svevo da Fundação Bienal de São Paulo.

Folder dos festejos do 4º Centenário da Cidade de São Paulo. *Committee of the Fourth Centennial of São Paulo, Brazil*. Arquivo Histórico Wanda Svevo / Fundação Bienal de São Paulo

Folder dos festejos do 4º Centenário da Cidade de São Paulo. *São Paulo, the world's fastest growing city*. Arquivo Histórico Wanda Svevo / Fundação Bienal de São Paulo

Demais fontes documentais permitem compreender que não apenas os edifícios de caráter público sofriam com a falta de verbas e cortes, como também o próprio Pavilhão de Volta Redonda sofreria considerável atraso diante das estimativas inicialmente definidas para a sua inauguração. Por meio do jornal *Folha da Manhã*, de 4 de agosto de 1954, já próximo à abertura oficial do Parque Ibirapuera, o periódico exaltava a construção do pavilhão de Bernardes por meio de uma breve descrição que confirma as informações até então apresentadas, complementando e definindo, contudo, que o pavilhão seria inaugurado no 7 de setembro, dia da Independência do Brasil.

> Projeto do arquiteto Sérgio Bernardes, o estande da C.S.N. está sendo construído de estrutura metálica aparente, recoberto de chapas de Volta Redonda, e ligará as duas margens do grande lago do Ibirapuera no ponto em que elas mais se aproximam. A sua estrutura pesa 93 toneladas e está sendo preparada na Fábrica de Estruturas Metálicas de Volta Redonda, enquanto se cravam no local estacas de fundações. A natureza do terreno obrigou a providências especiais para garantia da estabilidade do estande em vista do seu arco batido, em forma original. A inauguração do pavilhão está marcada para o dia 7 de setembro. Em uma das extremidades do estande haverá uma varanda para exibição de filmes sobre as atividades da Companhia Siderúrgica Nacional.[65]

Com base nesse artigo, constata-se que o considerável intervalo que se deu em relação à data inicialmente prevista de sua abertura até a sua oficial concretização, em fevereiro de 1955, é um tema que requer atenção, pois trata-se de uma diferença de mais de cinco meses, atraso que levou o referido edifício a ser – observando as datas do Pavilhão do Rio Grande do Sul e Uruguai – um dos últimos pavilhões a ter as suas portas abertas, momento no qual já se passava mais de um ano da abertura oficial dos festejos do 4º Centenário da Cidade de São Paulo, ocorrida no dia 23 de janeiro de 1954.[66] Ainda assim, com o grande sucesso de suas formas e sendo de grande utilidade como travessia dos usuários no coração do parque, e diferentemente de grande parte dos demais pavilhões,[67] o Pavilhão de Volta Redonda passa a ser cotado como edifício permanente para o Parque Ibirapuera.

Dentre os documentos manuseados no Acervo Wanda Svevo, dos quais praticamente não se encontram registros acerca do Pavilhão de Volta Redonda, um pequeno mapa chama a atenção. Com o título "Mapa Geral do Parque Ibirapuera – sugestões", não datado, o desenho ilustra o parque dividido em três grandes grupos: Centro Cultural Artístico; Feira de São Paulo; e Parque de Diversões. Nele são apontados e sintetizados os possíveis destinos para os mais relevantes edifícios erguidos, sendo grande parte deles previstos para serem transformados – de forma mais genérica – em museus. Outros dois edifícios, como o Pavilhão do Rio Grande do Sul, são apontados como "pavilhão desmontável". Já o Pavilhão de Volta Redonda é um dos poucos edifícios a receber uma destinação mais precisa: o Museu de Ciências e Aeronáutica.

Ao fim, porém, como se observa nos dias de hoje, apenas os Palácios e o Pavilhão Japonês foram preservados e boa parte dos demais edifícios foram desmontados ou parcialmente desmontados, inclusive o próprio Pavilhão de Volta Redonda, do qual apenas a ponte Norte sobreviveu. Entretanto, o momento em que esse processo de desmonte teria realmente ocorrido, ainda é, segundo a presente pesquisa, tema não devidamente esclarecido.

Ao menos três fatos parecem pôr em xeque a afirmação comumente encontrada de que o edifício de Sérgio Bernardes teria sido desmontado logo após o certame da 1ª Feira Internacional. O primeiro é o próprio mapa acima descrito, no qual se constata a intenção de preservá-lo. O segundo fato é um artigo publicado no jornal *O Estado de S. Paulo*, em setembro de 1955, com o título "Coisas da cidade – O destino do Ibirapuera", texto de autoria de Luís Martins, no qual o escritor descreve as possibilidades sobre o futuro do parque, ao mesmo tempo em que pondera sobre o alto valor despendido na construção desse grande equipamento e a carência observada em tantos pontos da crescente metrópole. Ainda no texto, o autor enfatiza que, tendo sido construído o "conjunto arquitetônico de grande beleza", o ideal seria transformá-lo em um centro definitivo de cultura e lazer, dando exemplos similares ao encontrado na cidade de Paris. Porém, Luís Martins alerta aos leitores, frisando que:

> Políticos rasteiros, os administradores de pés de chumbo já pensam seriamente em instalar repartições públicas no Ibirapuera, metendo máquinas de contabilidade onde um dia brilharam os quadros de Picasso, máquinas de escrever onde havia esculturas de Lauriens e, possivelmente, burros da Limpeza Pública onde se exibiam os documentos venerais da Exposição Histórica...[68]

As reflexões de Luís Martins se tornariam realidade, tal como expostas em um novo artigo publicado três anos depois – o terceiro fato há pouco mencionado –, mais precisamente em 28 de setembro de 1958, ocasião que é descrita a precariedade na qual se encontrava o Parque Ibirapuera. Tal situação teria se iniciado após Adhemar de Barros ser eleito prefeito pela capital, momento em que transfere um bom número das repartições públicas para o Ibirapuera, em um processo de abandono e menosprezo pelo que já fora um dos maiores orgulhos dos paulistanos.

Desse longo artigo, duas fotos de baixa qualidade e seus textos explicativos chamam atenção. A primeira foto, com montes de entulhos em primeiro plano, é acompanhada da seguinte descrição: "O imenso monturo que ora recobre as áreas próximas do majestoso Pavilhão do Rio Grande do Sul". E a segunda foto na qual ilustra trecho de uma das pontes do Pavilhão de Volta Redonda, inclusive com a presença do perfil de contraventamento arqueado sob ela, é seguida do seguinte título: "Uma visão contristadora do lago que passa sob o pavilhão erguido pela Usina de Volta Redonda".

Ambas as fotos e seus respectivos textos sugerem que os citados pavilhões ainda se fariam presentes nesse momento, proposição que ganha força com o depoimento do ex-sócio de Sérgio Bernardes em São Paulo, Ennes Silveira de Mello, em entrevista ao autor. Mello afirma que, durante a montagem da sala especial dedicada à obra de Sérgio Bernardes, na 7ª Bienal – realizada no Parque Ibirapuera, em 1963[69] –, o Pavilhão de Volta Redonda ainda estaria integralmente de pé, sendo este tema de conversa, naquela ocasião, entre ambos os profissionais:

> Foi nessa época que eu, passeando com ele, passeando pelo Ibirapuera, na fase da exposição que eu estava fazendo pra ele – porque ele viaja – eu fiquei fazendo aqui pra ele a exposição, é, montando a exposição. Num passeio que a gente estava fazendo, passamos ali naquele pavilhão e ele [Sérgio] falou: "puxa que beleza que é esse pavilhão". Eu falei: "lindo, lindo Sérgio". Ele falou: "puxa e se a gente conseguisse". Eu estava procurando uma casa pra fazer um projeto. Pra fazer. Fizemos, né? Eu e o Sérgio. Fiz um escritório aqui com ele e estava procurando uma casa – e ele falou: "puxa, eu vou tentar conversar com o cara de Volta Redonda, da Siderúrgica – eu tenho um amigo lá – e vou ver se consigo fazer um escritório aqui".[70]

Tratando-se de um simples diálogo e sem grandes pretensões, logicamente que Sérgio Bernardes não logrou montar a sua sede paulista nesse local de caráter público, passando esta a ocupar, tal como Ennes Silveira de Mello relatou, um sobrado no bairro Jardins.

Os fatos apresentados, somados a um antigo vídeo recentemente resgatado pelo pesquisador Abilio Guerra

– mais precisamente o episódio 34 do seriado de TV *O Vigilante Rodoviário*, programa produzido e apresentando entre os anos 1961 e 1962, no qual o Pavilhão de Volta Redonda é cenário para uma das sequências gravadas,[71] – ratificam que, possivelmente, até pelo menos 1963 – ano da 7ª Bienal – o pavilhão de Bernardes se encontrava integralmente de pé no Parque Ibirapuera.

Ainda sim, sem novas pistas que permitam precisar o momento no qual esse exemplar sofreu seu quase total desmonte, o referido pavilhão passa a viver apenas na memória daqueles que tiveram a oportunidade de visitá-lo, sendo a sua ponte Norte, remanescente, testemunho da capacidade e dos esforços de seu idealizador e equipe.

Passadas mais de quatro décadas de sua inauguração, agora já no fim da década de 1990, mais uma vez Sérgio Bernardes se debruça sobre os planos e projetos elaborados para esse originalmente efêmero pavilhão. Já com certa idade, próximo de seus oitenta anos, mas cheio de energia e muito disposto ao trabalho, Sérgio é convidado pela já privatizada Companhia Siderúrgica Nacional, por meio de sua então presidente, Maria Silvia Bastos Marques, a elaborar os planos de reconstrução do pequeno exemplar sobre o Córrego do Sapateiro.

Esse fato recupera tardiamente um tema comum em significativas obras do movimento moderno mundo afora, principalmente acerca do grupo de edifícios de tipologia pavilhonar. Refere-se aqui, por exemplo, ao Pavilhão L'Esprit Noveau, de Le Corbusier, erguido na Exposição Internacional de Paris, em 1925, e reconstruído na Praça da Constituição junto à Feira de Bolonha, na Itália, entre 1975 e 1977, com o "beneplácito da Fundação Le Corbusier".[72] Bem como ao Pavilhão Alemão, do arquiteto Mies van der Rohe, edifício erguido no Parque Montjuïc durante a Exposição Internacional de Barcelona, em 1929, e reconstruído no mesmo sítio entre 1981 e 1986 pela equipe dos arquitetos Ignasi de Solà Morales, Cristian Cirici e Fernando Ramos, tal como já abordado. Dentre outros conhecidos exemplos, encontra-se ainda o Pavilhão da República Espanhola, edifício idealizado pelos arquitetos Josep Lluís Sert e Luis Lacasae erguido para a Exposição Universal de Paris, de 1937, durante a guerra civil espanhola – recebendo inclusive o quadro Guernica, de Pablo Picasso – e sendo reconstruído para os Jogos Olímpicos de 1992 no Parque do Vall d'Hebron, em Barcelona, por meio da equipe formada pelos arquitetos Miquel Espinet, Antoni Ubach e Juan Miguel Hernandez de Leon.[73]

No difundido livro do arquiteto Moisés Puente, intitulado *Pabellones de Exposición: 100 años*, publicado em 2000, são reunidos cinquenta reconhecidos projetos de pavilhões edificados originalmente entre os anos de 1900 e 2000. Infelizmente, nenhum dos três pavilhões idealizados por Sérgio Bernardes, aqui retratados, foi incluído nesse seleto rol. Entretanto, no texto que abre o livro, de autoria do arquiteto e curador catalão Carles Muro, encontra-se uma rica síntese do papel da efemeridade dos pavilhões e as feiras para as quais estes foram idealizados, além da relevância do registro fotográfico desses exemplares frente à possibilidade de reconstruí-los. Muro, em seu parágrafo final, questiona exatamente o tema de reconstrução desses exemplares, fenômeno que, segundo o próprio autor, começou a "surgir há alguns anos no sul da Europa":

> Nesse sentido, como se ocorresse uma inversão do conceito de tempo da exposição, os pavilhões permaneceram expostos o tempo suficiente para serem capturados em séries, muitas vezes reduzidas, de fotografias.
> Este livro reúne exatamente essas fotografias. Através delas propõe-se uma nova exposição na qual poderão ser encontrados, no seu habitat natural – o papel impresso –, pavilhões vistos em diferentes épocas e lugares.
>
> Talvez este livro favoreça mais esses pavilhões do que suas reconstruções, que, como uma curiosa coleção

de borboletas presas para sempre pelo longo alfinete do entomologista, começaram a surgir há alguns anos no sul da Europa.[74]

Com pensamento similar apresentado pelo professor Carlos Muro e diferentemente de muitos arquitetos, como o próprio Mies van der Rohe, que chegou a aceitar, em 1959, o convite para a reconstrução do Pavilhão de Barcelona seguindo o que seriam os "planos originais" – trabalho que acabou não se concretizando[75] –, Sérgio Bernardes aceitou o encargo de reconstrução do pavilhão erguido no Ibirapuera, propondo adequações técnicas compatíveis com as novas tecnologias disponíveis, gerando um edifício conceitualmente similar, porém consideravelmente distinto quando comparado ao original.

Em documento não datado e intitulado de *Memorial descritivo*, Sérgio revelou as suas pretensões acerca do novo desafio:

> Quando recebi o convite da CSN para refazer o projeto do pavilhão, construído em 1954, no Parque do Ibirapuera por ocasião das comemorações do IV Centenário da Cidade de São Paulo, constatei que poderia fazer uma revisão conceitual compatível com os atuais avanços tecnológicos.
>
> O pavilhão, que ora proponho, é composto por duas pontes em arcos que vencem o vão por sobre o rio do parque e estruturam uma superfície plana protegida por esquadrias e vidros. A cobertura mista (aço e concreto) é apoiada em vigas treliçadas e pilares metálicos.
>
> O acesso à área de exposições se dá pelas escadas, localizadas nas pontes em arco que levam até as entradas do pavilhão. Acopladas às escadas, protegidas pela grande cobertura catenária, temos plataformas motorizadas para o acesso de deficientes físicos.

Nas extremidades dos arcos de sustentação e perpendiculares a eles, nascem quatro pilares de aço que fazem 65º de inclinação com o piso. Esses pilares encontrarão as duas treliças superiores de conexão que vencem o vão menor do pavilhão, servindo também de apoio aos 36 tirantes ancorados no piso.

A cobertura, por sua vez, é composta pelos 36 cabos de aço dando formação à catenária e ligados por perfis "T", que sustentam as placas pré-moldadas de concreto (80 kg/m²), que receberão a impermeabilização. Essa catenária formará uma grande calha receptora das águas pluviais, despejadas no rio pelas suas extremidades centrais.

No centro de cada uma das curvas de acesso (pontes) nascem dois mastros que marcam o centro da circunferência formadora da catenária da cobertura.

A implantação deste pavilhão marcará os avanços tecnológicos disponíveis no momento, abrindo espaço de tecnologia avançada para a população.
Sérgio Bernardes.[76]

Complementando essa descrição, um segundo ofício em papel timbrado da CSN, também não datado, porém provavelmente do ano 2000, sintetiza o desejo de reconstrução do referido edifício por parte da Siderúrgica, mencionando nomes como da então presidente da Companhia, Maria Silvia Bastos Marques; de Ricardo Ohtake, na época secretário municipal do verde e do meio ambiente; e de Oscar Niemeyer, que teria sido consultado e dado o seu aval para intervenção no parque, no então período já tombado pelos órgãos de proteção estadual, o Condephaat, e municipal, o Conpresp.[77]

Ambos os documentos auxiliam a esclarecer a ideia da reconstrução desse representativo exemplar, bem como permitem compreender as formas resultantes das operações e do novo rearranjo das peças proposto pelo já octogenário

Pavilhão de Volta Redonda, ponte remanescente Norte, São Paulo SP, 1954-1955. Foto Fausto Sombra

arquiteto carioca, sendo este um dos seus últimos estudos realizados antes do seu falecimento em 15 de junho de 2002, aos 83 anos.

Menos elegante que a sua concepção original, fruto em parte do aumento da nova escala sugerida e logicamente já não mais representando o momento áureo de sua vanguarda projetual – na qual não só o Pavilhão de Volta Redonda fora concebido, mas também os seus pares posteriores –, a nova proposta para o pavilhão no Ibirapuera enfatiza, porém, uma característica marcante na postura de Sérgio Bernardes: a de que raras vezes o arquiteto parece olhar para sua obra com sentimento saudosista, que o impedisse de seguir adiante e de sugerir adequações e transformações. Esta, talvez, seja uma das qualidades que melhor define o arquiteto carioca, ou seja, a de ser um profissional com convicções sempre voltadas para o futuro, para novos desafios e soluções alinhadas com as rápidas mudanças do mundo contemporâneo.

Notas

1. Acerca da história do Copan, ver: LEMOS, Carlos Alberto Cerqueira. *Triologia do Copan: a história do edifício Copan*.
2. Acerca do processo de constituição do Parque Ibirapuera, ver: MEYER, Regina. *Metrópole e urbanismo: São Paulo anos 50*; ARRUDA, Maria Arminda do Nascimento. *Metrópole e cultura: São Paulo no meio século XX* (tese de livre-docência e livro); OLIVEIRA, Fabiano Lemes de. *Os projetos para o Parque Ibirapuera: de Manequinho Lopes a Niemeyer (1926-1954)*; OLIVEIRA, Fabiano Lemes de. O Parque do Ibirapuera: projetos, modernidade e modernismo; SANTOS, Cecília Rodrigues dos. Teatro do Parque Ibirapuera: em nome de quem?; BARONE, Ana Cláudia Castilho. *Ibirapuera: parque metropolitano (1926-1954)* (tese e livro).
3. Ver: *Manchete* (edição especial 4° Centenário).
4. CAVALCANTI, Lauro. *Sérgio Bernardes: herói de uma tragédia moderna*, p. 13.
5. Acerca da contribuição de reconhecidos arquitetos estrangeiros, principalmente durante as décadas de 1930 e 1960 em São Paulo, ver: LORES, Raul Juste. *São Paulo nas alturas*; ALMEIDA, Moracy Amaral e. *Pilon, Heep, Korngold e Palanti: edifício de escritórios (1930-1960)*; BARBOSA, Marcelo Consiglio. *Adolph Franz Heep: um arquiteto moderno* (tese e livro).
6. Ver: REDAÇÃO. Inaugura-se hoje, em São Paulo, a exposição do IV Centenário. Curiosamente, a Bélgica – país onde o Pavilhão do Brasil projetado por Sérgio Bernardes terá grande destaque em 1958 – teve participação destacada na exposição de 1954 no Parque do Ibirapuera: REDAÇÃO. Pavilhão da Bélgica no Ibirapuera; REDAÇÃO. Homenagem da Bélgica à cidade de S. Paulo no seu IV Centenário.
7. Ver: CURI, Fernanda. 60 anos do Parque Ibirapuera.
8. Embora a construção do Parque Ibirapuera resultasse em uma grande frustração a Oscar Niemeyer diante da "ganância dos construtores e a idiotice da comissão do centenário", que combinados puseram a perder metade da beleza do projeto originalmente idealizado, ainda assim o crítico e sociólogo Darcy Ribeiro defendia que esse conjunto arquitetônico era considerado o "melhor da Paulicéia". RIBEIRO, Darcy. *Aos trancos e barrancos: como o Brasil deu no que deu*, verbete 1374. Ver também: REDAÇÃO. Conjunto do Ibirapuera: clamorosamente mutilado o projeto inicial do grupo arquitetônico comemorativo do 4° Centenário de São Paulo, p. 18.

9. Os historiadores Carlos Guilherme Mota e Adriana Lopez recordam uma série de fatos – para além da Semana de Arte Moderna – que apontam para a insatisfação política do estado paulista entre fins dos anos 1910 e o fim da década de 1930: "A extensa greve operária de 1917, no Estado de São Paulo, como que havia aberto um novo período da história do Brasil. Na sequência, a fundação do Partido Comunista Brasileiro, a Semana de Arte Moderna em 1922, os movimentos Tenentistas de 1922, 1924 e 1926, a Revolução de 1930 e a Revolução Constitucionalista de 1932, o levante comunista de 1935, a revolta integralista de 1937 e a implantação do Estado Novo (1937-1945) sinalizam um longo, intenso e contraditório processo de transição de ordem oligárquico-rural para uma sociedade marcada pelas forças urbano-industriais. Ou de uma sociedade de estamentos e castas para uma sociedade de classes. São Paulo foi o principal centro dessas tentativas de renovação. Com efeito, nesse período, procurou-se construir aí uma nova identidade e uma nova memória histórico-social e política. Definiu-se uma nova mentalidade marcadamente urbana e cosmopolita; firmou-se, nas palavras de Richard Morse, o 'temperamento da metrópole', título de capítulo de sua obra clássica, *Formação histórica de São Paulo*". MOTA, Carlos Guilherme; LOPEZ, Adriana. *História do Brasil: uma interpretação*, p. 676.

10. Pedro Cunha, figura que corroborou na organização das ações promovidas pela Comissão do 4º Centenário, sintetizou a relevância da participação de imigrantes na conformação de capital paulista: "O Brasil muito deve aos estrangeiros que de várias partes do mundo vieram completar a obra iniciada pelos portugueses no tempo de seu descobrimento. Especialmente no Estado de São Paulo, que é o de mais densa população de 'alienígenas', essa dívida é reconhecida e levada em conta. É justamente aqui que melhor se pode apreciar o valor da cooperação dos filhos de outros países, cuja inteligência e operosidade se petenteiam [sic] nos múltiplos aspectos da vida do lugar, quer no que diz respeito à cultura do espírito, quer no que diz respeito às atividades da indústria, do comércio e da agricultura. Com relação aos japoneses, a partir da passagem do quarto centenário de fundação da cidade de São Paulo, um outro reconhecimento se impõe: o da gratidão por parte dos naturais do Estado. O importante acontecimento histórico veio trazer a todas as colônias estrangeiras uma boa ocasião para manifestarem seus sentimentos em relação à gente que os recebeu e acolhe ao seu seio. Não foram poucas as colônias que naquela ocasião aproveitaram o ensejo para essas manifestações, de várias maneiras compartilhando das alegrias do povo. Uma houve, porém, que se excedeu a todas

as outras nessa gentileza. Foi a colônia japonesa, justamente a que mais recentemente se formou. Excedeu-se em tudo; na soma de recursos financeiros despendidos, na construção e doação à municipalidade de um dos mais bonitos e expressivos palácios com que a cidade hoje conta e no brilho com que se fez representar em todas as manifestações culturais por grandes homens de pensamento e figuras notáveis de seu meio artístico". CUNHA, Pedro. A colônia que melhor contribuiu para as festas do IV Centenário.
11. Tal como o subtítulo emprestado da tese de livre-docência e do livro da socióloga Maria Arminda do Nascimento Arruda: "Metrópole e cultura: São Paulo no meio século XX".
12. O projeto de ampliação e reforma do Belvedere Trianon ficou a cargo dos arquitetos Luís Saia e Eduardo Kneese de Mello. Ver: SOMBRA, Fausto. O pavilhão da I Bienal do MAM SP: fatos, relatos, historiografia e correlações com o Masp e o antigo Belvedere Trianon; SOMBRA, Fausto. *Luís Saia e o restauro do Sítio Santo Antônio: diálogos modernos na conformação arquitetônica moderna paulista*; GUERRA, Abilio; SOMBRA, Fausto. Avenida Paulista, 1951: cenário da 1ª Bienal de São Paulo.
13. A 2ª Bienal foi aberta ao público em 12 de dezembro de 1953, sendo a abertura oficial do Parque Ibirapuera em 21 de agosto de 1954. CURI, Fernanda. Op. cit.
14. A 2ª Bienal contou com 24.000 metros quadrados de área expositiva e apoio, englobando os Palácios das Nações e dos Estados. HERBST, Helio. *Pelos salões das bienais, a arquitetura ausente dos manuais: contribuições para a historiografia brasileira (1951-1959)*, p. 185.
15. Ver: SOMBRA, Fausto. O pavilhão da I Bienal do MAM SP: fatos, relatos, historiografia e correlações com o Masp e o antigo Belvedere Trianon (op. cit.); PISANI, Daniele. *O Trianon do MAM ao Masp: arquitetura e política em São Paulo (1946-1968)*.
16. Em 1910 São Paulo contava com 314 mil habitantes e em 1920, com 550 mil. Dados da Câmara Americana para o Comércio com o Brasil, publicados na revista *Acrópole*, n. 157, maio de 1951. REDAÇÃO. A cidade que mais cresce no mundo.
17. COMISSÃO DO 4º CENTENÁRIO DA CIDADE DE SÃO PAULO. São Paulo em números.
18. Idem, ibidem.
19. VANDERLEI, Alexandre Bahia. Pavilhão da CSN 1954: recorrência técnica e manifesto da modernidade.
20. BASTOS, Maria Alice Junqueira; ZEIN, Ruth Verde. *Brasil: arquiteturas após 1950*, p. 36-37.
21. Idem, ibidem, p. 37.

22. "Nas artes plásticas, o concretismo surge como uma evolução do abstracionismo e não como uma oposição a esse movimento. Ela deve ser compreendida como parte do movimento abstracionista moderno, com raízes em experiências como a do grupo De Stijl, criado em 1917, na Holanda por Piet Mondrian, Theo van Doesburg, entre outros". REDAÇÃO. Movimento Concretista nas artes plásticas.
23. Em seu artigo na revista *Fundamentos* n. 23, Vilanova Artigas faz ferrenhas críticas direcionadas à 1ª Bienal. Ver: ARTIGAS, João Batista Vilanova. A Bienal é contra os artistas brasileiros.
24. O Manifesto de Agosto é assinado pelo líder Luiz Carlos Prestes, em 1 de agosto de 1950, em nome do Comitê Nacional do Partido Comunista do Brasil. Publicação: PRESTES, Luiz Carlos. Prestes dirige-se ao povo brasileiro.
25. AMARANTE, Leonor. *As Bienais de São Paulo: 1951-1987*, p. 16.
26. Idem, ibidem, p. 17.
27. Para uma síntese da conformação da CSN, ver: MOREIRA, Regina da Luz; BRANDT, Maurette. *CSN: um sonho feito de aço e ousadia*.
28. Sobre Getúlio Vargas, ver a trilogia: NETO, Lira. *Getúlio 1882-1930: dos anos de formação à conquista do poder*; NETO, Lira. *Getúlio 1930-1945: do governo provisório à ditadura do Estado Novo*; NETO, Lira. *Getúlio 1945-1954: de volta pela consagração popular ao suicídio*.
29. O crescimento da atividade realizada pela Companhia Siderúrgica Nacional, a partir de 1953 passa a ser divulgado pelo jornal *O Lingote*. Ver: ARAÚJO, Fábio Salgado. A Companhia Siderúrgica Nacional e as políticas sociais de lazer para os trabalhadores: os clubes sociorrecreativos.
30. FAUSTO, Boris. *História do Brasil*, p. 371.
31. HERBST, Helio. Op. cit.
32. BASTOS, Maria Alice Junqueira; ZEIN, Ruth Verde. Op. cit., p. 37.
33. Segundo a revista *Acrópole* de novembro de 1953, Paul Rudolph foi premiado na 2ª Bienal, em 1954, com o prêmio Jovem Arquiteto Estrangeiro, concedido ao projeto da casa Walker Guest House, em Senibal Island, Flórida, enquanto Sérgio Bernardes levou o prêmio Jovem Arquiteto Brasileiro pelo projeto da casa de Lota de Macedo Soares. A inconsistência das datas – a revista de novembro de 1953 divulga os vencedores anunciados em janeiro de 1954 – se deve, provavelmente, à publicação atrasada da edição. Ver: REDAÇÃO. Prêmios da 2ª Exposição Internacional de Arquitetura da 2ª Bienal do Museu de Arte Moderna de São Paulo, p. 328. Graças à colaboração do pesquisador Helio Herbst, foi localizada na Fundação Bienal a Ata do Júri (doc.: 01-00723), datada de 4, 5, 6 e 7 de janeiro de 1954, e assinada pelos jurados Walter Gropius, Josep Lluís Sert, Alvar Aalto, Ernest N. Rogers, Affonso Eduardo Reidy e Oswald Arthur Bratke (presidente), onde está claro que Rudolph foi premiado

pelos três projetos apresentados: Casa de Hóspedes,1953; Casa de Inverno, 1951; Cabana Club, 1953. Curiosamente, a divulgação dos premiados pela revista *Acrópole* ocorreu mais de um mês antes da data presente na Ata, o que abre duas possibilidades para o ocorrido: a publicação atrasada da edição da revista ou a análise dos projetos feita por correspondência entre os jurados, que só chegaram em São Paulo em janeiro de 1954. Sobre a breve estadia de Gropius no Brasil, ver: ROCHA, Rodrigo Marcondes. *Walter Gropius no Brasil: revisitando críticas.*
34. HERBST, Helio. Op. cit., p. 197.
35. Aqui se refere ao sistema pavilhonar de treliças e pilares metálicos utilizado por Sérgio Bernardes.
36. O engenheiro Yopanan Conrado Pereira Rebello apresenta uma síntese das características e do comportamento do arco triarticulado: "Os arcos triarticulados podem adaptar-se bem a mudanças de forma, absorvendo melhor a variação dos esforços. São arcos que, por poder ser montados em partes, permitem uma execução mais simples. Por outro lado, esses arcos são mais sensíveis à flambagem, exigindo maiores cuidados na sua estabilização". REBELLO, Yopanan Conrado Pereira. *A concepção estrutural e a arquitetura*, p. 94-95.
37. Em artigo que noticiou a inauguração do pavilhão há uma breve citação acerca do sistema de bombeamento da água do córrego para a sua cobertura. REDAÇÃO. Inaugurado na exposição do Ibirapuera o Pavilhão da Cia. Siderúrgica Nacional.
38. Acerca da Casa sobre o arroio, ver: JOHNSTON, Daniel Merro. *La casa sobre el arroyo: Amancio Williams en Argentina.*
39. Acerca da Casa Cocoon, ver: DOMIN, Christopher; KING, Joseph. *Paul Rudolph: the Florida Houses*, p. 96-100.
40. Na época, o conselho diretor e técnico da revista *Arquitetura e Engenharia* contava com nomes como Sylvio de Vasconcelos, Afonso Eduardo Reidy, Álvaro Vilta Brasil, Eduardo Kneese de Mello e Rino Levi. Já a revista *Módulo* contava com nomes como Joaquim Cardoso, Oscar Niemeyer, Rodrigo Mello Franco de Andrade e Zenon Lotufo.
41. Outras posteriores publicações destacariam a construção do Pavilhão de Volta Redonda: BRUAND, Yves. *Arquitetura contemporânea no Brasil*, p. 261; FORTY, Adrian. *Brazil's Modern Architecture*, p. 89; DIAS, Luís Andrade de Mattos. *Edificações de aço no Brasil*, p. 200.
42. Segundo artigo publicado no jornal *O Estado de S. Paulo*, em 19 de abril de 2000, o Pavilhão de Volta Redonda perdurou montado no parque ao longo de dois anos. FOLGATO, Marisa. SP ganha no aniversário presente que havia sumido. Essa afirmação será refutada mais adiante, no capítulo que fecha a análise do referido exemplar.

43. Trecho extraído do Memorial Descritivo para a nova versão do projeto do Pavilhão da CSN. Fonte: Acervo Sérgio Bernardes.
44. Alguns anos mais tarde a pesquisadora Mônica Paciello apresentaria em sua dissertação, acerca da obra de Sérgio Bernardes, plantas e elevações do novo estudo para o Pavilhão da CSN. Ver: VIEIRA, Mônica Paciello. *Sérgio Bernardes: arquitetura como experimentação*, p. 145.
45. A arquiteta Monica Paciello, ex-estagiária de Sérgio Bernardes, relataria ao autor acerca da reconstrução do pavilhão: "Não lembro como se deram as negociações entre a CSN e a prefeitura de São Paulo, nem o porquê o projeto não foi levado adiante. Mas estou certa de que eles não esperavam um novo projeto. Queriam 'apenas' reconstruir o pavilhão de 1954. Talvez esse fato tenha colaborado para o projeto não ter avançado". VIEIRA, Monica Paciello. Depoimento a Fausto Sombra. Porto, mensagem eletrônica, 2 mai. 2018.
46. VANDERLEI, Alexandre Bahia. Pavilhão da CSN 1954: recorrência técnica e manifesto da modernidade (op. cit.).
47. Trecho do parágrafo final do contrato estabelecido entre CSN e Sérgio Bernardes, 28 abr. 1954. Apud VANDERLEI, Alexandre Bahia. *Sérgio Bernardes: el desafio de la técnica*, p. 280.
48. Íntegra do contrato estabelecido entre CSN e Sérgio Bernardes, 28 abr. 1954. Apud VANDERLEI, Alexandre Bahia. *Sérgio Bernardes: el desafio de la técnica* (op. cit.), p. 279-280.
49. Ver: MARIANO, Cássia. *Preservação e paisagismo em São Paulo: Otávio Augusto Teixeira Mendes*.
50. OLIVEIRA, Fabiano Lemos de. O Parque do Ibirapuera: projetos, modernidade e modernismo (op. cit.).
51. Já depois do então prefeito Armando de Arruda Pereira deixar o cargo no dia 7 de abril de 1953.
52. NIEMEYER, Oscar. Mutilado o conjunto do Parque Ibirapuera, p. 20.
53. Luna dos Santos se utilizou de um sistema de cobertura misto por meio de cabos e perfis de aço, recoberto por telhas onduladas, porém, nesse caso, para erguer um pavilhão térreo de dimensões mais generosas, com 5.000 metros quadrados, tendo 120 metros de comprimento por 60 metros de largura nas duas extremidades. Suas duas fachadas principais se erguiam a até 20 metros de altura, sendo o seu ponto central mais rebaixado, com 10 metros. Ver: REDAÇÃO. Será oficialmente instalada amanhã a grande exposição do 4° Centenário.

54. DIAS, Luís Andrade de Mattos. Op. cit., p. 200.
55. O engenheiro Adolfo A. Aguiar também seria o responsável pelo cálculo da estrutura da residência da Lota de Macedo Soares. Ver: Acervo NPD FAU UFRJ / Fundo Sérgio Bernardes, SB-004, caixa 002.
56. REDAÇÃO. Inaugurado ontem no Ibirapuera o Pavilhão da Companhia Siderúrgica.
57. FAUSTO, Boris. Op. cit., p. 367.
58. REDAÇÃO. V. Redonda em Ibirapuera.
59. REDAÇÃO. Inaugurado na exposição do Ibirapuera o Pavilhão da Cia. Siderúrgica Nacional (op. cit.).
60. Idem, ibidem.
61. Memorial de cálculo Pavilhão de Exposições do Ibirapuera – Análise realizada: "Para poder realizar a análise estrutural do pavilhão, foi necessária a consideração das não linearidades geométricas de elementos sem rigidez à flexão sob grandes deslocamentos, como é o caso dos cabos. Tal consideração é essencial para avaliar a eficiência da estrutura retesada, em que uma análise estrutural linear pode indicar valores muito imprecisos. Análises lineares convencionais utilizam-se da hipótese de que a configuração deformada de uma estrutura é pequena o bastante para se aproximar às deformações em relações lineares, o que é válido à maioria das estruturas, porém não a cabos e membranas, cujo desempenho estrutural depende exclusivamente de sua forma, ao mesmo tempo em que apresentam deslocamentos muito mais pronunciados que elementos rígidos. Com o auxílio do programa de elementos finitos ANSYS é possível simular esses efeitos com auxílio de ferramentas de solução estrutural não lineares. Para o cálculo foram consideradas propriedades do aço estrutural convencional".
62. Sobre a inauguração do Pavilhão do Rio Grande do Sul, ver: REDAÇÃO. Os festejos populares marcados para hoje e amanhã no Ibirapuera.
63. REDAÇÃO. Aberto o Pavilhão do Uruguai na 1ª Feira Internacional de São Paulo.
64. Ver: REDAÇÃO. Será oficialmente instalada amanhã a grande exposição do IV Centenário (op. cit.).
65. REDAÇÃO. Pavilhão da Companhia Siderúrgica Nacional, p. 4.
66. REDAÇÃO. Abertura dos festejos do IV Centenário: flutuarão sobre o Anhangabaú na manhã de hoje quatro grandes bandeiras nacionais.

67. Em artigo publicado no jornal *O Estado de S. Paulo* em 15 de junho de 1957, o texto provoca dúvida sobre se o Pavilhão do Rio Grande do Sul permaneceria erguido no Parque Ibirapuera até aquele momento, pois, concebido para ser desmontado após o certame e remontado no Estado gaúcho, o custo de transporte das peças e elementos que compunham o edifício, segundo a matéria, sairia mais caro que o próprio custo do pavilhão. Ver: REDAÇÃO. Pavilhão do R. Grande do Sul no Ibirapuera.
68. MARTINS, Luis. Coisas da cidade: o destino do Ibirapuera.
69. A 7ª Bienal foi realizada entre 28 de setembro a 22 de dezembro de 1963. Ver: BIENAL DE SÃO PAULO. 7ª Bienal de São Paulo.
70. Cf. MELLO, Ennes Silveira de. Depoimento a Fausto Sombra. São Paulo, residência do arquiteto, 6 fev. 2018.
71. O seriado, apresentado originalmente na TV Tupi, foi produzido pela Indústria Brasileira de Filmes – IBF e dirigido por Ary Fernades. Foram filmados 38 episódios entre 1961 e 1962. No episódio "A repórter", em parte gravado no Parque Ibirapuera, o Pavilhão de Volta Redonda aparece íntegro em três sequências no intervalo de 17'36" a 18'26". Ver: *O Vigilante Rodoviário*. Episódio 34 – A repórter.
72. PELLEGRINI, Ana Carolina Santos. Bolonha, Barcelona, Firminy: quando o projeto é patrimônio, p. 205.
73. Idem, ibidem, p. 208.
74. MURO, Carles. Presentación. Acerca do tema relacionado à reconstrução de importantes pavilhões, ver também: MARTÍNEZ, Ascensión Hernández. *La clonación arquitectónica*.
75. Segundo os registros de Ignasi de Solà-Morales e equipe, em 1959, o Grup R, por meio de seu secretário Oriol Bohigas, dirigiu-se ao arquiteto Mies van der Rohe, propondo-lhe a reconstrução do Pavilhão Alemão. Seu idealizador aceitou de imediato sem cobrar honorários, sugerindo ainda que a coordenação dos trabalhos fosse de sua responsabilidade. Porém, por falta de suporte das instituições envolvidas, o trabalho acabou sendo suspenso. SOLÀ-MORALES, Ignasi; CIRICI, Cristian; RAMOS, Fernando. *Mies van der Rohe: el Pabellon de Barcelona*, p. 26.
76. BERNARDES, Sérgio. Pavilhão da Companhia Siderúrgica Nacional no Parque Ibirapuera – SP. Rio de Janeiro, s.d. Acervo Sérgio Bernardes.
77. COMPANHIA SIDERÚRGICA NACIONAL. CSN assina convênio para reconstruir um espaço cultural no Parque Ibirapuera. Volta Redonda, c.2000. Acervo Sérgio Bernardes.

Capítulo 3
Pavilhão do Brasil em Bruxelas 1957-1958

Pavilhão do Brasil na Expo Bruxelas 1958, maquete desenvolvida para tese de doutorado de Fausto Sombra, Bruxelas, Bélgica, 1957-1958.
Foto André Nazareth

Construção do Atomium, Parc de Laeken, Expo Bruxelas 1958. Foto Pieter Vandeweyer. Wikimedia Commons licença CC-BY-SA-4.0 https://bit.ly/3TegbZn

O Pavilhão do Brasil na Exposição Universal e Internacional de Bruxelas

Localizado em Heysel, na região norte da capital belga, há um pouco mais de seis décadas, na Exposição Universal e Internacional de Bruxelas – a primeira grande exposição realizada após a Segunda Guerra Mundial e em plena Guerra Fria –, erguia-se em concreto e aço um dos mais surpreendentes projetos pertencentes à extensa relação de obras do arquiteto Sérgio Bernardes. Trata-se do premiado Pavilhão do Brasil, edifício implantado em terreno irregular e com declive acentuado, na porção sul do Parc de Laeken, em lote atualmente gramado entre as atuais avenue des Seringas e Trembles Abele, junto à pequena capela de Sainte-Anne e sua fonte.

Assim como ocorre com o Pavilhão de Volta Redonda, a quantidade de informações e detalhes sobre as ações que envolveram a elaboração desse projeto são consideravelmente escassas se comparadas com a relevância desse

Expo Bruxelas 1958, Atomium e vistas do recinto da exposição, Parc de Laeken, Bruxelas, 1958. Fotos Fausto Sombra

exemplar no meio arquitetônico brasileiro e internacional. Objeto de uma ligeira e única publicação dedicada exclusivamente ao edifício, *Expo 58: the Brasil Pavilion of Sérgio Bernardes*, além de outros escassos estudos realizados por meio de cursos de pós-graduação, todos já anteriormente mencionados, é sobre esse ainda incipiente panorama crítico,[1] dedicado ao icônico edifício de autoria do arquiteto e seus colaboradores, que se busca aprofundar e contribuir com novas análises e interpretações. De fato, procura-se correlacionar aqui as suas ações projetuais com a de seus pares: o Pavilhão de Volta Redonda e o Pavilhão de São Cristóvão.

É adequado enfatizar que as linhas que se seguem, em grande medida, foram extraídas de nosso artigo "Sérgio Bernardes e o pavilhão brasileiro na Exposição Universal e

Pavilhão de Bruxelas, perspectiva sem data assinada por Sérgio Bernardes. Acervo Correio da Manhã / Arquivo Nacional

Expo Bruxelas 1958, local de construção do Pavilhão do Brasil, Parc de Laeken, Bruxelas. Foto Fausto Sombra

Pavilhão do Brasil, croqui, Parc de Laeken, Expo Bruxelas 1958. Acervo Sérgio Bernardes – Projeto Memória / Escritório Bernardes Arquitetura

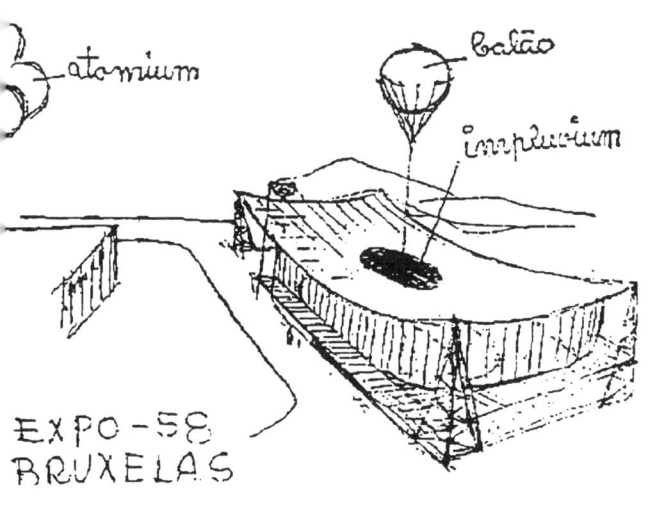

Internacional de Bruxelas, 1958: industrialização, inventividade e experimentação", apresentado no 5º Enaparq, em outubro de 2018, e republicado na revista *Arquitextos*.[2] Para além das ideias expressas no referido artigo, as pesquisas sobre esse exemplar avançaram pontualmente em alguns temas, como a ideia de Sérgio em conceber a rampa que ocupava o centro do edifício em madeira estruturada sobre andaimes, permitindo a rápida montagem, desmontagem e reaproveitamento de grande parte do material utilizado; ou como a visita realizada, em agosto de 2019, ao sítio no qual o Pavilhão foi erguido. Esse último fato permitiu ampliar a compreensão com relação ao pavilhão brasileiro e o seu diálogo com o entorno próximo, inclusive com o próprio Atomium, monumento símbolo do referido certame e que é ilustrado por Sérgio Bernardes em croqui com o Pavilhão do Brasil.

Seguindo as mesmas técnicas utilizadas nas aproximações e análises realizadas sobre o pavilhão erguido no Parque Ibirapuera, ou seja, por meio de ampla análise documental acerca dos arquivos originais relacionados ao projeto; além de publicações – como o livro *L'architecture moderne à l'Expo 58: pour un monde plus humain*, de 2006, de autoria de Rika Devos e Mil de Kooning –, jornais e periódicos da época; elaboração de modelos digitais e maquete física do edifício; usinagem de um trecho representativo do edifício na escala 1:1 e a análise da iconografia disponível – algumas inéditas sobre o tema –, pretende-se enfatizar, ao final deste capítulo, dentre outros pontos, que determinados elementos de relevância presentes nesse efêmero exemplar, como o próprio balão vermelho pairando sobre a sua leve cobertura – um artifício criativo, de baixo custo e de grande impacto visual, recurso por muitas vezes desvinculado propriamente da ideia do projeto arquitetônico –, teriam sido incorporados no decorrer ou mesmo próximo da conclusão da obra.

Essa hipótese parece demonstrar e reforçar, no presente entendimento, além logicamente da inventividade, certo grau de desprendimento do arquiteto. Pois, ainda que Sérgio Bernardes se propusesse a desenvolver uma arquitetura de soluções com certo grau de industrialização para a então realidade brasileira – inclusive, com preocupações orçamentárias –, ele também mesclava, não raramente e em muitos casos com felizes resultados, elementos e soluções de caráter puramente experimentais. Nesse sentido, Bernardes aproxima-se do labor artesanal e único que caracteriza, em larga escala, a sua vasta e variada produção arquitetônica e intelectual.

A exposição, as nações estrangeiras e o Brasil

Contando com um público expressivo de aproximadamente 41 milhões de visitantes ao longo dos seis meses de realização do evento,[3] desde a abertura de seus "portões monumentais", no dia 17 de abril de 1958 – em solenidade instalada pelo então rei da Bélgica, sua Majestade Baudouin[4] –, até o dia 19 de outubro daquele mesmo ano, a Exposição Universal e Internacional de Bruxelas se concretizou por meio de um longo processo – que foi iniciado uma década antes, mais precisamente no dia 7 de maio de 1948 –, quando, por meio da proposta do Burgo-Mestre da cidade de Bruxelas, designou-se a capital belga como sede da próxima Exposição Universal. Passados mais de quatro anos e já após a nomeação do Comissário Geral do Governo,[5] no dia "20 de novembro de 1952", seria determinado o ano de realização do grande certame: 1958, data simbólica que marcaria o "quinquagésimo aniversário da reanexação do Congo à Bélgica".[6] Após a criação da "Sociedade da Exposição", no dia 4 de março de 1954, presidida pelo Barão Van de Menlebrock, com a definição dos diversos comitês que seriam responsáveis por organizar os diversos temas, desde estadia, transporte, mídia, turismo etc.,[7] foram estruturadas as bases para concretização – quatro anos depois – da maior das Exposições Universais até então realizadas.[8]

O sítio de implantação era uma vasta área de 175 hectares, definida próxima e no entorno dos palácios de Heysel, local afastado 7 quilômetros do centro da cidade de Bruxelas, "magnificamente arborizado", compreendendo – além do Planteau du Heysel e das construções que ali já se encontravam – o Parque Florestal, o Jardim Público de Lacken e o Domínio do Belvédere. Seus organizadores adotaram como temário oficial e mote da exposição "alentar os homens de qualquer país, raça ou religião, a que pertençam, quanto a determinadas exigências humanistas mais imperiosas do que nunca".[9] Essa preocupação com o bem-estar alheio, dentre outros fatores, fruto das recorrentes guerras transcorridas nas cinco décadas anteriores – desde a Primeira Guerra Mundial, conflito que envolveu pela primeira vez um expressivo número de nações com grande impacto na distribuição geopolítica de importantes regiões no planeta – buscava aproximar os povos entorno do desejo da paz e da solidariedade, por meio de uma mudança de escala e de visões, amparada sob o progresso da ciência e das técnicas aplicadas a serviço do homem:

> A alteração dos progressos técnicos conduz o mundo irresistivelmente para sua unidade. Faz-se mister, desde já, adotar uma ótica mundial para todos os problemas. É sob este signo de futuro que a Exposição de 1958 entende desde logo se inscreve.
>
> A marcha para a unidade mundial apela evidentemente para um humanismo mais autêntico e mais universal, o que implica de início no máximo de contatos e de compreensão entre os indivíduos e os povos. Convém desde já que os indivíduos e os povos se capacitem da solidariedade de seu destino. A colaboração mundial torna-se uma obrigação. Não é mais possível pensar-se futuramente na escala local e nacional. A compreensão e tolerância recíprocas entre todos os povos são indispensáveis à paz.

> Cumpre-nos confrontar as realizações dos últimos decênios, os projetos mais característicos do tempo, com a necessidade de um regresso em profundidade ao homem, pela cultura e a promoção dos valores especificamente humanos. A Exposição de Bruxelas de 1958 deve, pois, acentuar a necessidade de uma atividade humana exaustiva, quanto ao plano da compreensão mútua, do desenvolvimento do sentido social e da personalidade autêntica. Se este alvo for atingido, a Exposição marcará data na história. Terá concorrido para criar uma cadeia de fé do homem em seu destino, um clima de amizade entre os indivíduos e os povos.
>
> Talvez possa ela também incentivar o início de uma nova etapa em que o progresso das ciências e das técnicas sejam resolutamente colocados a serviço do homem na concepção mais completa e nobre do termo.[10]

Dentro dessa generosa perspectiva em prol da celebração da diversidade e respeitando escrupulosamente as massas arbóreas existentes, foi desenvolvido um extenso programa de atrações e edificações a serem implantadas nos acessos e vias principais da exposição, dentre eles, o Palácio da Cooperação Internacional, o Palácio da Ciência, o Palácio das Artes – idealizados no sentido de reforçar a pluralidade das nações, povos e culturas –, bem como os edifícios correspondentes à seção belga, incluindo Congo e Luanda-Urandi, ambos até então colônias da anfitriã do evento.

Como área principal de suas exposições e mostras, a Bélgica se instalou nos grandes palácios de Heysel. Já a seção congolesa – à qual a exposição emprestava grande destaque pela divulgação do empenho pioneiro belga realizado no centro da África, no "curso do equipamento industrial de um vasto território", no "sentido de constante melhoria das condições de vida das populações indígenas, na de sua instrução e de seu desenvolvimento social e cultural"[11] – seria implantada em uma generosa área na região oeste da exposição, concentrando-se próxima ao Porte Mondiale e junto ao Atomium, figura posicionada na porção central do certame, tal como ilustrado nos planos gerais.

Para além desses edifícios estruturais, área de estacionamento para trinta mil veículos[12] e outras tantas mais atrações, como os belos jardins e um parque de diversões, aproximadamente 200 mil metros quadrados do território da exposição foram dedicados aos países estrangeiros.[13] Posicionados a partir da estrada Monumental, passando entre o Parque Florestal e o Jardim de Laeken, terminando nos limites da Chausére de Meyesse, em ordenação, ao menos no discurso, segundo a distribuição geográfica, é visível, no Plano Geral da Exposição, grandes áreas concedidas a países como a Holanda, Grã-Bretanha, Itália, França e, principalmente, Estados Unidos e a extinta União Soviética. As duas nações – mergulhadas em suas disputas ideológicas, militares, econômicas, bem como inseridas na corrida aeroespacial que caracterizou parte do prolongado conflito entre ambos os países – foram colocadas lado a lado na Exposição de Bruxelas "numa viva comunidade".[14]

Essa distribuição, ou seja, os termos gerais que definiram os locais de implantação das nações estrangeiras, seria definida conforme relatório assinado pelo belga Moens de Ferning, Comissário Geral do governo belga. O documento, traduzido por Luiz Galvão do Valle, esclarece:

> No decurso de mês de maio de 1954, foram, por via diplomática, dirigidos convites a todos os países com os quais mantém a Bélgica relações diplomáticas.
> Cada país participante deverá, em sua apresentação, obedecer ao temário da Exposição, exibindo tudo o que sua atividade comporta de verdadeiramente humano na ordem econômica social, cultura e espiritual. [...]
> O caráter particular da Exposição implica em uma série de contatos prévios à colaboração das seções estrangeiras em seu lugar. Por isso, certamente

recomendável é que cada país examine, no mais curto prazo, o princípio de sua participação e designe o Comissário Geral encarregado de representá-lo junto ao Comissário Geral do Governo Belga.

A escolha das localizações reservadas aos países estrangeiros far-se-á por ordem das aceitações recebidas pelo Comissário Geral.

Tendo sido adquiridas desde logo várias participações importantes é do máximo interesse que cada país interessado tome sem demora sua posição.[15]

Contribuindo ainda sobre esse entendimento, Francine Latteur, em cópia traduzida do seu artigo publicado na revista belga *Presence*, de 1958, afirmava sobre a então distribuição das nações no certame, esclarecendo sobre a posição longínqua dos países – Venezuela, Colômbia, Uruguai e Peru – que então representavam a América Latina:

O visitante reconhecerá os Países Baixos, próximos de seu porto e diques, a Áustria pelo seu pavilhão em forma de ponte, a França pela elegância de sua arquitetura futurista, o Canadá pela transparência de seus palácios, a Rússia e os países da Europa Central pelos seus aceres e tundra, os Estados Unidos pela sua eloquência monumental.

Ao longe, a Santa Sé parecerá uma cidade fortificada, com seus muros de contorno de sino. A Suíça esconderá seus *chalets* na verdura, ao abrigo de enormes blocos de granito, à beira de um pequeno lago. A Espanha, Portugal, Mônaco, Itália, Grécia, Iugoslávia terão uma doçura mediterrânea; colunatas, jardins suspensos, mármores, mosaicos darão ao berço da Civilização europeia sua poderosa sedução. A Grã-Bretanha, graças a seu enorme teto de vidro, refletirá o menor raio de sol. Tão distante quanto a vista possa alcançar, o visitante perceberá um canto do mundo; na extremidade, a América Latina, o Médio Oriente e os países do Levante.[16]

Sem mencionar especificamente nenhum país membro da América Latina, o texto de Latteur apenas elucida sobre a participação secundária desse grupo na referida exposição. Entretanto, a marcação à caneta com o nome do Brasil sobre os lotes destinados inicialmente ao Uruguai e ao Peru, assim como se observa no trecho direito inferior do Plano Geral da Exposição, como também a planta com a confirmação da geometria final do lote brasileiro, segundo o seu levantamento planialtimétrico, permite aproximar-se – ainda que sem esclarecer sobre a desistência da participação uruguaia e peruana com pavilhões próprios – do motivo pelo qual o pavilhão do Brasil seria definido como o mais afastado de todos na exposição.

Segundo ainda pôde-se constatar por meio da leitura dos demais documentos e ofícios preservados no acervo do NPD, a efetiva confirmação da participação brasileira no Comissário-Geral da Exposição, bem como os estudos do pavilhão, tardariam a ser iniciados. A correspondência trocada entre o então embaixador do Brasil na Bélgica, Hugo Gouthier de Oliveira Gondim, e o Olavo Falcão, então diretor do Departamento Nacional da Indústria e Comércio do Ministério do Trabalho, datada de 31 de janeiro de 1957, expressam as preocupações do embaixador acerca do atraso da delegação brasileira perante os demais países:

Prezado amigo Dr. Olavo,
[...]
Como deve ter visto pelas outras informações que enviei, quase todos os países já têm os seus projetos prontos e alguns já começaram a construção. Desejo ressalvar a minha responsabilidade a respeito de qualquer demora que impeça uma participação eficiente e a tempo do Brasil. A parte de arquitetura e qualquer atraso na vinda

sua e do arquiteto poderão redundar em prejuízos incalculáveis para o Brasil.
Cordialmente.[17]

Artigo "Arquitetura brasileira, produto de exportação", reportagem de Newton Freitas, publicado na revista carioca *O Mundo Ilustrado*, n. 16, em 16 de abril de 1958. Hemeroteca Digital Brasileira / Fundação Biblioteca Nacional

Artigo "Fatos e fotos", reportagem de Roberto Vasconcellos, publicado na revista carioca *Jóia*, n. 14, em 14 de junho de 1958. Hemeroteca Digital Brasileira / Fundação Biblioteca Nacional

Artigo "Uma brasileira conta a verdade sobre a expo", reportagem de Leila Marise, publicado na magazine carioca *Revista da Semana*, n. 29, em 19 de julho de 1958. Hemeroteca Digital Brasileira / Fundação Biblioteca Nacional

Já em correspondência encaminhada uma semana depois, no dia 7 de fevereiro de 1957 e endereçada à Secretaria de Estado das Relações Exteriores, mais uma vez Gounthier expressou a importância da participação do Brasil na aludida exposição, alertando que o então vizinho México já havia iniciado a construção do seu pavilhão e que o seu arquiteto já se encontrava em Bruxelas. Nesse ofício de três páginas, Gounthier, dentre outros pontos, ratificava também que a União Soviética despenderia um total de cinquenta milhões de dólares com a sua participação e que os Estados Unidos gastariam, apenas com a construção de seu pavilhão, cinco milhões de dólares.[18]

Números expressivos para a época e em direção oposta à grande parte das nações mais poderosas, o Pavilhão do Brasil, por problemas de disponibilidade de verbas – lembrando que as obras de Brasília já haviam sido iniciadas[19] – adotaria como preceito um projeto muito mais econômico, brilhantemente idealizado por Sérgio Bernardes e seus colaboradores,[20] fato que levaria o edifício brasileiro a arrebatar "todos os doze prêmios oferecidos, entre os quais de estética, funcionalidade, materiais usados e melhores condições ambientais".[21] Tal desempenho foi sintetizado no artigo "Pavilhão do Brasil na Feira Internacional de Bruxelas", publicado na revista mineira *Arquitetura e Engenharia* n. 48, de janeiro/fevereiro de 1958, que também enfatizou as dificuldades financeiras enfrentadas:

> Escolhido o arquiteto Sérgio Bernardes para executar o projeto, mal o mesmo começava a ser criado nasciam as dificuldades de sempre.
> Um primeiro obstáculo foi logo vencido sobretudo pela pertinácia e pela coragem do próprio Sérgio Bernardes: no momento em que especialistas trabalhavam nos cálculos da construção, o Ministério do Trabalho anunciou que não havia verbas. Sérgio assumiu a responsabilidade pelos gastos do cálculo, enquanto o embaixador

do Brasil na Bélgica, Hugo Gouthier, o secretário, Vladimir Murtinho, da Divisão Cultural do Itamarati, Alonso Brandão, do Ministério do Trabalho e Francisco Figueira Melo, da Federação das Indústrias, tudo faziam para sanar essa dificuldade o mais cedo possível e para impedir o aparecimento de novos empecilhos. Logo depois, entretanto, não havendo jeito de achar novas verbas e aproximando-se a data limite para o início da construção em Bruxelas (o Brasil ficaria bem mal aos olhos do mundo se desse essa demonstração pública de falência: abandonar a exposição por falta de dinheiro para levantar o pavilhão), foi necessário que o próprio Sérgio partisse para Bruxelas, onde passou um mês e meio tudo fazendo para que a construção fosse logo iniciada. Foi o que aconteceu: arranjos, compromissos e eis, agora, uma firma belga trabalhando a todo o transe para construir o pavilhão em cem dias úteis preestabelecidos. O entusiasmo individual venceu em Bruxelas, a lerdeza e o descaso governamentais. O embaixador Hugo Gouthier, o comissário-geral residente ministro de assuntos econômicos Caio Lima Cavalcânti, o chefe do escritório comercial no Benelux, Jorge Carvalho de Brito e Michael Joseph Corbert como representante do Itamarati e Otto Lara Rezende integraram como Sérgio Bernardes essa equipe. E o pavilhão está sendo construído e estará pronto na data necessária.[22]

A figura do embaixador brasileiro na Bélgica se mostrou relevante no processo de concretização da construção do Pavilhão do Brasil. Em seu livro *Presença*, o diplomata descreveu sua experiência e recordações durante o processo de concepção e inauguração do pavilhão ao lado de Sérgio Bernardes, momento no qual confirmou a dificuldade financeira relatada no artigo anterior:

Pavilhão do Brasil, cerimônia de início das obras com embaixador brasileiro Hugo Gounthier, com a pá em punho, e Sérgio Bernardes, ao centro, Expo Bruxelas 1958. Acervo Família Gouthier

Página ao lado
Pavilhão do Brasil, acesso principal e balão flutuando sobre a cobertura, Expo Bruxelas 1958 Foto Julien Willems. Coleção Mil De Kooning

Minha primeira providência foi convidar Sérgio Bernardes para projetar o pavilhão do Brasil. Esse homem que eu sempre admirei, que deixou a marca de seu gênio espalhada pelo mundo em memoráveis obras de arquitetura, criou comigo laços de amizade definitiva. Pois somos parecidos em muitas coisas, entre as quais o entusiasmo febril e o trabalho ritmado e minucioso. Nem ele nem eu temos medo de problemas se decidimos enfrentá-los um a um, à medida que forem aparecendo.

Sérgio acedeu imediatamente ao meu convite indo a Bruxelas, onde hospedou-se conosco para traçar os planos iniciais. [...]

Acabamos montando na Embaixada um verdadeiro escritório a serviço do pavilhão do Brasil. Sérgio confiou a parte estrutural a Paulo Frangoso e Eduardo de Barros.

E eu ali, esforçando-me para que o meu país fizesse um papel bonito naquela mostra. Aflito porque o dinheiro não havia chegado do Brasil, assinei uma promissória avalizada por Sérgio, e levantamos num banco o dinheiro para as despesas iniciais. Parecíamos um bando de fanáticos dispostos a salvar o mundo, trabalhando noite e dia. E fomos conseguindo tudo, graças não só ao meu empenho, mas, sobretudo, à capacidade oceânica e incansável de Sérgio.[23]

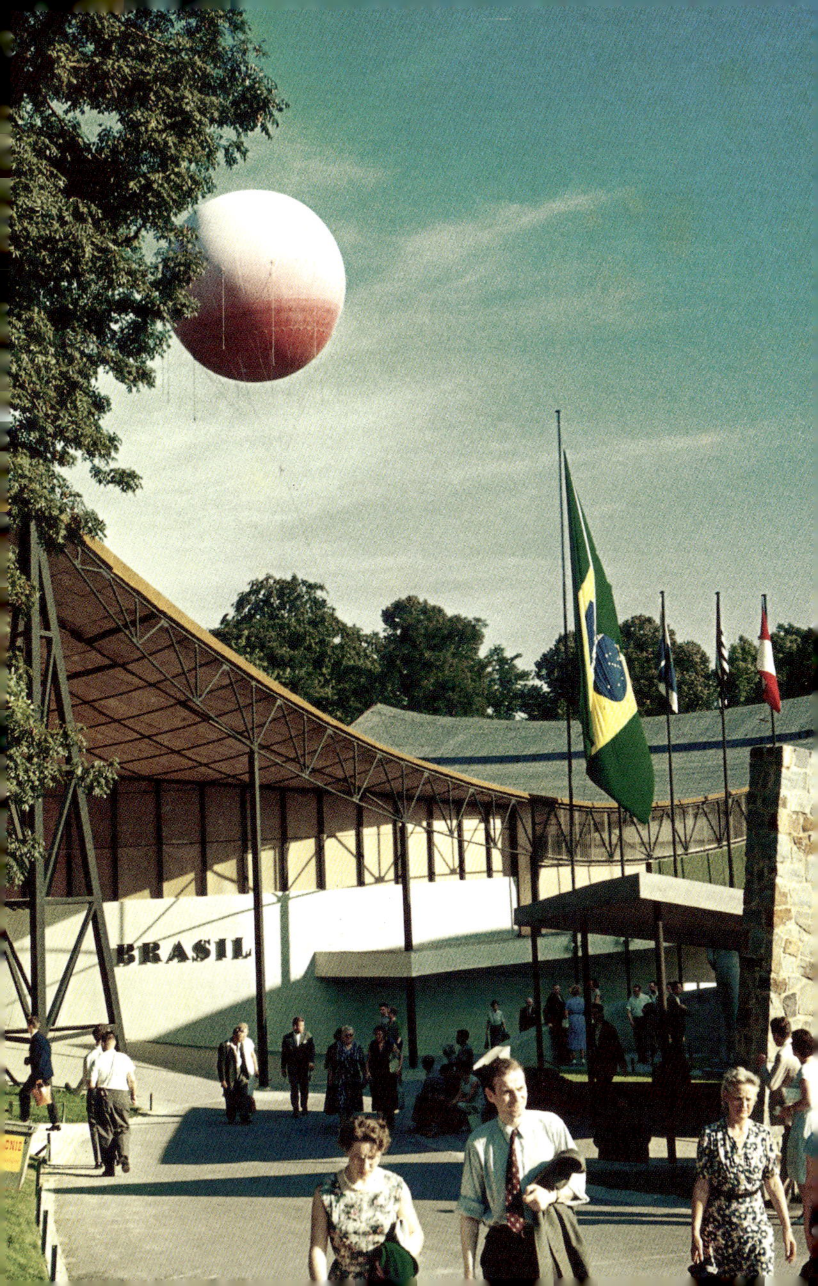
BRASIL

Expo Bruxelas 1958, plano panorâmico do recinto da exposição, Parc de Laeken, Bruxelas, 1958. Acervo Família Gaston Schoukens / Atomium Museum

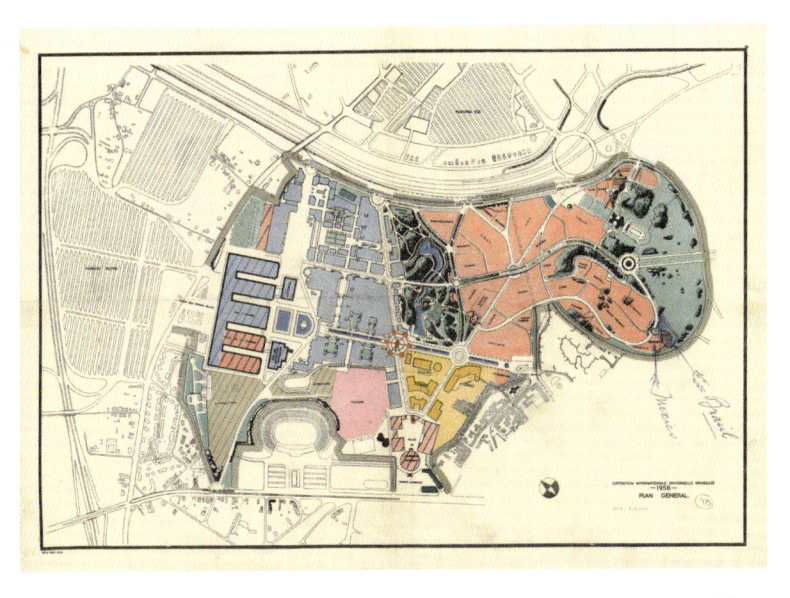

Expo Bruxelas 1958, plano geral da exposição na escala 1:5000. Acervo NPD FAU UFRJ / Fundo Sérgio Bernardes

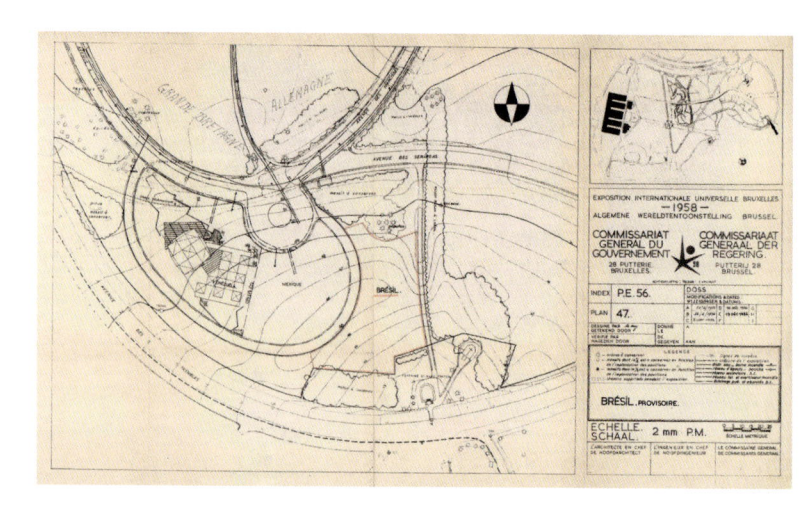

Pavilhão do Brasil, uma das cinco revisões da planialtimetria do lote do pavilhão brasileiro datadas entre 10 de abril e 19 de dezembro de 1956, Expo Bruxelas 1958. Acervo NPD FAU UFRJ / Fundo Sérgio Bernardes

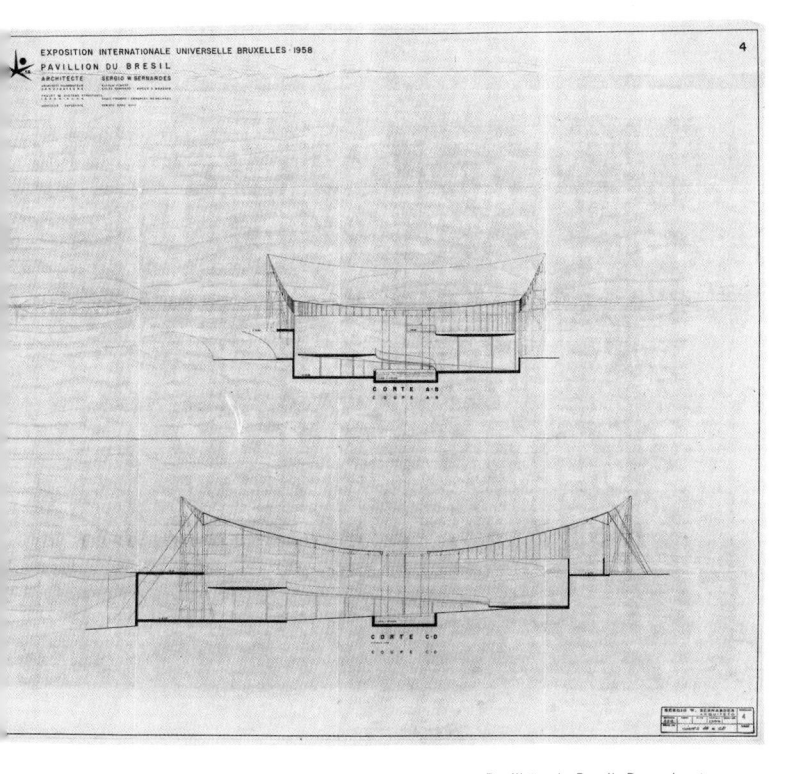

Pavilhão do Brasil, *Desenho 4* com cortes transversal e longitudinal na escala 1:100, prancha sem data, Expo Bruxelas 1958. Acervo NPD FAU UFRJ / Fundo Sérgio Bernardes

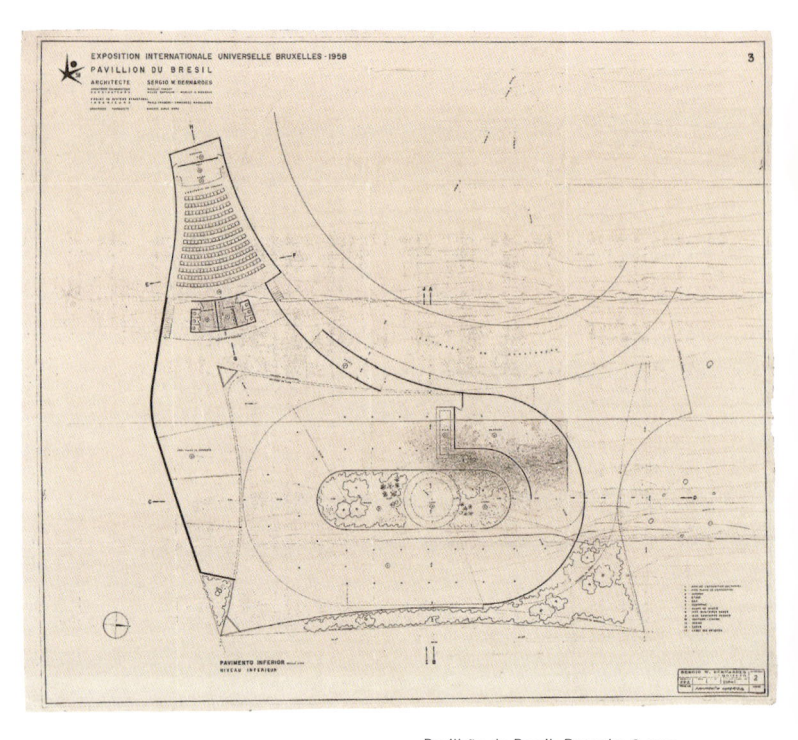

Pavilhão do Brasil, *Desenho 2* com planta do pavimento inferior na escala 1:100, prancha sem data, Expo Bruxelas 1958. Acervo NPD FAU UFRJ / Fundo Sérgio Bernardes

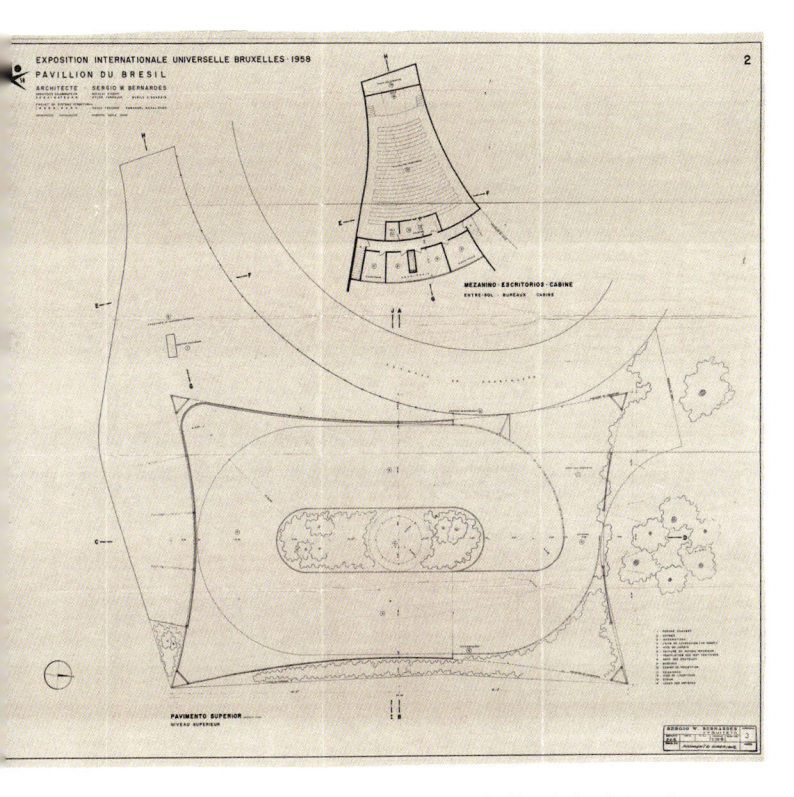

Pavilhão do Brasil, *Desenho 3* com plantas do pavimento de acesso e mezanino na escala 1:100, prancha sem data, Expo Bruxelas 1958. Acervo NPD FAU UFRJ / Fundo Sérgio Bernardes

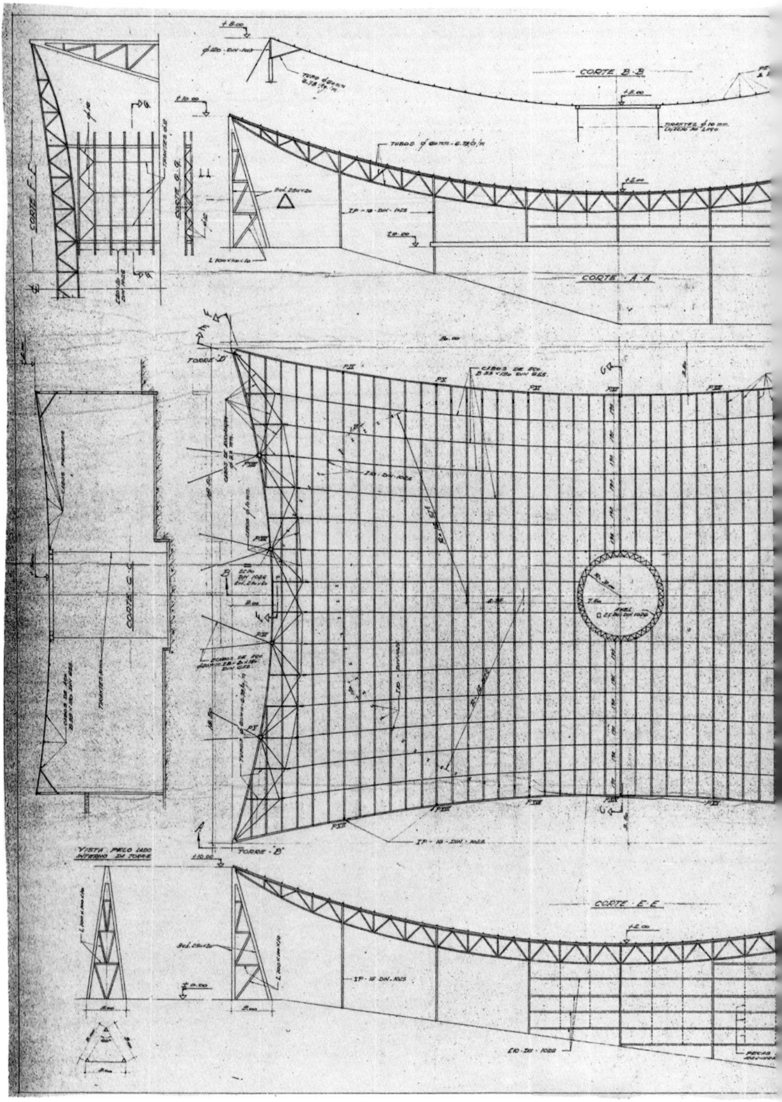
CORTE B-B
CORTE A-A
CORTE F-F
CORTE G-G
CORTE C-C
CORTE E-E
TORRE 'D'
TORRE 'B'
VISTA PELO LADO INTERNO DA TORRE

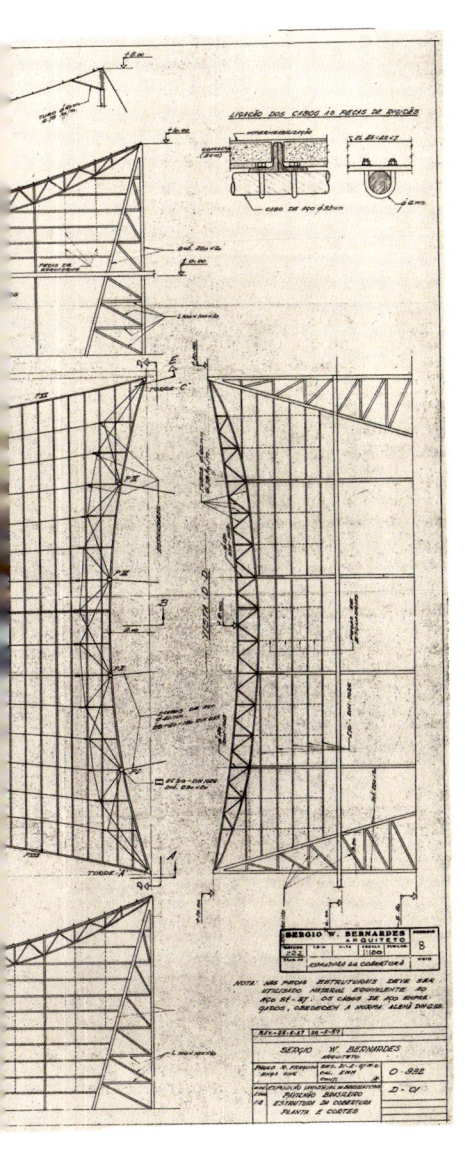

Pavilhão do Brasil, *Desenho 8* com estrutura na escala 1:100, engenheiro Paulo Fragoso, 29 de maio de 1957, Expo Bruxelas 1958. Acervo NPD FAU UFRJ / Fundo Sérgio Bernardes

Pavilhão do Brasil, balão flutuando e cobertura com *impluvium*, Expo Bruxelas 1958. Acervo Sérgio Bernardes – Projeto Memória / Escritório Bernardes Arquitetura

Expo Bruxelas 1958, cartaz de divulgação da programação cultural do pavilhão brasileiro. Coleção Mil De Kooning

Pavilhão do Brasil, maquete exposta permanentemente no Atomium Museum, Expo Bruxelas 1958. Foto Fausto Sombra

Selos comemorativos do Panamá e do Brasil ilustrados com desenhos do pavilhão brasileiro, Expo Bruxelas 1958. Coleção Mil De Kooning

236

À esquerda, Pavilhão do Brasil, escultura de Maria Martins e a grande base do tronco de cumaru expostas no acesso Norte, Expo Bruxelas 1958. Acervo Sérgio Bernardes – Projeto Memória / Escritório Bernardes Arquitetura

Acima, Pavilhão do Brasil, réplica da escultura de Aleijadinho em um dos acessos, Expo Bruxelas 1958. Foto Julien Willems. Coleção Mil De Kooning

Pavilhão do Brasil, interior com exposição e jardim tropical de Roberto Burle Marx, Expo Bruxelas 1958. Foto Julien Willems. Coleção Mil De Kooning

239

Pavilhão do Brasil, jardim tropical de Roberto Burle Marx, Expo Bruxelas 1958. Foto Julien Willems. Coleção Mil De Kooning

Pavilhão do Brasil ao lado do pavilhão mexicano, Expo Bruxelas 1958. Acervo NPD FAU UFRJ / Fundo Sérgio Bernardes

Complementando o seu relato, Gouthier ainda fez uma descrição detalhada dos demais envolvidos no projeto, tanto das figuras políticas como de parte do corpo técnico responsável pelo projeto do pavilhão:

> Nós não acreditávamos só no Brasil, acreditávamos também em nós mesmos e na vibratilidade do nosso companheirismo, onde destaco a cooperação de Caio de Lima Cavalcânti, Ministro de Assuntos Econômicos, pessoa das mais escrupulosas e exigentes que eu designei para zelar pela aplicação dos recursos – que acabaram chegando do Brasil – destinados à construção do pavilhão.
>
> Da fase da decoração, encarregou-se Wladimir Murtinho, hoje Embaixador. E os jardins ficaram por conta do genial Roberto Burle Marx que, com o seu talento, soube traçá-los maravilhosamente dentro da mesma linha de criatividade que presidira ao arrojado projeto da obra arquitetônica.
> Para o Comissário-Geral foi escolhido o Dr. Edgar Batista Pereira, homem dinâmico e correto, que se mostrou inexcedível no cumprimento de suas funções. [...]
> Os demais membros do Comissariado foram os seguintes: Comissão técnica – Wladimir Murtinho, Presidente; Sérgio Wladimir Bernardes, Arquiteto-Chefe; Nicolai Fikoff, Arquiteto-Assistente; Max Winders, arquiteto de Consulta; João Maria dos Santos, Decorador-Chefe; Eduardo Anahory, Decorador-Assistente; Jack van de Beuque, Decorador-Assistente; Artur Lício Pontual, Decorador-Assistente; Libble Smit, Encarregado da iluminação; Mário Dias Costa; Encarregado de Serviços de Publicações; Serviços Especiais – Herculano Borges da Fonseca, do Banco do Brasil, Octavio Cintra Leite, do Instituto do Café; Fernando Balaguer, do Instituto do Mate; Orlando Gomes Calaza, do Ministério da Educação; Jorge de Carvalho Britto Davis, Informações comerciais,

Secretariado – Stella Baptista Pereira, Renée Prueffer, Maria José Nonnenberg e Lucy Teixeira.[24]

Ainda em seu relato, o embaixador do Brasil na Bélgica concluiu com uma síntese do conceito do pavilhão idealizado por Sérgio Bernardes:

> Não é de se estranhar que o pavilhão do Brasil – que basicamente reproduzia os ciclos econômicos da nossa história – ganhasse o grande prêmio da Exposição Universal de Bruxelas – 1958. Convém salientar que o Pavilhão do Brasil custou cerca de 200 mil dólares, ao que pavilhões como dos Estados Unidos e Rússia custaram mais ou menos 5 milhões de dólares.[25]

Cabe destacar que o nome de Sérgio Bernardes aparece oficialmente pela primeira vez como arquiteto do pavilhão apenas em correspondência datada de 17 de fevereiro de 1957, na qual os senhores Van Achte e Vende Walle encaminharam informações correspondentes ao futuro pavilhão. Esse documento, aliado à publicação do jornal *O Estado de S. Paulo*, de 7 de março de 1957, com artigo "Participará o Brasil da Feira de Bruxelas", permite afirmar que Sérgio Bernardes, ao contrário de grande parte dos demais arquitetos e das delegações do certame, dispôs de um intervalo de tempo consideravelmente reduzido para elaboração do estudo, aprovação e desenvolvimento dos projetos:

> O Brasil participará da Exposição Internacional de Bruxelas com um pavilhão próprio, que representará os diversos setores da atividade nacional nos últimos vinte anos. A Embaixada brasileira na capital belga comunicou ao Comissariado geral de Exposições e Feiras que o nosso País já dispõe de local para erguer seu pavilhão, reservado pelos organizadores do certame internacional.

No Departamento de Indústria e Comércio, o Comissariado geral de Exposições e Feiras reuniu a Comissão de Planejamento, que iniciará os trabalhos relativos à organização de mostruários, gráficos etc., de órgãos públicos ou entidades privadas. O projeto o pavilhão brasileiro será apresentado brevemente pelo arquiteto Sérgio Bernardes, autor do projeto nacional de Indústria e Comércio, a realizar-se no decorrer deste ano.[26]

Pertencente a um rico e extenso contexto aqui apenas sucintamente revisitado, a constituição do pavilhão brasileiro por Sérgio Bernardes e o reconhecimento a ele concedido pelos diversos prêmios atribuídos pelos organizadores da Exposição de Bruxelas, levaria a sua majestade, o Rei Baudouin, no dia 22 de setembro de 1958, a agraciar o arquiteto carioca com o título de *Chevalier de la Couronne Belge*.

Dentre tantos arrojados pavilhões erguidos na Exposição Universal e Internacional de Bruxelas, a elevados custos e muitas vezes de soluções estruturais complexas[27] – como o pavilhão da empresa Philips, projeto de Le Corbusier –, o pavilhão brasileiro "se destacou por se adequar perfeitamente ao conceito da mostra e ao espaço em que foi implantado".[28] Essa sensibilidade de Sérgio Bernardes, ainda

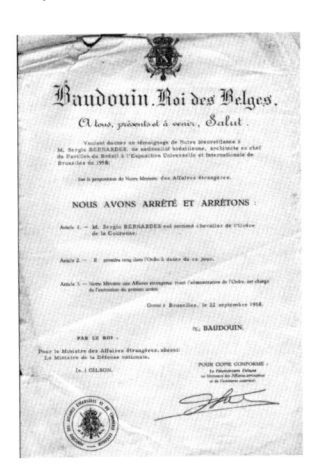

Chevalier de la Couronne Belge, condecoração do Rei Baudouin a Sérgio Bernardes pelos feitos alcançados no projeto do Pavilhão do Brasil na Exposição Universal e Internacional de Bruxelas, 22 de setembro de 1958. Acervo Sérgio Bernardes – Projeto Memória / Escritório Bernardes Arquitetura

que sobre condições adversas de trabalho, está traduzida nas soluções e arranjo do programa arquitetônico adotado no pavilhão brasileiro, conforme sintetizado a seguir.

O Pavilhão do Brasil: uma breve síntese

Idealizado para acolher áreas expositivas, espaço de convivência com café, sanitários, área administrativa e auditório para projeções, totalizando uma área de implantação de aproximadamente 2.645 metros quadrados, o pavilhão era composto basicamente por um grande embasamento de elevação irregular. Com seis metros de altura em sua porção mais elevada, o Pavilhão do Brasil era constituído de concreto e alvenaria, sendo encravado parcialmente no solo em formato de "L" acompanhando a geometria do lote. Seu perímetro adoçado e curvilíneo era refletido na cobertura principal, de delicado desenho retangular e independente, estacionada logo acima, livre estruturalmente dos fechamentos perimetrais translúcidos que compunham parcialmente as fachadas. Livre também de apoios internos, a cobertura era composta de quatro faces côncavas e suas pontas eram tensionadas e elevadas em relação à porção central, como um lençol de dimensões generosas de 60m x 37m. Esse elemento, de apurada solução técnica, constituído basicamente por uma fina camada de concreto, era estruturado por um conjunto de 43 pares de pequenos perfis "L" dispostos transversalmente e sobrepostos a quatorze cabos de aço dispostos no sentido longitudinal, ambos transmitindo os seus esforços para as quatro grandes vigas treliçadas de seções variáveis e curvadas sentido interior, chegando a atingir em seu maior trecho 1,5 metro de altura. Estas, por sua vez, interligavam-se e estruturavam-se às quatro torres treliçadas – de base triangular e de elevação piramidal – postadas nos quatro vértices da cobertura. Variando entre 12 e 16 metros de altura,[29] estes apoios estruturavam a cobertura, assim como os demais 22 apoios intermediários, de caráter visualmente secundário,

Pavilhão do Brasil, escultura do pavilhão mexicano diante do pavilhão brasileiro, Expo Bruxelas 1958. Foto Wouter Hagens. Wikimedia Commons licença CC BY-SA 3 https://bit.ly/3Fl8r4t

mas essenciais para estruturação do conjunto, todos posicionados na periferia dessa grande cobertura e distribuídos de forma simétrica em duas linhas de sete e quatro pilares cada, correspondendo às laterais Leste/Oeste e Norte/Sul, respectivamente.

Nas fachadas Norte/Sul, atirantavam-se oito pares de cabos de aço que se estendiam de um lado – Norte – até encontrar o solo, e do outro – Sul – até transpassarem o topo da laje de concreto que conformava a cobertura do auditório, elemento que se prolongava pela lateral Sul e Oeste do edifício. Nesse ponto, a referida laje encontrava a estreita rua externa de formato circular – que dava acesso ao edifício – e os 21 mastros com as bandeiras representando os Estados que então compunham a Federação,[30] além da bandeira do Brasil. Essa seria hasteada em um mastro mais elevado, tremulando junto ao edifício e marcando a entrada do pavilhão com o nome "Brasil", grafado em português e fixado delicadamente na fachada logo abaixo.

Ocupando a sua região central, ainda na cobertura principal, encontrava-se um grande anel metálico de 6 metros de diâmetro, que desprovido dos cabos, dos perfis e da fina capa de concreto que conformava a cobertura principal, permitia eficientemente a entrada de luz e a renovação de ar no interior do prédio, além de captar e conduzir, em forma de cascata, a água das chuvas, o chamado *impluvium*.

Abaixo dele, já no interior do edifício e no pavimento inferior, localizava-se o exótico jardim tropical, de autoria do artista plástico e paisagista Roberto Burle Marx, estruturado em um canteiro linear de 27m x 8m, conformado pelo seu espelho d'água central e pequenos platôs escalonados, definidos por delgadas muretas de delicada composição geométrica, idealizadas para acolher espécies vegetais regionais e algumas adaptadas – como papiros, ninfeias, ficus religiosa, bromélias, dracenas, mosteras deliciosas, asplênios, chifre de veado, agave, antúrios nativos, *cryptanthus*, entre outras,[31] conjunto que – somado à generosa rampa em concreto armado, que se desenvolvia por uma volta e meia ao seu redor e em forma de semiespiral –, conformava os elementos estruturadores do projeto.

Estruturada por 31 pilares e guarnecida por guarda-corpos de elementar e inteligente desenho, desprovido de quaisquer adornos, essa rampa, de suave declividade e que se iniciava metros depois da linha com três portas que davam acesso ao prédio, na porção Norte, posicionadas logo após, ainda no exterior, a uma réplica da estátua do Profeta Habacuque – do escultor mineiro Aleijadinho –, permitia aos visitantes desfrutarem de um ponto favorável de contemplação do interior do edifício, marcando também o início da caminhada sentido pavimento inferior e da exposição em si, em um percurso de aproximadamente 115 metros de extensão. Já no nível do jardim, local que também contava com área expositiva, encontravam-se os concorridos balcões do café e do mate – ambos posicionados sob um trecho mais baixo da rampa –, os sanitários, a área administrativa – essa

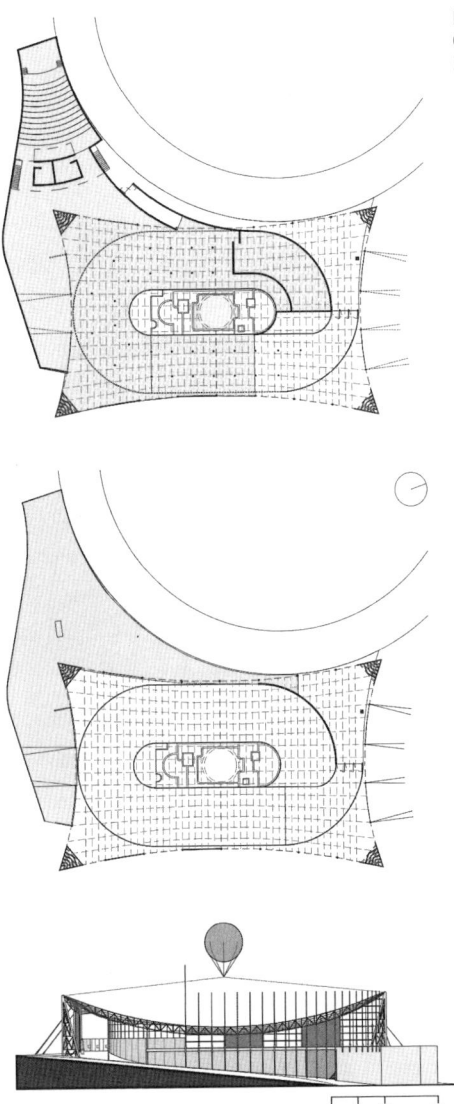

Pavilhão do Brasil, plantas e fachada Oeste, Expo Bruxelas 1958. Redesenho Fausto Sombra

Pavilhão do Brasil, construção, Expo Bruxelas Bruxelas 1958. Coleção Dept. A&S, Faculty of Engineering and Architecture, Ghent University

Pavilhão do Brasil, construção, Expo Bruxelas Bruxelas 1958. Fotógrafo desconhecido. Coleção Mil De Kooning

posicionada inteligentemente no mezanino e com acesso através de duas escadas lineares –, o auditório para 229 lugares, áreas de depósito e ainda a saída do prédio, estreito corredor de 2,5 metros de largura contido entre duas empenas cegas paralelas e concorrentes, em pequeno trajeto de suave aclive curvado sentido exterior, desembocando em um recesso sombreado presente na fachada principal. Esse programa e a sua distribuição triangular proporcionavam o espaço de concentração dos visitantes, em uma analogia aos descontraídos bares e cafés da época, reforçando a receptividade e o caráter amigavelmente brasileiro, na "sua cordial naturalidade".[32] Durante grande parte desse trajeto, inclusive fora do edifício – por meio de duas grandes fotos de paisagens naturais fixadas entre os quatro pilares da fachada Norte –, os visitantes tinham acesso à expografia do pavilhão, essa conformada por painéis de propagandas diversas e elementos em exposição acerca da biodiversidade brasileira, de seu povo, cultura e folclore, educação, economia, agricultura, indústria, siderurgia, transporte, avanços tecnológicos, além do destaque dado ao vertiginoso crescimento de suas cidades, tema esse ilustrado por fotos de edifícios modernos brasileiros e principalmente por meio da maquete da futura capital federal em construção, Brasília. Era a exposição intitulada "O Brasil constrói uma civilização ocidental nos trópicos".[33]

Já no exterior do edifício, posicionado acima do anel metálico e elevando-se a mais de 25 metros de altura do solo, conectado ao pavilhão por meio de um conjunto de quatro cabos principais radiais, um grande balão vermelho, com 7 metros de diâmetro e repleto de gás hélio, buscava acenar de longe para o grande público visitante, em um esforço de se criar um diálogo formal e lúdico com o principal símbolo da exposição, o Atomium.

Testemunho material da exposição ali realizada, representante do espírito positivista e científico que caracterizou esse grande certame, esse monumento, afastado

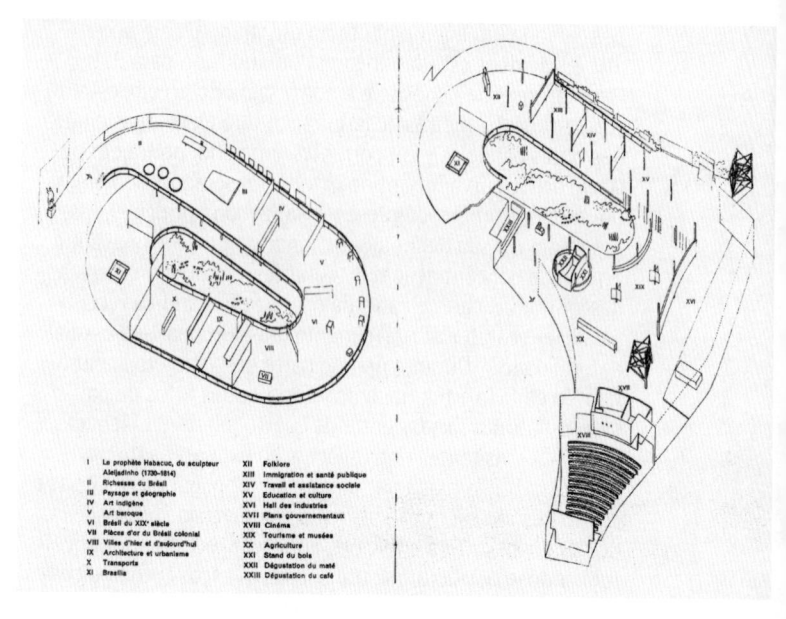

I   La prophète Habacuc, du sculpteur
     Aleijadinho (1730-1814)
II   Richesses du Brésil
III Paysage et géographie
IV   Art indigène
V   Art baroque
VI   Brésil du XIX° siècle
VII Pièces d'or du Brésil colonial
VIII Villes d'hier et d'aujourd'hui
IX   Architecture et urbanisme
X   Transports
XI   Brasilia
XII Folklore
XIII Immigration et santé publique
XIV Travail et assistance sociale
XV   Education et culture
XVI Hall des industries
XVII Plans gouvernementaux
XVIII Cinéma
XIX Tourisme et musées
XX   Agriculture
XXI Stand du bois
XXII Dégustation du maté
XXIII Dégustation du café

Pavilhão do Brasil, projeto expográfico, Expo Bruxelas Bruxelas 1958.

Acervo NPD FAU UFRJ / Fundo Sérgio Bernardes

aproximadamente 900 metros do pavilhão brasileiro e idealizado pelo engenheiro belga André Waterkeyn, foi erguido próximo às duas principais entradas da feira, na convergência de suas duas principais avenidas.

Elevando-se a 102 metros de altura com suas nove esferas de alumínio de dezoito metros de diâmetro cada – simulando uma célula de cristal de ferro ampliada 165 milhões de vezes, com uma infinidade de pontos luminosos girando ao seu redor à noite, tal como o movimento dos elétrons em torno do núcleo do átomo – esse grandioso monumento expressava a "força prodigiosa da energia atômica", entendida como a "última conquista do homem sobre a matéria".[34]

Industrialização, inventividade e experimentação

Aberto oficialmente ao público em um sábado, no dia 3 de maio de 1958, às 11 horas,[35] a arquitetura que caracterizou esse efêmero edifício seria reconhecida mundialmente pela simplicidade e eficiência com que se acomodou em um lote longínquo, de grande declividade, com perímetro irregular e por meio de um enxuto orçamento.[36] Surpreendentemente, como já houvera alcançado em projetos anteriores, Sérgio Bernardes buscou aliar a sua aguçada criatividade a certas soluções de industrialização arquitetônica, seguidas ainda de experimentações sensoriais e visuais, fazendo do Pavilhão do

Pavilhão do Brasil, interior com exposição, Expo Bruxelas 1958. Coleção Dept. A&S, Faculty of Engineering and Architecture, Ghent University

Pavilhão de Bruxelas, foto publicada no jornal carioca *Correio da Manhã*, em 6 de agosto de 1958. A legenda destaca a arquitetura "nova, vigorosa, inventiva" de Sérgio Bernardes e o "excelente jardim central de Roberto Burle Marx". Acervo Correio da Manhã / Arquivo Nacional

Pavilhão do Brasil, interior com exposições das indústrias de commodities e automotivas, Expo Bruxelas 1958. Coleção Dept. A&S, Faculty of Engineering and Architecture, Ghent University

Brasil na Exposição de Bruxelas, de 1958, um dos mais reconhecidos e visitados espaços do grande certame.

Sérgio Bernardes, em artigo publicado na revista *Cultura*, n. 1, no ano de 1970, sintetizou a concepção do seu projeto afirmando:

> O Pavilhão do Brasil na Expo-58, em Bruxelas, teve sua ideia a partir do lado analítico e da lógica. Numa

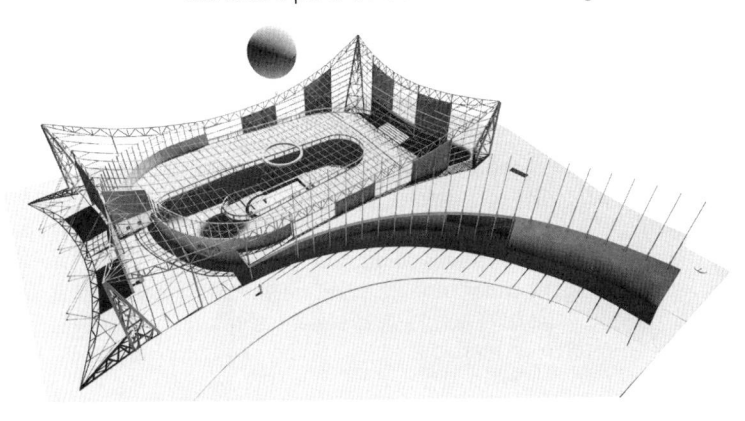

Pavilhão do Brasil, fachadas Oeste e Leste em modelo 3D, Expo Bruxelas 1958. Desenho Fausto Sombra

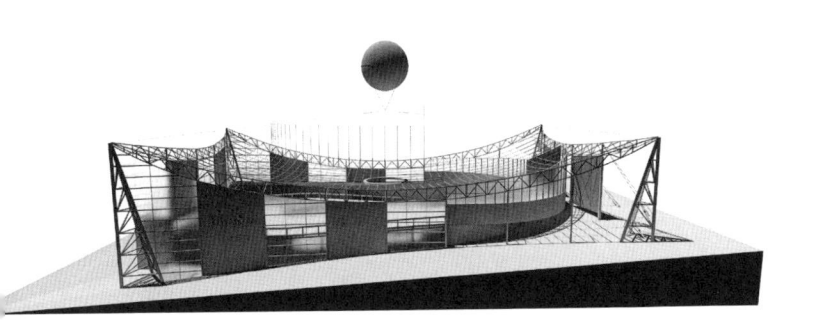

Distância e comparação de escala entre o Atomium e o Pavilhão do Brasil, Expo Bruxelas 1958. Desenho Fausto Sombra

exposição de distâncias enormes o homem é totalmente desprezado na sua capacidade e nas suas limitações de caminhar, e quando chegasse ao local do Pavilhão brasileiro estaria cansadíssimo. Nada mais natural do que fazer ele entrar no ponto alto de chegada e sair pelo ponto baixo, razão pela qual havia a rampa cuja forma elíptica tinha conotações simbólicas com os ciclos econômicos e culturais do Brasil. Ao percorrer esta rampa atingia o chão outra vez, praticamente arrastando o pé, conduzido pela lei da gravidade sem fazer o menor esforço, ao mesmo tempo que descia em torno do trópico, que eram os jardins.[37]

Esclarecimento essencial para o entendimento do partido adotado no pavilhão brasileiro, essa breve síntese acaba por não mencionar três elementos de relevância do projeto. Primeiramente, a sua engenhosa cobertura, similar à utilizada no Pavilhão de Volta Redonda, com o uso de cabos de aço em forma de catenária, produzida externamente e montada no local, elemento que praticamente conferia ao pavilhão a sua imagem. Em segundo lugar, a assimilação da água como elemento central do projeto, presente tanto no espelho d'água do jardim central de Burle Marx como através do *impluvium* em dias de chuva. E, em terceiro lugar, o grande balão, que pairando sobre a delicada cobertura, também em dias de chuva ou de frio, era baixado através de um cabo central fechando parcialmente o *impluvium*, mecanismo que proporcionava maior proteção e conforto ao interior do edifício e seus usuários.

Entretanto, o momento de adoção do balão no projeto, elemento tão oportunamente incorporado ao edifício, é merecedor de uma breve reflexão. Segundo proposto por Alexandre Bahia Vanderlei em seu artigo acerca do Pavilhão de Volta Redonda, "Pavilhão da CSN 1954: recorrência técnica e manifesto da modernidade"[38] – análise em conformidade com o presente entendimento e tal como já discorrido acerca deste tema no capítulo 2 –, esse edifício teria sido inicialmente projetado para ser erguido em solo firme e não sobre o Córrego do Sapateiro. Esse questionamento, relembrando, é devidamente colocado depois da análise dos estudos iniciais do aludido pavilhão erguido no Ibirapuera, pois além dos referidos esboços não ilustrarem o córrego sob as duas pontes, estes ainda ilustravam os quatro mastros – que estruturavam as duas marquises transversais centrais – partindo do solo, ou seja, auxiliando na estruturação de todo o conjunto, em um partido estrutural diverso do projeto final desenvolvido e do próprio edifício construído.

Guardadas as devidas proporções, transplantando esse ocorrido para o edifício aqui em voga, após análise de uma gama considerável de desenhos e documentos sobre o pavilhão brasileiro em Bruxelas, não se encontrou – com exceção do croqui inicialmente ilustrado de Sérgio Bernardes, do Pavilhão do Brasil ao lado do Atomium e não datado – outro desenho ou texto que mencione o balão no projeto. Inclusive os desenhos executivos e as maquetes, ilustradas nas diversas publicações à época da construção do edifício, não sugerem esse relevante elemento. Apenas com a publicação do artigo "Pavilhão do Brasil na Exposição Internacional de Bruxelas", na revista *Módulo* n. 9, de fevereiro de 1958,[39] faltando apenas dois meses para a abertura do pavilhão, é que o balão foi brevemente mencionado, ainda assim, em texto acompanhado de desenhos sem o balão. Na verdade, o corte longitudinal que acompanha a referida menção sugere

Pavilhão do Brasil, balão flutuando sobre a cobertura, Expo Bruxelas 1958. Foto SADO. Coleção Rigolle

Pavilhão do Brasil, jardim de Roberto Burle Marx e balão fechando o *impluvium* da cobertura, Expo Bruxelas 1958. Foto Reginald Hugo de Burgh Galwey. Acervo British Architectural Library / Royal Institute of British Architects

que o anel circular que definia o *impluvium* contava com um conjunto de oito tubos ou correntes distribuídos de forma radial, responsáveis, em uma primeira e ligeira análise, por conduzir adequadamente a água das chuvas provenientes da cobertura até o espelho d'água logo abaixo, solução similar à adotada por Sérgio Bernardes, anos depois, nas descidas de águas pluviais presentes no Espaço Cultural José Lins do Rêgo, em João Pessoa, Paraíba, em 1980, tal como imagens já apresentadas.

Todavia, um olhar mais atento à prancha referente ao detalhamento da cobertura, desenho assinado pelo engenheiro Paulo Fragoso, confirma que as linhas ilustradas se tratavam de tirantes de aço com 10 milímetros de diâmetro e que, ainda que não incorporados ao projeto construído, tal como atestam as fotos que chegam do interior do prédio, esses elementos provavelmente tinham como função original estabilizar a cobertura, pois, em dias de ventos intensos, essa poderia sofrer com esforços verticais ascendentes, comuns em elementos arquitetônicos com tais características.[40]

A essas informações deve-se incorporar o depoimento do ex-sócio, Murillo Boabaid[41] – integrante da equipe responsável pelos desenhos do pavilhão brasileiro em 1958 – no qual afirma que a ideia desse efêmero e lúdico elemento seria inspirada no filme *Le Balon Rouge*, de 1956, destacando ainda, sem citar datas, ser sua a sugestão de incorporá-lo ao projeto.[42]

Mesmo sem precisar o momento no qual Sérgio Bernardes e equipe definitivamente adotariam o balão como parte integrante da arquitetura do pavilhão brasileiro, o resultado é um edifício de concepção e caráter excepcionais, de elementar importância para historiografia arquitetônica brasileira e internacional, sendo destaque de uma ampla rede de veículos na época, e assim louvado pelo semanário *Manchete,* em outubro de 1958, já próximo ao encerramento da grande mostra:

Nosso país foi o último a decidir de sua participação na grande exposição internacional de Bruxelas. Quando lá chegaram os nossos técnicos, já os melhores terrenos do que seria a avenida América Latina estavam ocupados. Sobrou-nos uma bacia verde, quase fora dos limites do parque, entre dois pequenos bosques de ciprestes. Um muro do Pavilhão do México cobria-nos a fachada como uma espécie de Cordilheira dos Andes. Mas os arquitetos brasileiros, com Sérgio Bernardes à frente, não perderam a inspiração e, com engenho e arte, conseguiram erguer um pavilhão moderno, original, ousado, em linhas e concepção, que se tornaria, surpreendentemente, uma das principais atrações estéticas da Expo-58.

Outra dificuldade séria: a falta de dinheiro. Nosso governo votara uma verba insignificante para o pavilhão. Os créditos, como sempre acontece, chegavam parceladamente e havia pressa no trabalho. Poucas indústrias e organizações privadas brasileiras se interessaram de um modo concreto pelo assunto. O material que deveríamos expor revelou-se, desde o começo, extremamente reduzido, quase inexpressivo em relação à importância do certame. Mas os organizadores da nossa representação ajeitaram os elementos de que se dispunham, improvisaram aqui e ali, e acabaram compondo um conjunto digno de ser visitado pelas multidões europeias e de salvar o prestígio do Brasil. Hoje, às vésperas do encerramento da exposição, podemos cantar vitória: o Comitê Internacional que está julgando os 102 pavilhões de Bruxelas reservou o nosso, vários prêmios, inclusive o Grande Prêmio de Arquitetura. Na contagem geral dos pontos, o Brasil figura em nono lugar, o que é um autêntico sucesso. Sobretudo, se considerarmos que nos colocamos imediatamente depois da França, cujo pavilhão, foi dos mais caros que se ergueram no Parque. O primeiro lugar coube não aos Molochs russo e americano, de dimensões gigantescas, mas à pequena

Pavilhão do Brasil, escultura de Maria Martins em um dos acessos, Expo Bruxelas 1958. Foto Reginald Hugo de Burgh Galwey. Acervo British Architectural Library / Royal Institute of British Architects

Tchecoslováquia, cujo pavilhão constituiu um prodígio de bom-gosto e de bela organização, dentro do espírito da Expo-58: "mostrar ao mundo o que cada país tem feito pela melhoria de vida e pelo bem-estar humano".

Os europeus admiraram no Pavilhão do Brasil a impressionante concepção funcional da rampa interna, que, descendo do piso superior, permite a visão de todos os *stands* sem causar menor fadiga. Tanto assim que, em pouco tempo, o nosso pavilhão ganhou fama de ser um local tranquilo e repousante, dentro da Exposição imensa. Sucesso absoluto pela ordem: o cafezinho brasileiro (20.000 xícaras diárias), o mate gelado (até então desconhecido na Europa) e a exposição de pedras preciosas e semipreciosas, que podiam ser adquiridas pelo público.[43]

Concluindo as argumentações e temas acerca do Pavilhão do Brasil em Bruxelas e antes de avançar para as

Pavilhão do Brasil, vista dos gramados do lado leste com balão flutuando sobre a cobertura, Expo Bruxelas 1958.

Foto Reginald Hugo de Burgh Galwey. Acervo British Architectural Library / Royal Institute of British Architects

considerações acerca do Pavilhão de São Cristóvão, destaca-se, como já inicialmente mencionado, que originalmente Sérgio havia idealizado a rampa, que contornava o jardim central do Pavilhão, em madeira e estruturada sobre andaimes Mills. Essa decisão e informação projetual é relevante, pois enfatiza o grau de experimentação do arquiteto carioca, esclarecendo também o porquê de haver material diverso sobre esse sistema construtivo nas pastas do referido projeto, conservadas no acervo do arquiteto no NPD.[44] Essa constatação se baseia em documento cedido por Kykah Bernardes, mais precisamente no texto curatorial da Galeria Marco, não datado, por ocasião da realização de uma exposição de Sérgio Bernardes sobre o edifício erguido em Bruxelas. O breve texto descreve, de forma precisa, a concepção do projeto e os materiais nele empregados:

> A solução adotada por Sérgio Bernardes, e que se tornou vitoriosa, foi das mais notáveis, já que todos os problemas (plástico, econômico, topográfico, tempo de execução, período de utilização etc.) foram brilhantemente resolvidos pela solução estrutural e pelo emprego dos materiais. Partindo da declividade do terreno, o arquiteto lançou uma rampa descendente (4%) em torno de um jardim tropical e envolta por painéis expositores do desenvolvimento da nossa civilização. Esta disposição, também, oferecia ao público, cujo acesso era na parte mais elevada, uma visão total e constante do interior, com uma sensação de espaço e liberdade. Esta rampa projetada, inicialmente, de madeira, sustentada por andaimes Mills, visava não só uma redução econômica e de tempo, como também o aproveitamento posterior do material; mas a legislação local não permitiu, por se tratar de material combustível, adotando-se então o concreto armado. Equacionados os problemas do ambiente interno e da circulação, o arquiteto idealizou estrutura e cobertura, que segundo ele se aproximava, em conteúdo, de um circo, pois era uma mostra de apenas 6 meses, após os quais seria demolida. Baseado nesta ideia pensou em uma lona retangular apoiada nas 4 pontas, com uma abertura circular sobre o jardim. O Eng. Paulo Fragoso, seu colaborador direto, encontrou a solução numa estrutura metálica composta de 4 apoios nos pontos extremos e uma cobertura de treliça metálica preenchida com placas de concreto, vedados entre si com neoprene, e impermeabilizada com pintura plástica de epoxhypalon. O revestimento do pavilhão seria feito

com 'Cocoon' (pintura plástica sobre tela armada), mas devido a certas dificuldades técnicas foram utilizadas placas de plexiglass. Acima da abertura circular existente na cobertura, o pavilhão possuía um balão cativo, com movimento vertical, de diâmetro maior do que aquela (7 m). Este balão, que era de nylon vermelho, sobressaía no céu cinza de Bruxelas, atraindo o visitante desde a entrada do parque, situado num nível mais alto do que o pavilhão brasileiro.[45]

A instigante possibilidade de adoção de andaimes no pavilhão, mesmo sem desenhos que materializem essa decisão, remetem à ideia das rampas do efêmero edifício concebido por Carla Juaçaba e Bia Lessa para o Pavilhão Humanidade, erguido no Rio de Janeiro, em 2012.

Essa vanguarda projetual é aqui, por fim, ratificada pelo depoimento abaixo do arquiteto Paulo Mendes da Rocha. Publicada na revista espanhola *En Blanco* e apontando as inspirações do pavilhão brasileiro na concepção do Ginásio do Clube Atlético Paulistano, o pensamento parece reforçar as palavras proferidas por Roberto Segre – apresentadas na Introdução – sobre a forte influência de Sérgio "nos estudantes de arquitetura, em busca de caminhos alternativos ao formalismo estéril do nosso tempo". A fala de Mendes da Rocha é a seguinte:

> A primeira questão: o tamanho do espaço para se jogar e como cobrir um grande vazio de uma forma que não fosse pesada. Naquele período estavam na moda as estruturas tensionadas e eu pensei nisso simplesmente porque se falava muito desse tipo de estrutura. Fiz alguns experimentos, e inclusive havia um pavilhão muito interessante já construído de Sérgio Bernardes para a Exposição Internacional de Bruxelas. Bernardes fez um pavilhão côncavo, com cabos tensionados em forma de 'tenda', com um implúvio circular no centro.

Pavilhão do Brasil, jardim tropical de Roberto Burle Marx, Expo Bruxelas 1958. Foto Reginald Hugo de Burgh Galwey. Acervo British Architectural Library / Royal Institute of British Architects

Era muito interessante do ponto de vista das tensões, porque aquele círculo de aço no centro estava submetido a tensões homogêneas por todas as partes, ou seja, desfrutava da indeformabilidade da forma circular. Por compressão ou por tração, o círculo é indeformável. Eu pensei que também poderia fazê-lo assim, leve, e criei uma estrutura para abrigar uma praça, que imaginei escavada, para deixar o edifício mais baixo, onde os degraus descessem e a cobertura ficasse suspensa acima.

No edifício de Bernardes, observe que interessante, a cobertura era fechada eventualmente por um balão de hélio com diâmetro um pouco maior que o *impluvium* O balão estava preso a um cabo que saía do centro desse grande espaço e flutuava anunciando o pavilhão. Se chovia, recolhiam o cabo e o balão fechava o espaço.

No ginásio paulista eu tentei ao menos utilizar a engenhosidade daquele projeto.[46]

Notas

1. Há apenas dois livros publicados exclusivamente acerca da obra de Sérgio Bernardes que dão destaque, de forma sucinta, ao Pavilhão do Brasil em Bruxelas: CAVALCANTI, Lauro. *Sérgio Bernardes: herói de uma tragédia moderna*; BERNARDES, Kykah; CAVALCANTI, Lauro (Org.). *Sérgio Bernardes*. As revistas *Módulo, Habitat* e *Arquitetura e Engenharia* também publicaram na ocasião matérias sobre o pavilhão: REDAÇÃO. Pavilhão do Brasil na Exposição Internacional de Bruxelas; REDAÇÃO. O pavilhão da engenharia civil em Bruxelas; REDAÇÃO. Pavilhão do Brasil na Feira internacional de Bruxelas. E o pavilhão foi mérito de exposição em 2012 no Museu Atomium de Bruxelas, no recinto da exposição de 1958. EUROPALIA BRASIL (Cur.). *Sérgio Bernardes. Expo'58 – Brazil Pavilion*. International Arts Festival. Bélgica, Atomium Museum, out. 2011/jan. 2012.
2. SOMBRA, Fausto. Sérgio Bernardes e o pavilhão brasileiro na Exposição Universal e Internacional de Bruxelas, 1958: industrialização, inventividade e experimentação (anais e revista).
3. A Exposição de Xangai, realizada entre maio e outubro de 2010 na China, contabilizou 73 milhões de visitantes. Cf. REDAÇÃO. Expo Xangai 2010 termina como a mais visitada da história.
4. LAMBERT, Pierre. Bruxelas: capital do mundo por seis meses.
5. O Comissário Geral do Governo, o Barão de Moens de Fernig, seria "responsável por assegurar em nome e sob a autoridade do Ministro dos Negócios Econômicos, a concepção, realização, organização e administração da Exposição". MOENS DE FERNING, Georges. Exposição Universal e Internacional de Bruxelas. Tradução de Luiz Galvão Valle. Bruxelas, Reino da Bélgica, Comissariado Permanente de Exposições e Feiras no Exterior, 24 abr. 1957, p. 5.
6. Idem, ibidem, p. 4.
7. São criados os seguintes Comitês Especiais: Propaganda e Publicidade; Circulação de Estradas e Caminhos e Estacionamentos; e Superior de Turismo. Este subdividido em Comitê de Alojamentos; Comitê de Transportes; e Comitê de Recepção e Documentação. Idem, ibidem, p. 6-7.
8. Idem, ibidem, p. 5-8.
9. Idem, ibidem, p. 8.
10. Idem, ibidem, p. 8-9.
11. Idem, ibidem, p. 11.
12. Idem, ibidem, p. 6.
13. Idem, ibidem, p. 8.

14. LATTEUR, Francine. Comissariado Permanente de Exposições e Feiras no Exterior: Exposição Universal e Internacional de Bruxelas. Ver também: REDAÇÃO. Exposição de Bruxelas – 1958.
15. MOENS DE FERNING, Georges. Exposição Universal e Internacional de Bruxelas, p. 12-13.
16. LATTEUR, Francine. Op. cit., p. 3.
17. GOUTHIER, Hugo. Correspondência a Olavo Falcão. Bruxelas, 31 jan. 1957. Acervo NPD FAU UFRJ.
18. GOUTHIER, Hugo. Correspondência à Secretária de Estado das Relações Exteriores. Bruxelas, 7 fev. 1957. Acervo NPD FAU UFRJ.
19. O texto correspondente às pesquisas de Paul Meurs, Mil de Kooning, Ronny de Meyer, sintetizam o momento de construção do Pavilhão Brasileiro, mencionando o ritmo acelerado da era JK, o estabelecimento da indústria automobilística, o Cinema Novo, a Bossa Nova, a seleção brasileira com o seu primeiro título mundial e Brasília se tornando realidade pelos esboços de Lúcio Costa e Niemeyer. MEURS, Paul; KOONING, Mil De; MEYERM Rony De. *Expo 58: the Brasil Pavilion of Sérgio Bernardes*. "Esse Brasil grande e ambicioso se apresentou em Bruxelas num pavilhão de aço e concreto, projetado por Sérgio Bernardes". MEURS, Paul. O pavilhão brasileiro na Expo de Bruxelas, 1958: arquiteto Sérgio Bernardes.
20. As pranchas do projeto executivo do pavilhão brasileiro apontam como responsáveis os seguintes profissionais: Sérgio Bernardes como arquiteto; Nicolaï Fikoff como arquiteto colaborador; Kylzo Caravalho e Murillo C. Boabaid como desenhistas; Paulo Fragoso e Emmanoel Magalhães como engenheiros projetistas estruturais; e Roberto Burle Marx como arquiteto paisagista. Paul Meurs lista mais os seguintes participantes da equipe: Max Winders, conselheiro; João Maria dos Santos, projeto de interior; Eduardo Anahory, Jack van de Beuque e Artur Lício Pontual, assistentes; Libbe Smit, iluminação. MEURS, Paul. O pavilhão brasileiro na Expo de Bruxelas, 1958: arquiteto Sérgio Bernardes (op. cit.).
21. CASÉ, Geraldo. Sérgio Bernardes, p. 127.
22. REDAÇÃO. Pavilhão do Brasil na Feira internacional de Bruxelas, p. 22 (op. cit.).
23. GOUTHIER, Hugo. *Presença: memórias*, p. 153-154.
24. Idem, ibidem, p. 154-155.
25. Idem, ibidem, p. 155.
26. REDAÇÃO. Participará o Brasil na Feira internacional de Bruxelas.

27. A revista francesa *L'Architecture d'Aujourd'hui*, n. 78, de junho de 1958, apresenta uma síntese dos pavilhões de maior destaque erguidos na exposição. REDAÇÃO. Bruxelles 58. Ver também: DEVOS, Rika; KOONING, Mil de. L'Architecture Moderne à L'Expo 58: pour un monde plus humain.
28. BACKHAUSER, João Pedro. *A obra de Sérgio Bernardes*.
29. Apenas as duas torres da fachada sul tinham 15,8 metros. As duas torres treliçadas da fachada norte, em razão da elevação do terreno, mediam aproximadamente 10,80 e 11,80 metros.
30. Em 1958 eram 21 os Estados brasileiros, sendo: Alagoas, Amazonas, Bahia, Ceará, Espírito Santo, Goiás, Guanabara (extinto em 1975), Maranhão, Mato Grosso, Minas Gerais, Pará, Paraíba, Pernambuco, Piauí, Rio de Janeiro, Rio Grande do Norte, Santa Catarina, São Paulo e Sergipe. REDAÇÃO. Eleições gerais no Brasil em 1958 (verbete).
31. Conforme identificação realizada com auxílio da arquiteta e paisagista Karla Lopez, as espécies mencionadas correspondem respectivamente a Nymphaea ssp, Asplenniun nidus, Ciperus papirus, Bromeliaceae ssp, Dracaena marginata, Monstera deliciosa, Platycerium bifurcatum, Agave attenuata, Anthurium ssp, Cryptanthus ssp. ÁLVAREZ, Karla Lopez. Depoimento a Fausto Sombra. São Paulo, escritório Bernardes Arquitetura, 7 jun. 2018.
32. TEIXEIRA, Novais. O Pavilhão do Brasil.
33. MEURS, Paul. Op. cit.
34. LATTEUR, Francine. Op. cit., p. 2.
35. LAPOUGE, Gilles. Inaugurado o pavilhão do Brasil em Bruxelas.
36. A diferença orçamentária do pavilhão brasileiro frente aos demais pavilhões do certame é considerável. Enquanto a média dos pavilhões era construída por 10.000 francos/m², o pavilhão idealizado por Bernardes estava orçado em 2.900 francos/m². A diferença na quantidade de aço seria um ponto preponderante nessa equação, pois, enquanto os pavilhões utilizavam cerca de 200 kg/m² de aço em suas coberturas, o pavilhão brasileiro consumia apenas 25 kg/m². REDAÇÃO. Pavilhão do Brasil na Feira internacional de Bruxelas (op. cit.).
37. BERNARDES, Sérgio. Vanguarda: perspectiva e busca. Apud BACKHAUSER, João Pedro. *A obra de Sérgio Bernardes* (op. cit.), s/p.

38. VANDERLEI, Alexandre Bahia. Pavilhão da CSN 1954: recorrência técnica e manifesto da modernidade.
39. REDAÇÃO. Pavilhão do Brasil na Exposição Internacional de Bruxelas (op. cit.).
40. É possível aventar que a não adoção dos tirantes está relacionada à presença do próprio impluvium, que permitindo a passagem de ar na região central da cobertura, aliado ao próprio lastro proveniente da fina camada de concreto que conformaria esta e o peso dos perfis que a estruturavam – totalizando 85 toneladas – permitiria a diminuição da pressão dos ventos e a consolidação do conjunto. A eliminação desses tirantes possibilitaria também a mudança na geometria do espelho d'água central, que constantemente ilustrado com desenho circular nas diversas plantas do projeto – acompanhando a distribuição circular e radial dos tirantes –, por fim seria erguido com linhas mais ortogonais.
41. BOABAID, Murillo. Depoimento a Fausto Sombra. Rio de Janeiro, escritório Bernardes Arquitetura, 19 abril. 2017.
42. BOABAID, Murillo. Pavilhões, p. 60.
43. JUSTINO, Martins. Talento, armado: Brasil em Bruxelas.
44. Ver: SB 140, Pavilhão Brasileiro da Exposição Universal de Bruxelas, CX 30, Revistas e Apostilas. Acervo NPD FAU UFRJ / Fundo Sérgio Bernardes.
45. GALERIA MARCO. A Galeria Marco, inaugurando sua exposição permanente de arquitetura, engenharia, urbanismo e decoração, patrocina a mostra do Pavilhão Brasileiro na Exposição Internacional de Bruxelas de 1958, de autoria do arquiteto Sérgio W. Bernardes. Rio de Janeiro, s.d. Acervo Sérgio Bernardes.
46. MAS, Vicente; VILLAC, Isabel; GARCÍA-GASCO, Sérgio; OLIVER, Isabel; VARELLA, Pedro; CALAFATE, Caio. Conversación con Paulo Mendes da Rocha, p. 115. Tradução do autor.

Capítulo 4
Pavilhão de São Cristóvão
1957-1960

Pavilhão de São Cristóvão, maquete desenvolvida para tese de doutorado de Fausto Sombra, Rio de Janeiro RJ, 1957-1960. Foto André Nazareth

Montando um quebra-cabeça

Com os resultados positivos obtidos pelo projeto do pavilhão idealizado para Companhia Siderúrgica Nacional no Parque Ibirapuera e passados apenas dois anos da sua abertura, já em 1957 e no governo de Juscelino Kubitschek, Sérgio Bernardes recebeu dois encargos de suma relevância: o há pouco revisitado Pavilhão do Brasil em Bruxelas – inaugurado em maio de 1958 – e o Pavilhão da Feira Internacional da Indústria e Comércio, aberto ao público em dezembro de 1960, no Rio, também conhecido como São Cristóvão.[1]

Pavilhão de São Cristóvão, vista aérea do edifício com a cobertura, Rio de Janeiro RJ, 1957-1960. Foto Celso Omena Brando

Sendo os últimos dois exemplares contemporâneos com relação a sua concepção, porém sendo concluídos em momentos distintos, essa diferença temporal pode ser justificada por três questões essenciais: a primeira pelo fato de o Pavilhão do Brasil em Bruxelas se tratar de um edifício efêmero, com data marcada de abertura e desmontagem – ainda que a sua inauguração não tenha casado com a abertura oficial do certame –; a segunda, pelo fato de o Pavilhão do Brasil em Bruxelas ter uma metragem consideravelmente menor que o Pavilhão de São Cristóvão e por isso envolver questões técnicas de grandeza consideravelmente inferiores; e em terceiro, devido possivelmente à mão de obra utilizada na construção do Pavilhão em Bruxelas, pois uma parte significativa das empresas envolvidas na construção e na fabricação dos seus componentes metálicos seria originária do país anfitrião do evento, sendo esta nação – a Bélgica – já naquele momento considerada de grande *expertise* na manufatura e aplicação do aço, fato confirmado pela própria construção do Atomium.

Assim e diferentemente do exemplar em Bruxelas, o processo de construção do Pavilhão de São Cristóvão se apresenta de forma muito mais complexa e cheia de percalços, permanecendo até o momento como raro tema de estudos e análises mais aprofundados por parte dos pesquisadores e críticos. Sua relevante contribuição à arquitetura moderna brasileira é apenas mais recentemente objeto de interesse por parte de uma mídia especializada, como se observa por meio do livro publicado no exterior, de autoria do pesquisador brasileiro Renato Anelli e intitulado *Architettura contemporanea. Brasile*, de 2008;[2] por meio da revista *Monolito* n. 31, organizada pelo editor Fernando Serapião, com o título *Escola carioca: arquitetura moderna no Rio de Janeiro*, de 2016;[3] e por meio do catálogo-livro da exposição *Infinito vão: 90 anos de arquitetura brasileira*, de 2019, também de Fernando Serapião e em parceria com o crítico Guilherme Wisnik,[4] todos já mencionados em nota de rodapé na introdução do presente livro. De forma geral, entretanto, essas publicações, assim como outras poucas mais, acabam tratando o referido exemplar de forma superficial, concentrando-se sobre um número restrito de imagens[5] que em geral já são de conhecimento dos pesquisadores e dedicando pouca ou mesmo nenhuma argumentação que contextualize de forma mais contundente a obra ao período de sua concepção.

Nessa escassez crítica acerca do Pavilhão de São Cristóvão, assim como já também inicialmente salientado, destaca-se, entretanto, o trabalho desenvolvido pela pesquisadora Ana Luiza Nobre, por meio de sua tese de doutorado *Fios cortantes: projeto e produto, arquitetura e design no Rio de Janeiro (1950-70)*, de 2008, mais precisamente no seu capítulo "Malhas, redes, cabos e triângulos".[6] Nele, a autora se acercará do pavilhão carioca, descrevendo de forma pioneira[7] e praticamente exclusiva – com exceção do livro de caráter biográfico de autoria do pesquisador João Perdigão[8] e Euler Corradi, conforme será abordado mais adiante – o processo que envolveu a concepção das duas distintas coberturas idealizadas para esse edifício de grande destaque na capital carioca, inclusive com acesso a planos elaborados pelo engenheiro responsável pelo cálculo estrutural geral do edifício, Paulo Fragoso. Infelizmente a presente pesquisa não conseguiu ter acesso a esses materiais originais. Esse fato se deu mesmo após o contato realizado com a pesquisadora Ana Luiza Nobre e algumas tentativas, sem sucesso, com os acervos vinculados ao Laboratório de Estruturas da Escola de Engenharia de São Carlos, LE EESC USP, instituição citada na tese da referida pesquisadora como responsável por efetuar "seis medições das trações nos cabos"[9] do Pavilhão de São Cristóvão durante o intervalo de 1960 e 1981,[10] trabalho conduzido pelo engenheiro Dante Martinelli.

Parte desse relatório, datado de julho de 1974 e assinado pelo próprio engenheiro Dante Matinelli em sua página final, coincidentemente, chegou às mãos da presente pesquisa

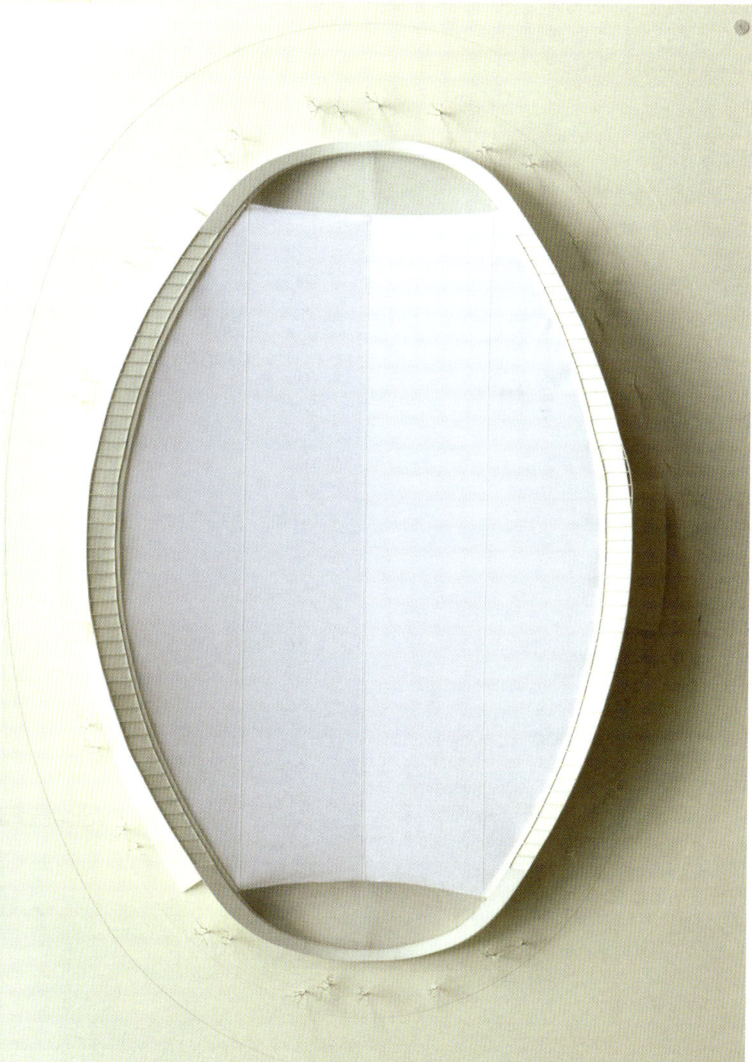

Na página anterior
Pavilhão de São Cristóvão, maquete desenvolvida para tese de doutorado de Fausto Sombra, Rio de Janeiro RJ, 1957-1960. Foto André Nazareth

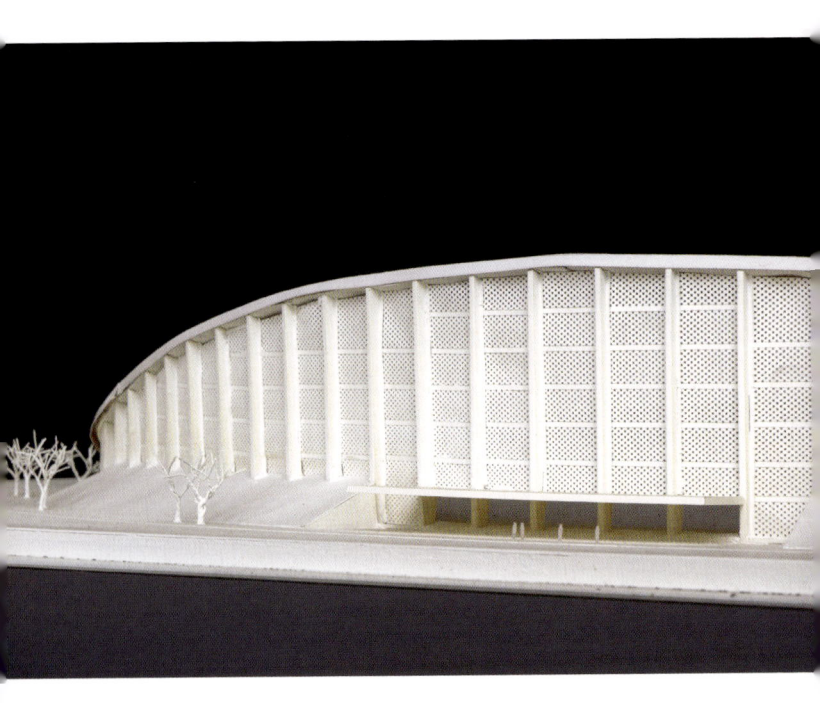

Pavilhão de São Cristóvão, maquete desenvolvida para tese de doutorado de Fausto Sombra, Rio de Janeiro RJ, 1957-1960. Fotos André Nazareth

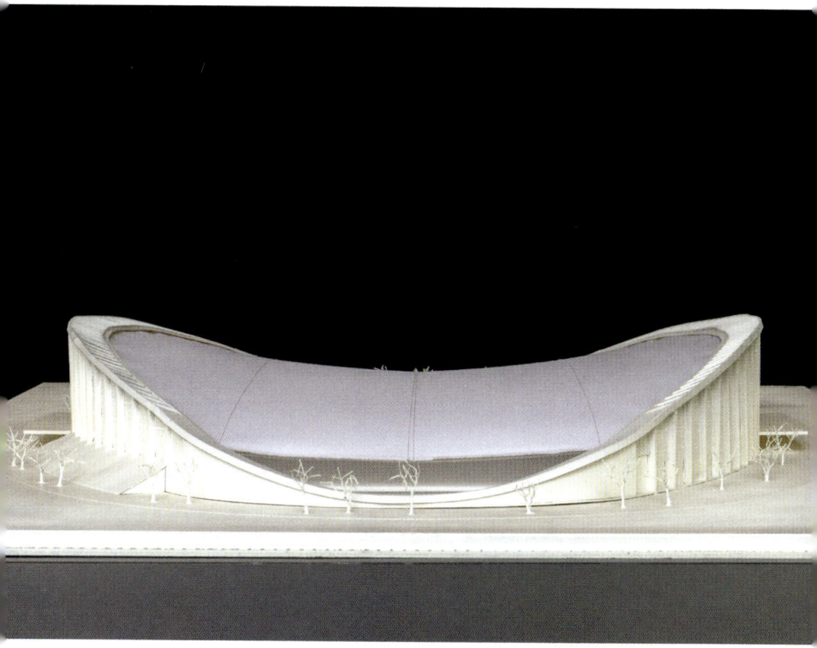

Pavilhão de São Cristóvão, planta estrutural da cobertura na escala 1:200, redesenho do anteprojeto em 24 de janeiro de 1984, Rio de Janeiro RJ, 1957-1960. Acervo NPD FAU UFRJ / Fundo Sérgio Bernardes

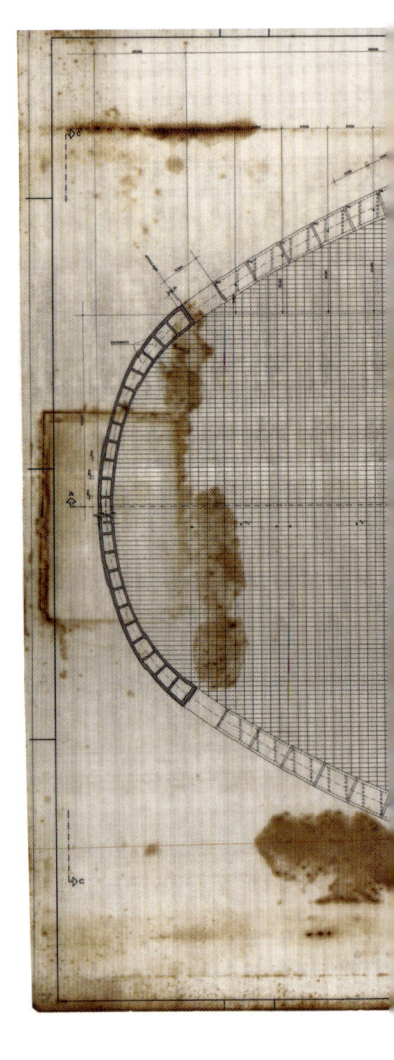

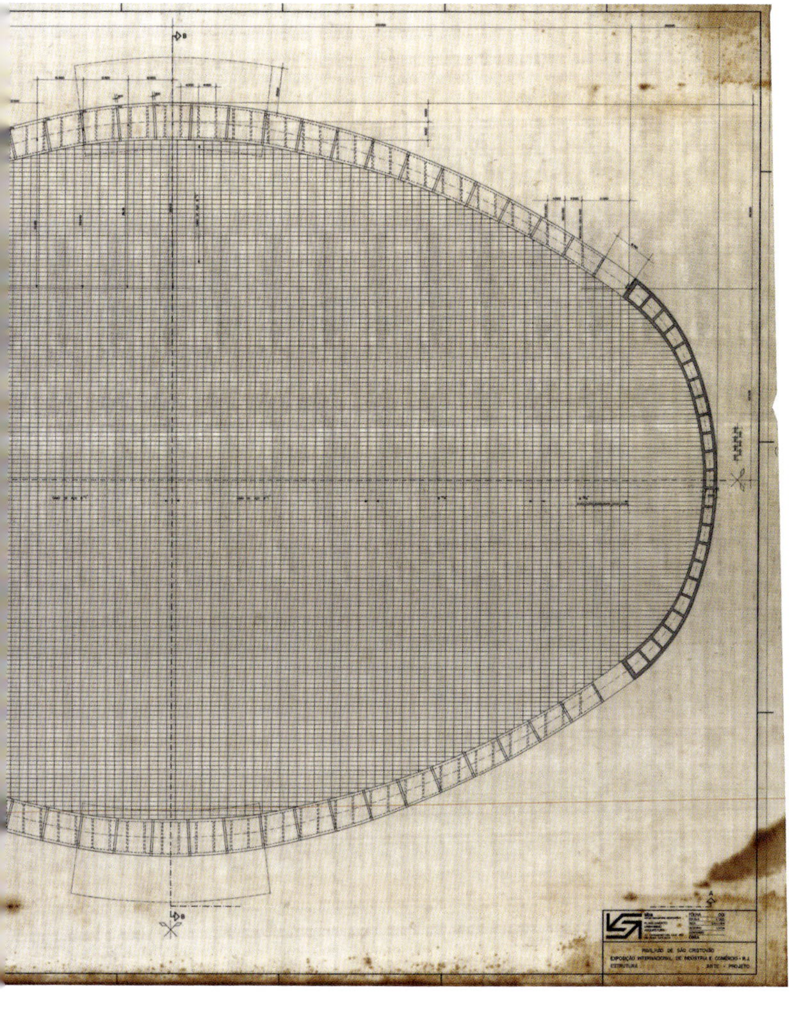
PAVILHÃO DE SÃO CRISTOVÃO
EXPOSIÇÃO INTERNACIONAL DE INDÚSTRIA E COMÉRCIO - R.J.
ESTRUTURA
ARTE - PROJETO

Pavilhão de São Cristóvão, elevações e cortes na escala 1:200, redesenho do anteprojeto em 24 de janeiro de 1984, Rio de Janeiro RJ, 1957-1960. Acervo NPD FAU UFRJ / Fundo Sérgio Bernardes

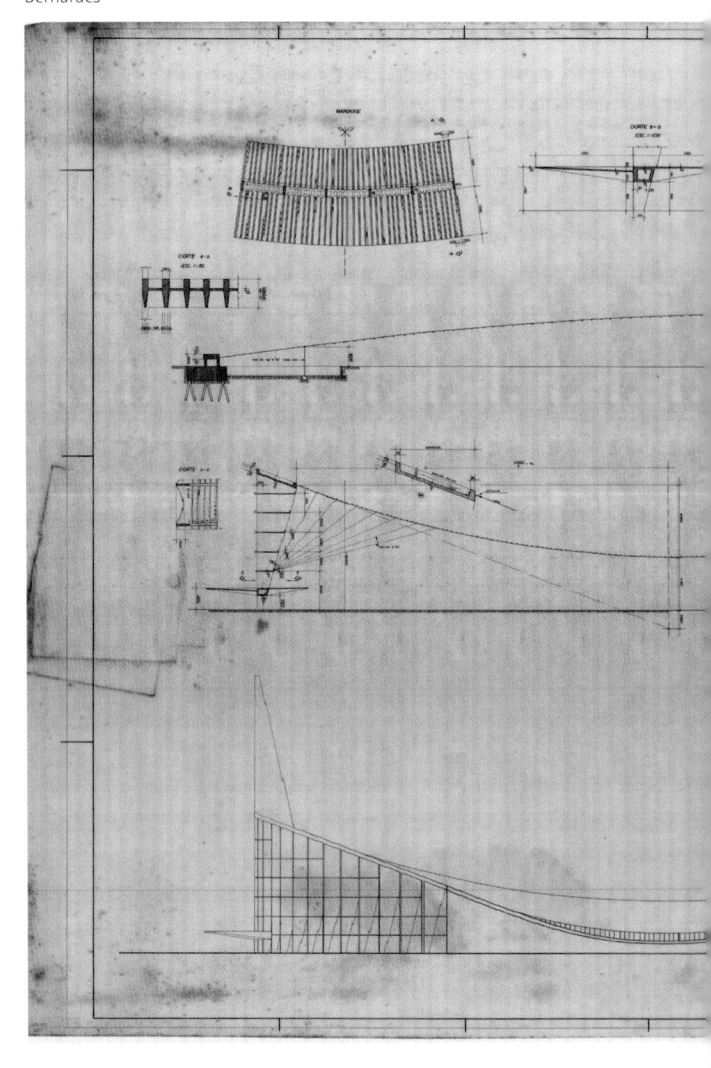

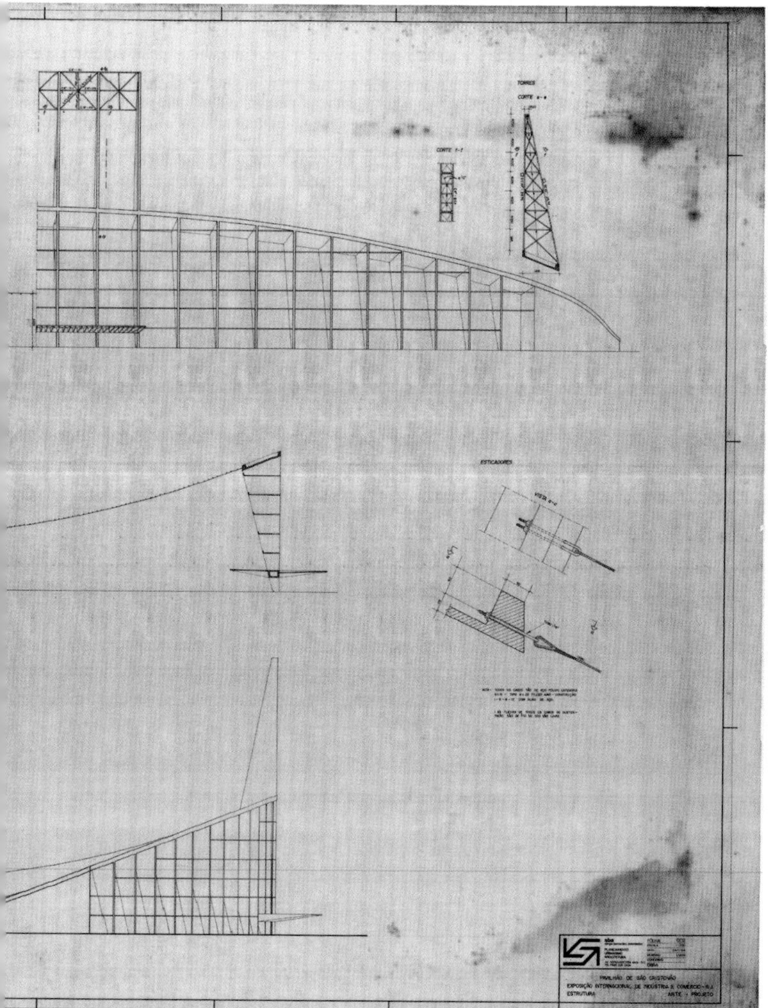

TORRES
ESTICADORES
FOLHA
OBRA
PAVILHÃO DE SÃO CRISTOVÃO
EXPOSIÇÃO INTERNACIONAL DE INDÚSTRIA E COMÉRCIO - R.J.
ESTRUTURA
ARTE + PROJETO

Pavilhão de São Cristóvão, implantação na escala 1:500, redesenho de 5 de março de 1965, Rio de Janeiro RJ, Secretaria de Obras Públicas do Estado da Guanabara, 1957-1960. Acervo NPD FAU UFRJ / Fundo Sérgio Bernardes

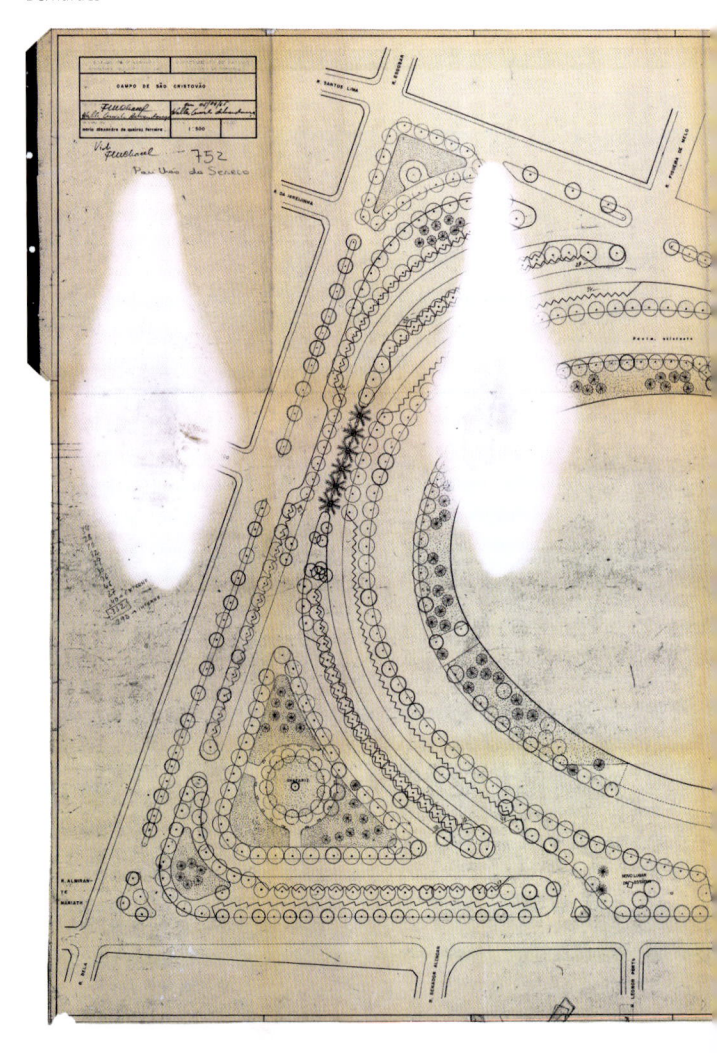

LEGENDA

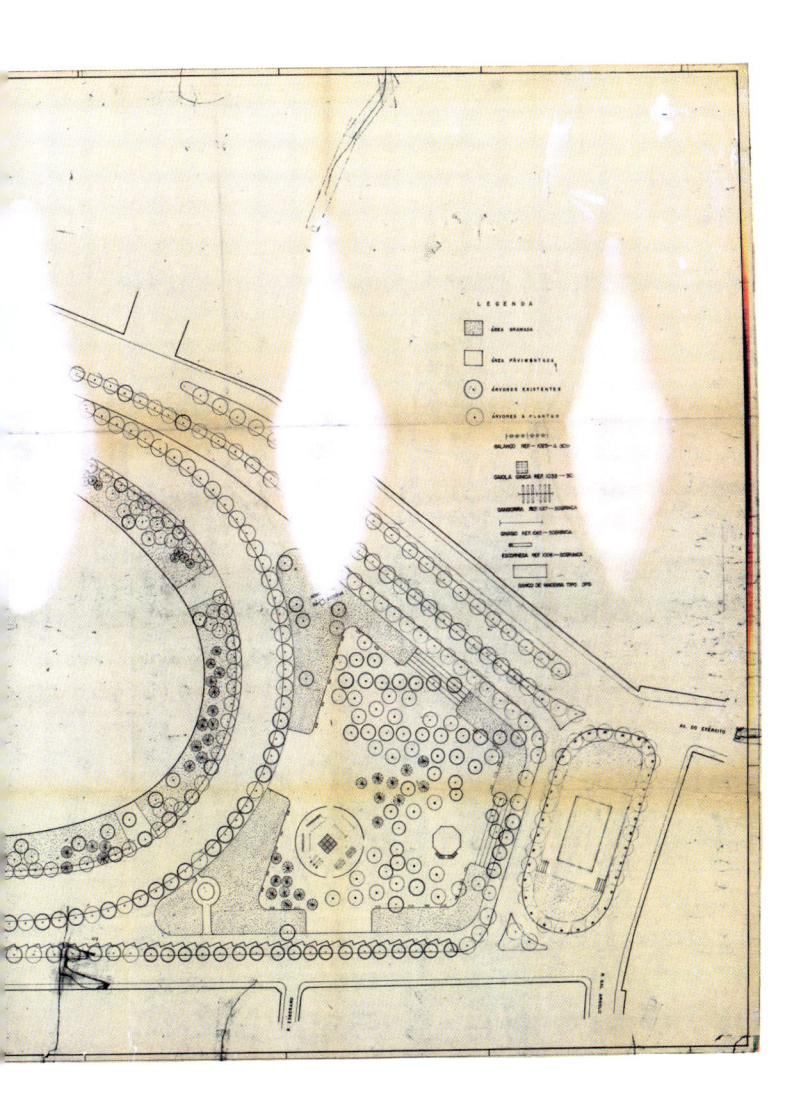

- ÁREA GRAMADA
- ÁREA PAVIMENTADA
- ÁRVORES EXISTENTES
- ÁRVORES A PLANTAR

BALANÇO REF. K325 - L. SCH

GAIOLA GINCA REF. IC33 - SC

GANGORRA REF. IG7 - SOBRINCA

GIRA-GIRA REF. IG5 - SOBRINCA

ESCORREGA REF. IO6 - SOBRINCA

BANCO DE MADEIRA TIPO OPS

PÇ. DO EXÉRCITO

Feira Nordestina atualmente ocupando o Pavilhão de São Cristóvão, Rio de Janeiro RJ, 1957-1960. Foto Leonardo Finotti

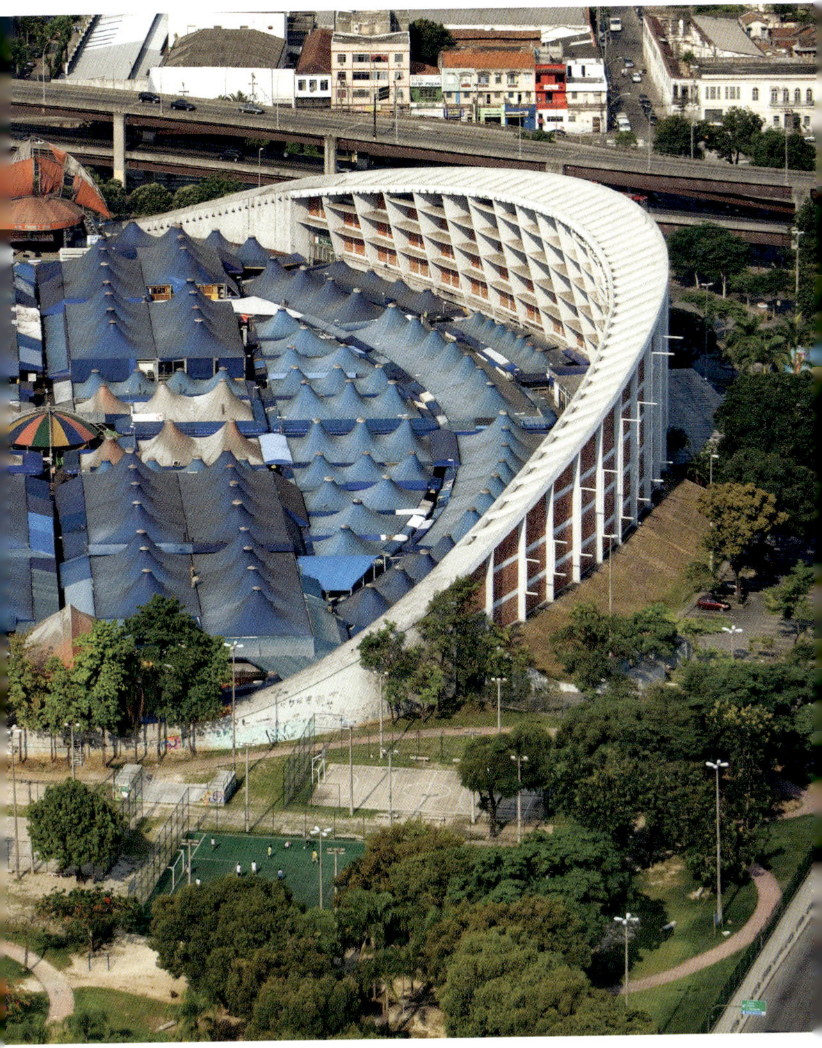

Feira Nordestina atualmente ocupando o Pavilhão de São Cristóvão, Rio de Janeiro RJ, 1957-1960. Foto Leonardo Finotti

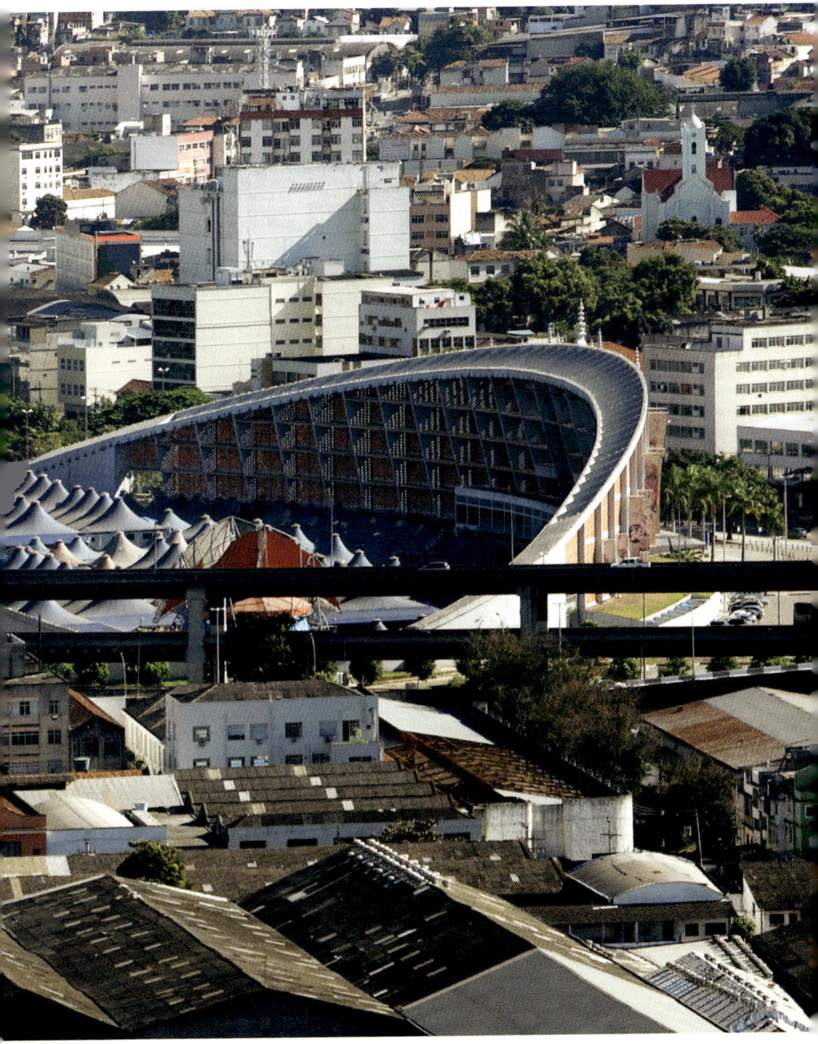

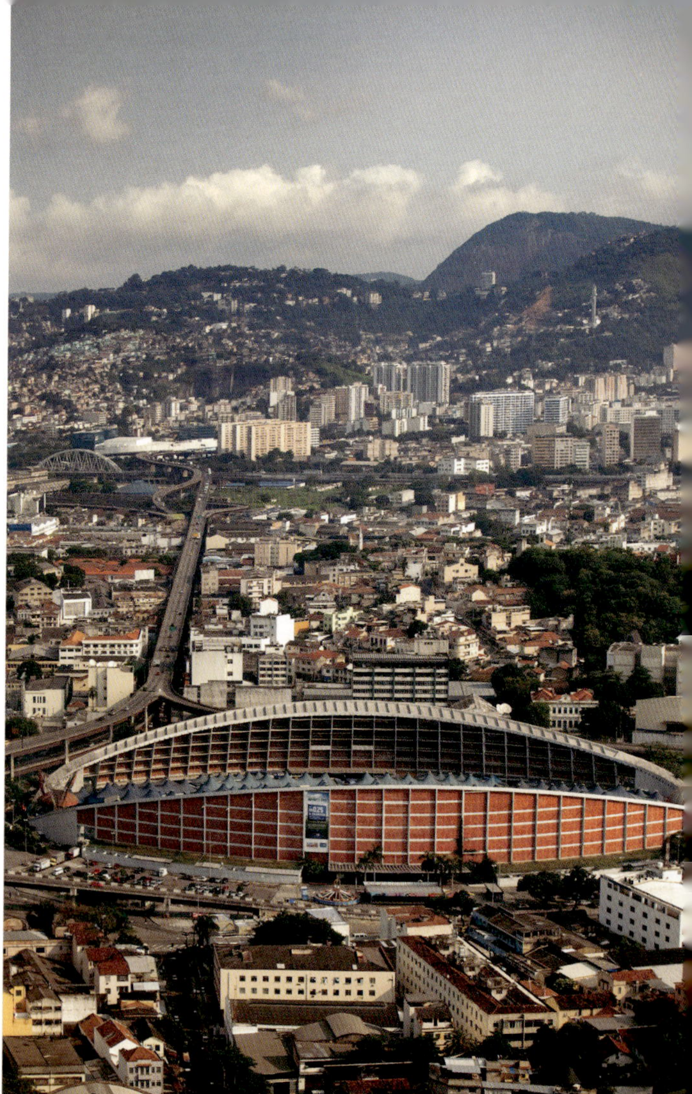

Feira Nordestina atualmente ocupando o Pavilhão de São Cristóvão, Rio de Janeiro RJ, 1957-1960. Fotos Leonardo Finotti

Próxima página
Feira Nordestina atualmente ocupando o Pavilhão de São Cristóvão, Rio de Janeiro RJ, 1957-1960. Foto Leonardo Finotti

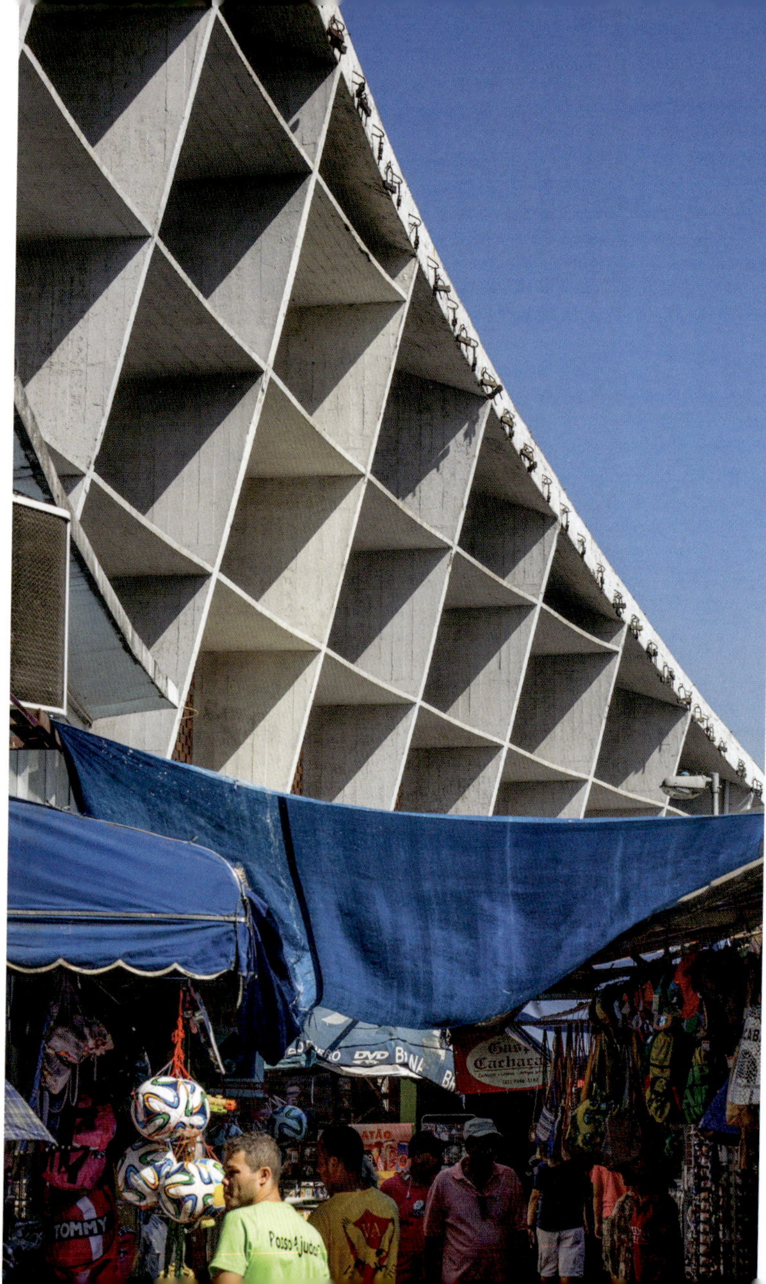
DVD
Cachaça
TOMMY

por meio do arquiteto Thiago Bernardes, neto de Sérgio. Pela sua relevância com relação aos cuidados exigidos pela cobertura desse edifício, extraíram-se as conclusões descritas em suas páginas finais, ficando clara a necessidade de se realizar, já naquele momento, passados pouco mais de treze anos da inauguração do prédio, ações de manutenção sobre a cobertura do pavilhão e o monitoramento de eventuais deslocamentos transversais em função da perda de tensão no sistema, situação que, se viesse a se concretizar, exigiria o re-esticamento dos cabos:

4. Conclusões

O exame da tabela 10 evidencia que, em três faixas, a tração reinante é superior à de projeto ($T/T_p > 1$), sendo, porém, inferior nas outras cinco; em duas destas (CD-84 a 93 e AB-64 a 73), a insuficiência é pequena (<2%). Estes resultados, combinados com a observação da evolução dos esforços nos cabos no decorrer do período 1960-1973 (tabela 10 e figura 13), sugerem a conveniência de se proceder, em época oportuna, ao re-esticamento dos cabos. A essa necessidade de re-esticamento poderá ser confirmada, ou mesmo desmentida, pela análise dos deslocamentos transversais efetivamente sofridos pela estrutura pênsil no decorrer do tempo. Para o registro desses deslocamentos transversais, é indispensável a instalação, reiteradamente aconselhada, dos oscilômetros fornecidos pelo LE-EESC ainda em 1968, e ainda não utilizados. Entenda-se que a protensão projetada visa essencialmente conter esses deslocamentos transversais em limites adequados, sendo por isso mesmo indispensável, para o julgamento da suficiência da protensão atual, a obtenção desses deslocamentos.

Além disso, é aconselhável que se proceda a adequada lubrificação dos cabos, no interesse de sua boa conservação. Note-se, porém, que o LE-EESC não tem condições de garantir que os cabos não tenham sofrido alguma corrosão interior.

Ainda, é indispensável que se proceda a adequada proteção dos chumbadores de ancoragem dos cabos.[11]

Ainda que sem acesso aos planos originais, a tese de Ana Luiza Nobre, por outro lado, disponibiliza em seus anexos certa quantidade de reproduções de planos e desenhos relacionados com o próprio projeto de estrutura do pavilhão. Esse material, somado e confrontado a outros documentos, publicações de artigos em revistas especializadas e matérias publicadas em revistas de grande circulação, permite que a presente publicação contribua pontualmente com novas considerações acerca desse emblemático e ainda pouco (re) conhecido edifício da arquitetura moderna brasileira.

A revista *Manchete*, em abril de 1959, com o título "Desenhada contra o céu carioca uma prodigiosa teia de aranha", destaca o pavilhão durante a sua construção. Com fotos de Vicent Giantar, o texto inicial exalta o edifício elaborado por Sérgio Bernardes, igualando o seu projeto a uma obra de arte:

> O Rio de Janeiro vai ganhar uma obra de arte e de engenharia verdadeiramente monumental: o Pavilhão da Exposição Internacional de Comércio e Indústria. No projeto, Sérgio Bernardes deu uma demonstração de até onde pode ir, e vai, a audácia da arquitetura brasileira, mundialmente famosa.[12]

Na parte final do sucinto texto, a matéria esclarece acerca da forma e funcionalidade do projeto, mencionando inclusive outros locais no Rio de Janeiro que teriam sido anteriormente ventilados para a sua construção. A matéria também afirma que a inauguração do prédio seria realizada em "alguns meses", o que, como visto, se concretizaria apenas no final de 1960, vinte meses depois:

Artigo "Desenhada contra o céu carioca uma prodigiosa teia de aranha", publicado na revista *Manchete*, n. 363, em 17 de abril de 1959. Acervo Fausto Sombra

O Pavilhão da Exposição Internacional de Comércio e Indústria. No projeto do Rio de Janeiro, que foi projetado pelo arquiteto Sérgio Bernardes e está sendo construído no Campo de São Cristóvão, é a mais audaciosa de engenharia já realizada no Brasil e talvez no mundo.

Entre as especificações técnicas que o tornam ciclópico e farão, certamente, sua fama em toda da Terra, o Pavilhão da Exposição Internacional do Rio de Janeiro tem o maior vão livre conhecido, com 250 metros no sentido longitudinal e 175 no sentido transversal. A altura do ponto mais elevado do pavilhão corresponde a um edifício de onze andares.

Sua cobertura foi toda feita em cabos de aço trançados, por sobre os quais o arquiteto Sérgio Bernardes projetou (e conseguiu) colocar um plástico azul, que dará ao interior do pavilhão uma luminosidade amena.

Em cada cabeceira do Pavilhão, estão sendo construídos dois lagos, que serão alimentados por cachoeiras artificiais.

A água, inicialmente, correrá sobre a cobertura – protegendo o plástico azul contra o fogo –, para cair nos quatro lagos, através de cachoeiras. Bombas poderosas, depois farão a água novamente voltar à cobertura, para o reinício da operação que será contínua.

A mesma água que correrá pela cobertura e cairá sobre os lagos servirá para diminuir a temperatura do interior do pavilhão, onde haverá um verdadeiro ar-condicionado, no mesmo clima da água em movimento.

A área total do pavilhão é de nada menos de 68 mil e 550 metros quadrados, suficiente para abrigar os stands dos numerosos países (inclusive da Ásia) que virão expor seu progresso no Brasil.

A exposição Internacional de Comércio e Indústria deverá ser inaugurada dentro de alguns meses, depois de duas tentativas frustradas de realização. Inicialmente, o Pavilhão seria construído em terrenos da Escola Nacional de Educação Física, em Botafogo. Depois surgiu a ideia de levantá-lo no Calabouço. Finalmente a prefeitura concedeu o Campo de São Cristóvão, onde está sendo realizada a grande obra de arte.

De uma coisa já se tem certeza: ainda que a Exposição Internacional não alcance o sucesso esperado, pelo menos o trabalho de Sérgio Bernardes dignificará mais ainda a arquitetura brasileira.[13]

Mesmo com informações discrepantes, encontradas também em outros documentos acerca desse projeto, a referida publicação parece ser de grande valia, pois ilustra a relevância arquitetônica atribuída ao nome de Sérgio Bernardes naquele período, assim como esclarece sobre as pretensões do certame que se idealizava, a então feira ou exposição internacional, que acabou de fato não ocorrendo nos moldes originalmente esperados, dando lugar a uma mostra de expressão mais nacional. De fato, a grande exposição pretendida só ganharia forma e caráter internacional mais de um ano depois, com a abertura da Exposição Soviética em maio de 1962.

Também é apropriado ressaltar que a referida matéria, ao descrever o percurso da água sobre a cobertura do Pavilhão, "para cair nos quatro lagos", parece se equivocar, pois, segundo as fotos e planos manuseados, identificam-se apenas dois lagos, um em cada extremidade, tal como será abordado, na sequência, na breve descrição acerca do pavilhão. A citada metragem definida para o edifício no texto também parece estar equivocada, pois segundo as medições realizadas no modelo e demais documentos manuseados, estima-se que a área útil expositiva coberta era de aproximadamente 28 mil metros quadrados, muito distante dos 68.550 metros quadrados citados no texto.

Cabe ainda esclarecer que, conservado no Fundo Sérgio Bernardes, no NPD, foram encontradas apenas três pranchas referentes ao projeto do Pavilhão de São Cristóvão. As duas principais ilustram a planta de cobertura, cortes e fachadas do edifício, com os desenhos em sua grande maioria definidos na escala 1:200. Essas pranchas, datadas de 24 de janeiro de 1984, possuem, no carimbo, o logo do escritório Sérgio Bernardes Associados e são intituladas como "Estrutura, Ante-projeto". Já a terceira e última prancha refere-se à distribuição das ruas e equipamentos urbanos ao redor do Pavilhão, não sendo este, porém, ilustrado no desenho, ficando apenas um grande espaço elíptico vazio do qual se supõe ser ocupado pelo pavilhão. Também é importante frisar que o seu carimbo aponta se tratar de um projeto elaborado pela Secretaria de Obras Públicas do Estado da Guanabara e pelo correspondente Departamento de Parques, tendo como título apenas "Campo de São Cristóvão". A prancha é datada de 5 de março de 1965, sendo o desenho elaborado na escala 1:500 e de autoria de Mario de Alexandre Queiroz Ferreira.

As duas primeiras pranchas citadas também são ilustradas no catálogo-livro *Infinito vão: 90 anos de arquitetura brasileira,* sendo possível observar na prancha de elevações e cortes a proposta de incorporação de duas grandes torres centrais, formadas por cinco módulos estruturais e postadas no alinhamento das duas marquises originais de acesso ao pavilhão. Esses novos elementos, que ao fim não saíram do papel, possivelmente idealizados pelo escritório de Sérgio Bernardes para acolherem um sistema de iluminação, como se fora um grande estádio, parecem sugerir que, nesse momento, em 1984, a cobertura do referido edifício já não se faria mais presente. O fato é carente de outros documentos comprobatórios, não sendo, pela presente pesquisa e as demais citadas, devidamente equacionado e esclarecido. Ou seja, não se sabe o momento no qual a cobertura do Pavilhão de São Cristóvão foi definitivamente removida.[14]

As três citadas pranchas do Pavilhão de São Cristóvão, digitalizadas em alta resolução, permitiram que fosse realizado o redesenho do edifício por meio de modelos digitais em três dimensões, material essencial para elaboração da maquete física posteriormente executada, não sendo incorporadas, porém, as torres de iluminação, por não se tratar de elementos originais do projeto.

Nesse sentido e aprofundando-se sobre as características compositivas desse exemplar, o capítulo seguinte apresentará uma síntese arquitetônica descritiva, trabalho realizado pelo cruzamento das distintas fontes e ficando para o capítulo subsequente e final a ordenação cronológica dos fatos que envolveram a sua constituição, processo levado a cabo com o cruzamento dos fatos presentes na tese da pesquisadora Ana Luiza Nobre e pela descrição realizada pelos citados pesquisadores João Perdigão e Euler Corradi.

O Pavilhão da Feira Internacional da Indústria e Comércio em São Cristóvão

O Pavilhão da Exposição Internacional da Indústria e Comércio, implantado em grande terreno de forma ovalar de mais de 120 mil metros quadrados, no centro geográfico do bairro de São Cristóvão, Rio de Janeiro, edifício idealizado pela equipe de Sérgio Bernardes e novamente com a parceria do engenheiro Paulo Fragoso, erguido provavelmente entre início de 1958 e dezembro de 1960, após muitos contratempos, é considerado – com seus outros dois efêmeros predecessores, Volta Redonda e o Pavilhão de Bruxelas – como um edifício de grande expressão e apuro técnico. Carregado de experimentações e de grande inventividade, ainda que detentor de certa simplicidade formal, encerra essa profícua e premiada fase da carreira de Sérgio Bernardes.

Diferentemente dos seus pares, entretanto, o Pavilhão da Feira Internacional da Indústria e Comércio, ainda que esteja parcialmente descaracterizado pela ausência de sua cobertura paraboloide hiperbólica, destruída, segundo definido na tese de Ana Luiza Nobre, por um incêndio,[15] é o único que sobreviveu ao desmonte integral ou quase que completo após o término do certame para o qual havia sido originalmente idealizado, ganhando nesse sentido grande relevância.

Sendo de longe, dentre os três pavilhões citados, o de maior envergadura, com aproximadamente 30 mil metros quadrados de área total e 28 mil metros quadrados de cobertura – na época considerada a maior cobertura no mundo sem apoios intermediários –, é um edifício caracterizado por uma geometria anelar formada pela junção de dois pares de segmentos elípticos espelhados, totalizando 250 metros de comprimento e 165 metros de largura. Em sua porção central, seu perímetro é conformado por 52 pilares de concreto armado de formato trapezoidal invertido, com alturas variando entre aproximadamente 30 e 13,5 metros, com bases de 1 metro de comprimento e topos inclinados, sentido

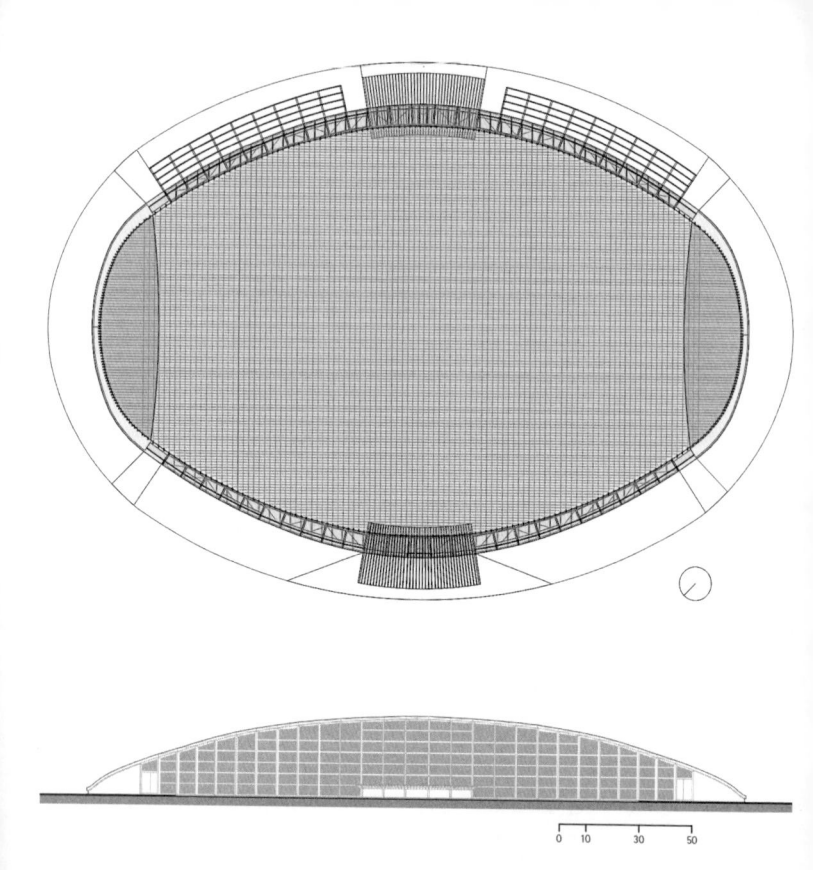

Pavilhão de São Cristóvão, planta e elevação, Rio de Janeiro RJ, 1957-1960. Redesenho Fausto Sombra

ao centro do pavilhão, atingindo até 8 metros em sua maior porção. Esses apoios são distribuídos em dois conjuntos de 26 pilares, definindo um total de cinquenta pórticos que se conectam nas extremidades do pavilhão por meio de espessas e contínuas paredes que variam entre 13,5 e 2 metros de altura, fechando e determinando, assim, o espaço expositivo do prédio.

Contraventando os pilares trapezoidais, ou seja, posicionadas entre os pórticos supracitados, encontram-se um total de até seis linhas de delgadas lajes horizontais de concreto armado, posicionadas a cada quatro metros de altura, que também acolhem e estruturam os blocos cerâmicos assentados de forma intercalada e com certo afastamento entre si, contribuindo dessa forma à caracterização das fachadas do edifício e permitindo tanto a troca contínua de ar no seu interior como a entrada de luz natural filtrada durante o dia.

Pavilhão de São Cristóvão, feira no interior do edifício sem cobertura, Rio de Janeiro RJ, 1957-1960. Foto Fausto Sombra

Esse sistema é coroado por uma viga de 90 centímetros de altura, composta internamente por dois grupos de 48 pequenas vigas transversais cada, remetendo à forma de duas grandes grelhas paralelas, de suave curvatura e concorrentes ao comprimento da cobertura. Esta última, por sua vez, apresentou no mínimo duas aplicações distintas de materiais até a sua destruição e sua remoção definitiva, provavelmente em meados da década de 1980, mas, ao que tudo indica, mantendo o conceito original, ou seja, conformada por um conjunto de 106 cabos transversais, posicionados a cada dois metros ao longo do comprimento do edifício, e 148 cabos longitudinais dispostos a cada metro, conformação que gerava parábolas invertidas entre si, propiciando uma rica espacialidade interna de planos curvilíneos, com altura igual a 11 metros no centro do pavilhão e aproximadamente 4,7 metros de altura em suas extremidades. Sobre os cabos – referindo-se à segunda e definitiva versão da cobertura – estruturavam-se telhas trapezoidais de alumínio modelo Kingstrand, de 0,8 milímetros de espessura, com nove linhas de calhas longitudinais, responsáveis por conduzir a água das chuvas para as extremidades do pavilhão, locais onde originalmente se constituíam dois grandes espelhos d'água de aproximadamente 1.250 metros quadrados cada. Estes, tal como o tanque d'água concebido no Pavilhão de Bruxelas, além de serem responsáveis por receber a água das chuvas pela interrupção da cobertura nesses dois extremos do prédio, eram também responsáveis por abastecer o conjunto de bombas que lançavam água na cobertura, minimizando, dessa forma, o intenso calor carioca no interior do edifício, além de gerar, similarmente ao idealizado para o Pavilhão de Volta Redonda, o efeito fenomenológico de duas quedas d'água em ambas as extremidades internas do pavilhão.

De arranjo simples e inteligente, os acessos principais, ainda hoje, se dão pelas fachadas longitudinais Norte e Sul, marcadas e protegidas por duas marquises nervuradas de concreto armado de delgado desenho. Esses elementos

Fachada Norte (vista da Linha Vermelha) do Pavilhão da Feira Internacional da Indústria e Comércio, São Cristóvão, Rio de Janeiro RJ. Sérgio Bernardes, 1957-1960. Foto Fausto Sombra

Pavilhão de São Cristóvão, foto datada de 16 de outubro de 1960, Rio de Janeiro RJ. Foto Tania Bueno. Acervo Correio da Manhã / Arquivo Nacional

estruturam-se e posicionam-se nos cinco pórticos centrais, em cada uma das citadas fachadas, projetando-se para o exterior e interior do edifício como dois planos horizontais, elevados aproximadamente quatro metros do piso, e com aproximadamente 46 metros de comprimento e 22 metros de largura. Ambas as marquises se contrapõem aos pilares e blocos cerâmicos das fachadas em seu trecho de maior altura, gerando um dos poucos pontos de interrupção da longa fachada de suave desenho convexo.

Já as áreas de apoio e sanitários do pavilhão seriam restritas a dois blocos de 80 metros de comprimento cada, posicionados em cada um dos lados da marquise e fachada Sul, projetando-se uniformemente para fora do edifício em aproximadamente 10 metros. Ambos os blocos eram protegidos por coberturas inclinadas, de concreto armado, partindo do pavilhão, na altura de quatro metros, em direção ao solo, desenho sensível que minimizava a presença e a interferência destas no conjunto.[16] Além disso, o pavilhão contaria com mais quatro acessos de serviço, posicionados no encontro entre os pórticos das fachadas e as espessas e contínuas paredes que ocupam os extremos longitudinais do edifício, junto aos antigos espelhos d'água. Esses acessos secundários, ainda hoje existentes e utilizados como saídas de emergência, seriam guarnecidos por altas portas que permitiriam o acesso de equipamentos pesados ao interior do pavilhão, possibilitando a montagem de feiras de grande porte e exposições de elementos de maior envergadura.

Após inúmeros contratempos e cancelamentos do certame originalmente concebido pelos seus organizadores – o empresário Joaquim Rolla e o então presidente Juscelino Kubitschek, que até 1960 se desdobrava buscando concluir as obras da nova capital –, o Pavilhão de São Cristóvão receberia a sua grande exposição, de cunho verdadeiramente internacional, apenas no dia 3 de maio de 1962 com a abertura da Exposição Soviética. Essa grande mostra, que teve duração de trinta dias, acabou sendo alvo de um atentando à bomba

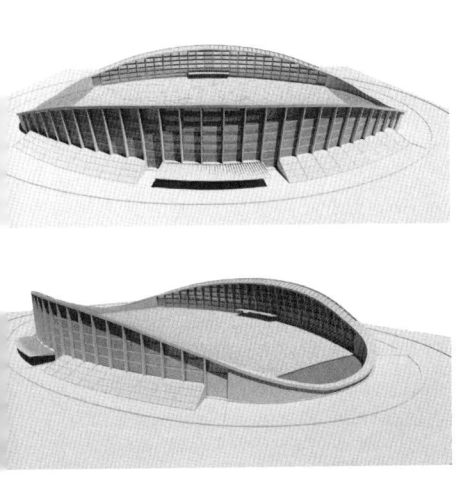

Pavilhão de São Cristóvão, perspectivas em modelo 3D, Rio de Janeiro RJ, 1957-1960. Desenhos Fausto Sombra

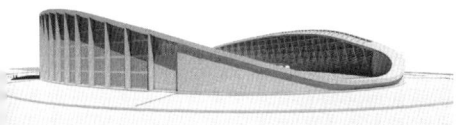

Pavilhão de São Cristóvão, fotografia datada de 5 de novembro de 1971, Rio de Janeiro RJ. Foto Adalberto Diniz. Acervo Correio da Manhã / Arquivo Nacional

malsucedido, envolvendo novamente a disputa ideológica entre Estados Unidos e a ex-União Soviética, momento de grande polarização política mundial, inclusive no Brasil, que apenas dois anos depois seria utilizado como subterfúgio para a tomada do poder pelos militares em 1º de maio de 1964.

O referido pavilhão, que desde 2003 abriga o Centro Municipal Luiz Gonzaga de Tradições Nordestina – todavia sem mais desfrutar de sua ousada cobertura –, é testemunho dos esforços empreendidos por seus idealizadores e do olhar inovador que caracteriza a obra de Sérgio Bernardes. Ainda hoje sofrendo com a falta de manutenção adequada por parte dos Estado e de seus administradores, revisitar este paradigmático exemplar é uma oportunidade de zelar pela sua própria existência e por sua representatividade histórica no contexto do imaginário carioca.

Sobre a cronologia dos fatos

Tema pouco retratado nos artigos e textos referentes ao projeto do Pavilhão de São Cristóvão, o mineiro Joaquim Rolla – homem de negócios e empreendedor por trás da viabilização desse edifício no antigo Campo de São Cristóvão – é figura central da obra biográfica dos pesquisadores João Perdigão e Euler Corradi. Publicado em 2012, o livro leva o título de *O Rei da roleta, a incrível vida de Joaquim Rolla, o homem que inventou o Cassino da Urca e transformou a história do entretenimento no Brasil*.

Tropeiro nascido no distrito de Dom Silvério, cidade do interior mineiro, seu tino comercial e capacidade de liderança o levariam a conduzir, a pedido do então governador Antônio Carlos Ribeiro de Andrada, uma tropa de soldados a favor do vitorioso golpe que garantiu a condução de Getúlio Vargas ao poder em 1930. Dois anos depois, ao lado do ex-presidente Artur Bernardes, Joaquim Rolla apoiaria os paulistas na Revolução Constitucionalista de 1932, fato que o levou a ser preso e quase fuzilado.[17] Passado o seu envolvimento político nesse início da década de 1930, Rolla concentraria os seus esforços no que seria uma das atividades que mais o caracterizaria: os cassinos. Por meio de um grupo de empresários foi responsável pela abertura de diversas casas de jogos em distintas localidades, desde Belo Horizonte, Pampulha, Niterói, Araxá, Poços de Caldas, Lambari e Petrópolis, momento em que se relacionou com figuras como Assis Chateaubriand, Carmem Miranda e Grande Otelo. Essa fase se estendeu até o ano de 1946, com a proibição, por parte do então presidente Eurico Gaspar Dutra, dos cassinos no país e com o fechamento do seu cassino mais importante, o cassino-hotel Quitandinha, na cidade de Petrópolis, Rio de Janeiro.

A partir desse momento, Joaquim Rolla, já reconhecido como importante figura vinculada ao entretenimento e ao turismo, passou a investir na construção civil, encomendando ao arquiteto Oscar Niemeyer, em 1952, o projeto de um grande edifício de apartamentos a ser erguido na capital mineira: o Edifício JK, composto por duas torres de 23 e 36 andares, totalizando 1.086 apartamentos, atualmente acolhendo cinco mil moradores.[18]

Cinco anos depois, em 1957, Joaquim Rolla aventurou-se novamente na construção civil, encomendando a Sérgio Bernardes, em momento não precisamente esclarecido, o projeto do Pavilhão de São Cristóvão. Essa história, que ganha diversos detalhes na citada biografia de Rolla, passou a ser relatada por Perdigão e Corradi a partir do capítulo "A mão de Deus atrasou".[19] Esse título, que se refere aos diversos atrasos relacionados à conclusão do Pavilhão de São Cristóvão, trata-se de uma analogia à suposta menção de Sérgio Bernardes sobre quando o arquiteto carioca, "questionado do inovador teto" projetado para o Pavilhão do Brasil em Bruxelas, respondeu tratar-se da "mão de Deus pousada sobre o Brasil".[20] O livro, que nesse momento justifica a escolha de Sérgio Bernardes como o profissional adequado para a elaboração do projeto de São Cristóvão, parece equivocar-se na ordem dos fatos, pois, segundo a presente pesquisa pôde averiguar, a contratação de ambos os projetos poderia ter ocorrido de forma quase simultânea, ou seja, não seria o sucesso do pavilhão brasileiro em Bruxelas – que teria as suas portas abertas apenas em maio de 1958 – que garantiria a contratação de Bernardes para o Pavilhão de São Cristóvão. Na realidade, por meio de artigo do jornal *O Estado de S. Paulo*, já transcrito no capítulo anterior, de 7 de março de 1957, com o título "Participará o Brasil da Feira de Bruxelas" – ao que tudo indica pela primeira vez – informa-se oficialmente o encargo do Pavilhão do Brasil em Bruxelas ao arquiteto Sérgio Bernardes. Ainda no fim desse breve artigo, o texto ressaltará:

> Rio, 6 ("Estado" – Pelo telefone)
> [...] O Projeto do pavilhão brasileiro será apresentado brevemente pelo arquiteto Sérgio Bernardes, autor do projeto nacional de Indústria e Comércio, a realizar-se nesta Capital, no decorrer deste ano.[21]

Ao que parece, o artigo, que tem origem no Rio de Janeiro, tal como destacado acima, refere-se ao projeto do Pavilhão de São Cristóvão, também conhecido como da Indústria e Comércio. Outro ponto que também parece contribuir para essa hipótese são as generosas dimensões do Pavilhão de São Cristóvão e a primeira data prevista para a sua abertura, o dia 7 de setembro de 1959. Essa data, que é apontada pelos pesquisadores Perdigão e Corradi ainda no início do referido capítulo,[22] é comprovada por artigo publicado no mesmo jornal o *Estado de S. Paulo*, de 26 de março de 1959 com o título "400 firmas nacionais e 60 do exterior na 1ª Exposição Internacional do Rio":

> A atenção geral dos círculos industriais e comerciais de São Paulo volta-se para a 1ª Exposição Internacional de Indústria e Comércio, a ser inaugurada a 7 de

setembro próximo, no Campo de São Cristóvão, no Rio de Janeiro.[23]

Nesse sentido, e adotando março de 1957 como início do processo de idealização do Pavilhão de São Cristóvão até 7 de setembro de 1959, dia previsto para a sua inauguração, tem-se um pouco mais de dois anos para se construir o edifício com a maior cobertura sem apoios intermediários no mundo, além de haver tempo necessário para promover os diversos convites e trâmites junto às empresas e às nações interessadas, fator relevante para se garantir o sucesso do certame planejado.

Publicidade da Exposição Internacional de Indústria e Comércio, publicada no jornal *Diário Carioca* em 21 de dezembro de 1957. Hemeroteca Digital Brasileira / Fundação Biblioteca Nacional

Publicidade da Exposição Internacional de Indústria e Comércio, publicada no jornal carioca *Correio da Manhã* em 3 de dezembro de 1957. Hemeroteca Digital Brasileira / Fundação Biblioteca Nacional

Ainda sobre o livro acerca de Joaquim Rolla, seus autores, após mencionado o prazo de abertura do pavilhão – ao mesmo tempo em que incluem, em seu relato o nome de diversas figuras, como o engenheiro José Linhares, amigo de Rolla, e o general Olympio Mourão, nomeado por Juscelino Kubitscheck para fiscalizar o andamento das obras[24] –, é nesse ponto que se iniciam os relatos dos problemas envolvidos com a primeira cobertura idealizada para o edifício. Segundo Perdigão e Corradi, o sistema norte-americano de cobertura sugerido por Bernardes, um tipo de plástico estruturado sobre a malha de cabos, seria um material que exigia técnicos habilitados e treinamento adequado, condições não encontradas aqui no Brasil naquele momento. O resultado após a cobertura estar praticamente concluída, segundo ainda os autores do livro, seria que durante um temporal "o vento provocou o desabamento do teto".[25]

Publicidades da inauguração da Exposição Internacional de Indústria e Comércio, publicadas no jornal carioca *Correio da Manhã* em 15 e 30 de novembro de 1960. Hemeroteca Digital Brasileira / Fundação Biblioteca Nacional

Publicidade da Exposição Internacional de Indústria e Comércio, publicada no jornal paulista *Correio Paulistano* em 12 de agosto de 1958. Hemeroteca Digital Brasileira / Fundação Biblioteca Nacional

Relato diferente é encontrado na tese da pesquisadora Ana Luiza Nobre, pois sobre os painéis ou "placas de plástico translúcido responsável pelo sistema de vedação original",²⁶ a autora descreve que "pouco depois de finalizada a obra, verificou-se a perda de resistência, sob a ação do sol",²⁷ não chegando a mencionar nada sobre um suposto vendaval. A autora também não chega a mencionar nada acerca do sistema de painéis pertencer a uma empresa norte-americana, deixando apenas para as fotos presentes na parte final do trabalho a ideia de que as telhas plásticas teriam sido fornecidas pelo fabricante de nome Goyana.²⁸

Perdigão e Corradi relatam uma história distinta, mais longa e detalhada, afirmando que o sistema norte-americano teria sido adquirido por uma segunda vez, mas que por problemas financeiros da referida empresa – que se descobriu estar "à beira da falência"²⁹ – o pedido, após longos seis meses, acabou sendo cancelado. Nesse momento, adotou-se o sistema do fabricante nacional de nome Goyana. Esta, por sua vez, após elaboração dos devidos testes e após a averiguação de sua aplicabilidade, acabaria entregando um produto que não correspondia tecnicamente ao contratado e por esse motivo Rolla "partiu para a justiça, devolvendo todo o material".[30]

Durante esse processo, mais precisamente após a queda da suposta cobertura norte-americana – fato que teria gerado um forte desentendimento entre Joaquim e Sérgio Bernardes[31] – ambos os autores ainda revelariam que Rolla, desesperado pelos sucessivos atrasos e cancelamentos do certame, chegou a aventar a possibilidade de se cobrir com lona o Pavilhão de São Cristóvão.[32] Essa afirmação, assim, como todas as demais relatadas nesse capítulo do livro, não têm fontes ou datas que permitam atestar a sua veracidade. Entretanto, uma pequena nota na revista *Manchete* n. 407, datada de 6 de fevereiro de1960, sugere que Perdigão e Corradi, nesse ponto, estariam corretos:

Publicidade das chapas trapezoidais de alumínio Albra usadas no Pavilhão de São Cristóvão publicada na revista carioca *Módulo*, n. 23, em junho de 1961. Acervo Romano Guerra Editora

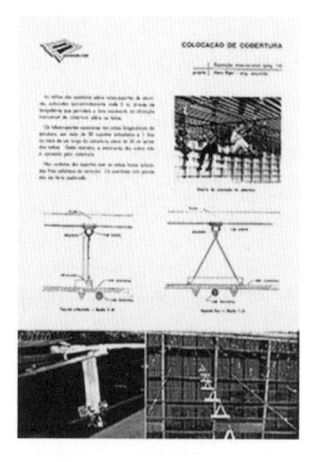

Matéria técnica sobre a colocação da cobertura do Pavilhão de São Cristóvão, projeto do engenheiro arquiteto Hans Eger, publicada na revista *Acrópole*, n. 265, em novembro de 1960. Acervo Biblioteca FAU Mackenzie

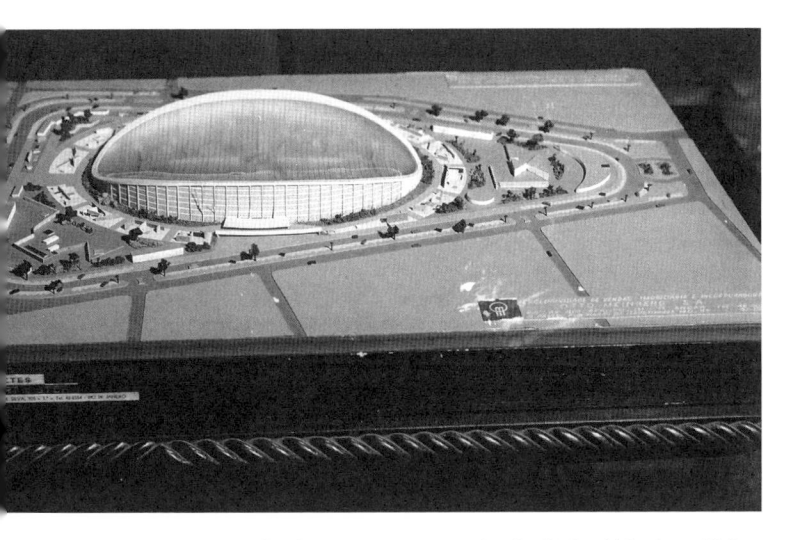

Pavilhão de São Cristóvão, maquete, Rio de Janeiro RJ, agosto de 1960.

Arquivo Nacional / Fundação Biblioteca Nacional

> Uma vez constatado que será impossível o funcionamento da cobertura plástica projetada por Sérgio Bernardes para o Pavilhão da Exposição Internacional de Indústria e Comércio do Rio de Janeiro, o concessionário, Sr. Joaquim Rolla, desejando inaugurar a feira até maio de 60, está pensando numa cobertura provisória. Se for usada lona, terá a mesma duração de dois anos e custará mais de 30 milhões de cruzeiros.[33]

Sendo, ao que parece, necessário mais pesquisas e documentos que comprovem uma ou outra versão acerca do que realmente teria sido a primeira cobertura, de origem norte-americana ou Goyana, ambos os discursos acabam convergindo para a adoção da cobertura final, a de alumínio. Essa, conforme já brevemente mencionado no subcapítulo anterior, definida por telhas trapezoidais de alumínio de 0,8 milímetros de espessura e com sistema de fixação e calhas desenvolvido pelo engenheiro de origem austríaca Hans Eger, o mesmo profissional responsável pelo projeto da geodésica idealizado por David Libeskind para o Conjunto Nacional em 1955.

A publicação do projeto na revista especializada *Acrópole* – n. 265, de novembro de 1960 –, parece sugerir que um suposto desentendimento na relação de Sérgio Bernardes com Joaquim Rolla – tal como relatado por Perdigão e Corradi em seu livro – se realmente chegou a ocorrer, parece que naquele momento da conclusão da obra teria sido um processo superado. De fato, o relato descrito pela pesquisadora Ana Luiza Nobre diverge da ideia de que Sérgio supostamente teria se afastado do projeto após os problemas ocorridos com o sistema originalmente idealizado para a cobertura do pavilhão e, consequentemente, criando um desconforto

Matéria "Um país num pavilhão" por ocasião da inauguração do Pavilhão de São Cristóvão, publicado na revista *Manchete*, n. 455, em 7 de janeiro de 1961. Acervo Fausto Sombra

Matéria "Exposição Soviética no Rio", sobre mostra no Pavilhão de São Cristóvão, publicada na revista *Manchete*, n. 525, em 12 de maio de 1962. Acervo Fausto Sombra

Funcionários da Limpeza Urbana do Rio de Janeiro capinam terreno ao lado do Pavilhão de São Cristóvão. Foto publicada no jornal carioca *Correio da Manhã*, no dia 4 de maio de 1966, na coluna Gerico. Acervo Correio da Manhã / Arquivo Nacional

na relação com Joaquim Rolla, pois a própria pesquisadora afirma que "Edger estudou, em conjunto com Bernardes, uma solução específica para a cobertura do Pavilhão de São Cristóvão",[34] ou seja, sugerindo que o arquiteto teria se mantido no processo até o fim.

Frisa-se, entretanto, e sem sombra de dúvidas, que a ambiência interna proporcionada pelas telhas de alumínio é completamente distinta da luz filtrada proporcionada pelas telhas translúcidas originalmente idealizadas, tal qual Frei Otto lograria anos mais tarde, já no início da década de 1970, para o Estádio de Munique. Ainda assim, mesmo com a desistência de inúmeras empresas estrangeiras e nações, a Feira ou Exposição Internacional da Indústria e Comércio, segundo números que indicam a receptividade positiva do público apresentados em artigos da época, chegou a atingir 100 mil visitantes apenas no primeiro sábado.

Passado mais de um ano, a representatividade estrangeira esperada na Feira Internacional da Indústria e Comércio se deu com grande expressividade por meio da Exposição Soviética, evento que teve grande exposição nos meios de comunicação, tanto pela curiosidade diante dos equipamentos aeroespaciais expostos, quanto pela presença da própria ex-União Soviética no país.[35]

Obra emblemática que compõe e fecha essa tríade projetual do arquiteto Sérgio Bernardes, momento de intensa produção profissional, conserva, como já salientado, grande parentesco com o pavilhão norte-americano erguido em Raleigh, na Carolina do Norte, obra do arquiteto Matthew Nowicki. Entretanto, um olhar mais atento aos detalhes do Pavilhão de São Cristóvão sugere um grande esforço por parte do arquiteto carioca em adaptar formas, técnicas, clima e orçamento à realidade nacional, buscando sempre contextualizar e criar um estreito diálogo entre a obra e o local para a qual foi concebida.

Notas

1. Por vezes, em artigos e textos, o pavilhão é retratado com o nome "Pavilhão da Exposição Internacional de Comércio e Indústria", sendo no presente trabalho adotado o nome "Pavilhão da Feira Internacional da Indústria e Comércio", título também presente em algumas publicações.
2. ANELLI, Renato. *Architettura contemporanea: Brasile*, p. 22-23.
3. SERAPIÃO, Fernando. Escola carioca: arquitetura moderna no Rio de Janeiro, p. 132. Além do Pavilhão de São Cristóvão, a edição traz foto do Edifício Justus Wallerstein, de 1953, na p. 117.
4. SERAPIÃO, Fernando; WISNIK, Guilherme (Org.). *Infinito vão: 90 anos de arquitetura brasileira*, p. 92-95.
5. Dessas imagens, a mais célebre é a foto aérea do edifício recém-inaugurado, de autoria do fotógrafo Celso Brando, que explicou em depoimento as circunstâncias do registro. Segundo Brando, ao realizar outro trabalho, o helicóptero passou sobre o pavilhão e ele tirou a foto no improviso. Uma grande sorte, considerando a trajetória dessa imagem, também publicada nesse livro. BRANDO, Celso Omena. Depoimento a Fausto Sombra. Rio de Janeiro, telefonema e mensagem eletrônica, 27 jun. 2019.
6. NOBRE, Ana Luiza. *Fios cortantes: projeto e produto, arquitetura e design no Rio de Janeiro (1950-70)*, p. 146-154. Cabe destacar também que a mesma pesquisadora seria responsável, em 2010, pela concepção e roteiro do curta *Entre Morros e Mares*, documentário que aborda projetos de infraestrutura, equipamentos e relevantes edifícios erguidos no Rio no início e em meados do século passado, como o MAM-RJ, o Edifício Avenida Central e o Pavilhão de São Cristóvão. Em breve depoimento, o engenheiro Carlos Alberto Fragelli, que foi colaborador do engenheiro Paulo Fragoso, sintetiza a concepção estrutural da cobertura do pavilhão. *Entre Morros e Mares*, documentário curta-metragem, 24'25", Rio de Janeiro, 2011. Concepção e roteiro Ana Luiza Nobre. Direção e fotografia Tiago Rios. Produção Leticia Pires. Realização PUC-Rio e Faperj <https://bit.ly/3xDqrTB>.
7. É importante afirmar a precedência da monografia de João Pedro Backhauser, *A obra de Sérgio Bernardes*, ao atribuir corretamente o nome Goyana às telhas que cobrem o Pavilhão de São Cristóvão.
8. Além da importância de seu livro para essa pesquisa, João Perdigão também colaborou com um depoimento. PERDIGÃO, João. Depoimento a Fausto Sombra. Belo Horizonte, mensagem eletrônica, 10 abr. 2019.

9. NOBRE, Ana Luiza. *Fios cortantes: projeto e produto, arquitetura e design no Rio de Janeiro (1950-70)* (op. cit.), p. 148, nota 113.
10. Idem, ibidem, p. 148, nota 113.
11. MATINELLI, Dante A. O.; SILVA, Dauro Ribeiro da. Relatório LE/EXT-70/74 de verificação da cobertura pênsil do Pavilhão de São Cristóvão, out. 1973, jul. 1974, p. 24-25.
12. REDAÇÃO. Desenhada contra o céu carioca uma prodigiosa teia de aranha, p. 74-75.
13. Idem, ibidem, p. 76.
14. Em visita realizada ao Pavilhão São Cristóvão, em fevereiro de 2020, um frequentador local afirmou ter visto o momento no qual a cobertura do edifício entrou em colapso durante um forte vendaval, momento de grande estrondo. Segundo a testemunha, que trabalhou na sede carioca do SBT, emissora que ainda hoje mantém estrutura na rua General José Cristino, n. 40, em frente ao pavilhão, disse não se recordar precisamente da data, estimando apenas que o incidente se deu entre meados da década de 1980 e início de 1990. A testemunha afirmou ainda que nessa ocasião o pavilhão já estava desativado há algum tempo.
15. NOBRE, Ana Luiza. *Fios cortantes: projeto e produto, arquitetura e design no Rio de Janeiro (1950-70)* (op. cit.), p. 149.
16. Acredita-se que no sentido de atender às normas e às legislações vigentes, em função do grande número de visitantes da Feira Nordestina, que atualmente ocupa o referido pavilhão, inclusive com local apropriado para realização de shows de médio porte, o número de sanitários e de áreas de apoio foi duplicado por meio da criação de dois novos blocos, similares aos originais, porém com coberturas horizontais, e posicionados no lado oposto do pavilhão, ao lado da marquise Norte.
17. ALMEIDA, Marco Rodrigo. O dono da festa: o rei da roleta narra trajetória do mineiro Joaquim Rolla, que reformulou o Cassino da Urca, no Rio.
18. Ver: BRASIL, Billy. Joaquim Rolla (verbete).
19. PERDIGÃO, João; CORRADI, Euler. *O rei da roleta, a incrível história de Joaquim Rolla, o homem que inventou o Cassino da Urca e transformou a história do entretenimento no Brasil*, p. 392.
20. Idem, ibidem, p. 392.
21. REDAÇÃO. Participará o Brasil na Feira internacional de Bruxelas.
22. PERDIGÃO, João; CORRADI, Euler. Op. cit., p. 393.

23. REDAÇÃO. 400 firmas nacionais e 60 do exterior na 1ª Exposição Internacional do Rio. Ver também: REDAÇÃO. Exposição internacional de indústria e comércio da cidade do Rio de Janeiro.
24. PERDIGÃO, João; CORRADI, Euler. Op. cit., p. 393.
25. Idem, ibidem, p. 393.
26. NOBRE, Ana Luiza. *Fios cortantes: projeto e produto, arquitetura e design no Rio de Janeiro (1950-70)* (op. cit.), p. 147.
27. Idem, ibidem, p. 147.
28. Idem, ibidem, p. 299.
29. PERDIGÃO, João; CORRADI, Euler. Op. cit., p. 394.
30. Idem, ibidem, p. 394.
31. Idem, ibidem.
32. Idem, ibidem.
33. REDAÇÃO. Posto de escuta.
34. NOBRE, Ana Luiza. *Fios cortantes: projeto e produto, arquitetura e design no Rio de Janeiro (1950-70)* (op. cit.), p. 148.
35. Os principais órgãos de imprensa do Rio de Janeiro e São Paulo noticiaram o evento: REDAÇÃO. Exposição Soviética no Rio (revista *Manchete*); REDAÇÃO. Notícias dos Estados: será aberta dia 3 a amostra soviética (*Folha de S.Paulo*); REDAÇÃO. Menezes Cortês atribui objetivos políticos à exposição soviética (*O Estado de S. Paulo*); REDAÇÃO. Inaugurada ontem a exposição Russa no Rio; Lacerda falou (*O Estado de S. Paulo*); REDAÇÃO. Exposição soviética vai mostrar trajes espaciais de Yuri Gagárin e Titov (*Jornal do Brasil*).

Epílogo
A oscilação entre a fama e o ostracismo

Ao longo desse livro se buscou trazer à tona uma pequena parte da vasta obra realizada pelo arquiteto carioca Sérgio Wladimir Bernardes.

Figura de grande carisma para aqueles que o conheceram e tiveram a oportunidade de conviver, dedicou quase que sete décadas de sua vida à prática arquitetônica, urbanismo, design, ensino, política e outras tantas ações relacionadas ao saber e ao meio cultural.

Profissional que mostrou habilidades desde muito jovem, como o bom trato com a madeira, e detentor de uma criatividade e sensibilidade aguçada, inquieto, começou a trabalhar ainda adolescente, estagiando com o seu tio, o já então reconhecido arquiteto Paulo de Camargo e Almeida, fato comprovado por meio da revista *Manchete*, informação relevante até o momento, desconhecida por grande parte dos pesquisadores.

Aliás, a recente e completa digitalização do acervo desse importante semanário, a revista *Manchete* – de grande circulação no país durante muitos anos, mais precisamente entre os anos 1952 e 2007 – e a sua disponibilização por meio da Hemeroteca Digital, veículo vinculado à Biblioteca Nacional Digital, proporcionou acesso a informações e ações do arquiteto carioca anteriormente pouco – ou mesmo inteiramente – desconhecidas, corroborando e reforçando diversos relatos – inclusive em bom número observado no documentário *Bernardes*, de 2014 –, com relação ao elevado grau de prestígio que Sérgio Bernardes desfrutou, principalmente durante as décadas de 1950 a 1970.

Ao longo do presente trabalho, diversas reportagens do referido semanário possibilitaram adequadamente ilustrar os distintos temas relacionados às ações deste profissional, cuja real extensão da obra ainda é uma incógnita para historiografia, mesmo para os pesquisadores que se propuseram a estudar a sua extensa produção teórica e projetual.

Por meio ainda de suas páginas iniciais e com base em reconhecida bibliografia acerca da conformação do movimento moderno brasileiro, procurou-se ratificar a participação de Sérgio Bernardes nesse meio, cujo pensamento norteador certamente provém dos conceitos e valores desenvolvidos pelo arquiteto Lúcio Costa ainda no início da década de 1930. Seus ideais, desenvolvidos sobre um estreito diálogo com o entorno edificado, topografia, natureza e o resgate de elementos tradicionais que compõem e em parte definem a arquitetura colonial brasileira, foram assimilados brilhantemente por Bernardes ao longo dos primeiros anos de sua atuação profissional, sendo constantemente aprimorado e desenvolvido por meio da incontável diversidade de programas e projetos, os quais o arquiteto carioca, em parceria com inúmeros e destacados colaboradores, participou.

Dentro desse universo de pesquisa, o arquivista chefe do Núcleo de Pesquisa e Documentação – NPD, da FAU UFRJ, João Claudio Parucher da Silva, falecido em 2021 e aqui homenageado, apresentou no segundo semestre de 2019 dados comprobatórios que ilustram a grande procura por parte dos pesquisadores sobre informações, documentos e projetos concebidos pelo arquiteto Sérgio Bernardes, números que ratificam o esforço crescente de inúmeros profissionais – ainda que, em números absolutos, reduzido – empenhados na difusão e compartilhamento das ideias e postulados desse profissional.

Nesse sentido, o papel do NPD pode ser considerado de suma importância, pois graças a este acervo, a obra de Sérgio Bernardes, pouco a pouco, vem ganhando o devido espaço nos principais núcleos de pesquisa do país, passando a ser cada vez mais, e gradativamente, tema de artigos em congressos e encontros de arquitetura e urbanismo.

De importância similar são ações do Projeto Memória, mantido pelo escritório Bernardes Arquitetura – por meio do neto de Sérgio, o arquiteto Thiago Bernardes e seus sócios – tendo como representante principal Kykah Bernardes, última esposa e uma das detentoras dos diretos do espólio do arquiteto. Seus constantes e crescentes esforços remontam a meados da década de 1990, momento no qual – com Sérgio Bernardes ainda vivo – se dedicou na busca por uma instituição adequada que pudesse acolher a infinidade de documentos, planos, relatórios, fotos e outros materiais produzidos pelo arquiteto e seus inúmeros colaboradores durante muitos anos, inclusive por meio do Laboratório de Investigações Conceituais – LIC, entidade sem fins lucrativos inserida dentro da estrutura do escritório SBA.

Esse relevante tema, sem dúvida merecedor de análises mais aprofundadas, é no presente trabalho apenas relacionado dentro de uma vasta gama de ações do arquiteto Sérgio Bernardes, sendo estas agrupadas no subcapítulo final do Capítulo 1 no sentido de dar visibilidade ao leitor acerca de sua amplitude. Definida como "O universos de Sérgio Bernardes: sobrevoo sobre a vida e a obra" esse olhar mais horizontal – que pode também ser conferido na tese de Alexandre Bahia Vanderlei – permite localizar e posicionar a constituição dos três pavilhões ora estudados dentro do conjunto da obra do profissional, além de permitir relacionar elementos e ações projetuais entre os pavilhões e as demais citadas obras do arquiteto, construindo-se uma base de entendimento mais amplo e adequado que permita o leitor avançar para o cerne da pesquisa: o Pavilhão de Volta Redonda, 1954-1955; Pavilhão do Brasil em Bruxelas, 1957-1958; e o Pavilhão de São Cristóvão, 1957-1960.

Tríade projetual já brevemente analisada pelo paleontólogo francês Yves Bruand, em seu destacado livro *Arquitetura contemporânea no Brasil*, são os objetos que conformam a pergunta principal a ser respondida pelo presente trabalho – os três pavilhões de Sérgio Bernardes, concebidos e erguidos entre 1954 e 1960, apresentam os atributos mínimos necessários para serem definidos como exemplares de vanguarda da arquitetura moderna brasileira?

A vasta documentação – em grande medida primária – utilizada durante as análises e interpretações presentes nos três capítulos correspondentes a cada um dos distintos pavilhões têm como intuito ratificar a relevância de cada um dos referidos exemplares no meio arquitetônico moderno brasileiro e mesmo internacional, processo amparado sobre o entendimento do artefato arquitetônico e/ou artístico capaz de condensar e explicitar relações de programa, composição, técnica, materialidade, meio etc., bem como a materialização do seu próprio ímpeto criativo, vinculado aos aspectos do anseio coletivo em um determinado período.

Estabelecidos os objetos, procedimento e métodos de estudo – este último com base em reconhecidos estudiosos do meio arquitetônico e cultural – partiu-se para uma análise criteriosa e detalhada do conjunto das pranchas de projetos e demais documentos encontrados principalmente no NPD, no Rio, mas também em outros tantos acervos e instituições, permitindo criar um arcabouço de dados e informações que foram sendo paulatinamente compartilhadas e detalhadamente apresentadas ao leitor.

No decorrer desse processo, nota-se claramente certo desprendimento de Sérgio Bernardes por parte dos ideais e características definidoras da escola carioca, fato que já será apontado pelo falecido pesquisador Roberto Segre em seu artigo "Sérgio Bernardes (1919-2002). Entre o regionalismo e o high tech", publicado em 2002. Nesse momento, cabe aqui recordar, o autor posicionará Sérgio ao lado dos mestres Lúcio Costa e Oscar Niemeyer, afirmando, porém que Sérgio seria o único a apontar novos caminhos para uma nova safra de talentosos arquitetos brasileiros.

Dentre profissionais que reconhecem interessantes conceitos e atributos nas obras de Sérgio Bernardes, tendo-os como inspiração para seu trabalho, encontra-se Paulo Mendes da Rocha, que, como relatado, declarou ter se inspirado no projeto do premiado Pavilhão do Brasil em Bruxelas para conceber o seu também premiado projeto do Ginásio do Clube Atlético Paulistano.

Originário de sua experiência no Pavilhão de Volta Redonda, com sua cobertura catenária concebida pelos cinco cabos que cortavam o Córrego do Sapateiro no coração do Parque Ibirapuera, esse pequeno, efêmero e paradigmático edifício-ponte encabeça uma relação de projetos de Sérgio Bernardes que adota o cabo de aço como elemento chave, sendo esse tema oportunamente abordado pela pesquisadora Ana Luiza Nobre em sua tese, de 2008, momento no qual a pesquisadora carioca elencará uma lista de profissionais – em sua maioria estrangeiros – já então familiarizados à aplicabilidade desse material à construção.

Sob esse aspecto, sem dúvida que Sérgio Bernardes fazia parte de um seleto grupo de arquitetos e profissionais brasileiros que se arriscaram na adoção do aço como elemento estruturador de algum dos seus projetos, a começar por sua ainda tímida – comparada ao próprio Pavilhão de Volta Redonda –, porém essencial experiência na residência de Lota de Macedo Soares, quando lançou mão de vigas treliçadas executadas in loco, com o uso de vergalhões para estruturação dos grandes e pouco inclinados panos de cobertura.

É interessante notar nesse processo que mesmo concebendo os três pavilhões em um curto espaço de tempo, em um intervalo de cinco anos, Sérgio Bernardes optará por partidos arquitetônicos e soluções técnicas consideravelmente distintas em cada um dos pavilhões. De fato, é possível afirmar que o sistema elaborado para cada uma das distintas coberturas é único e idealizado precisamente para atender a clientes, usos e locais completamente díspares, ou seja, um pequeno edifício-ponte; um edifício de médio porte de caráter provisório e implantado em terreno de considerável declive; e um edifício de dimensões monumentais, de caráter permanente, a ser erguido em sítio de topografia praticamente plana. Essa simples análise reforça a ideia de que Sérgio Bernardes não se importava em rever e aprimorar constantemente as soluções técnicas concebidas em seus projetos, comportamento que o levou a conceber,

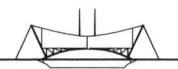

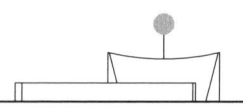

Comparação de escala entre o Pavilhão de Volta Redonda, o Pavilhão do Brasil em Bruxelas e o Pavilhão de São Cristóvão, os três pavilhões de Sérgio Bernardes. Desenho Fausto Sombra

por ocasião da proposta de reconstrução do próprio Pavilhão de Volta Redonda, já no fim da década de 1990, um edifício consideravelmente distinto quando comparado ao original.

Tema merecedor de maiores e mais profundas pesquisas, tanto pela sua conexão com parte da conformação da jovem sociedade urbana e industrial brasileira, como pela relevância no meio arquitetônico nacional e internacional, os três pavilhões aqui retratados, concebidos e construídos conjuntamente a uma narrativa clara de seu idealizador – Sérgio Bernardes e sua reconhecida equipe de colaboradores – são objetos que detêm, segundo esse entendimento, elementos estruturadores comuns ao próprio conjunto da obra do arquiteto, sendo eles: a evolução e o aprimoramento gradual da técnica, o crescimento da complexidade por meio da experimentação, além do grande salto nas escalas projetuais adotadas. Essas qualidades, sintetizadas ao longo do presente texto e que serão reconhecíveis no desenvolvimento subsequente da obra do arquiteto a partir da década de 1960, principalmente com a fundação do LIC, momento no qual o seu escritório passou a trabalhar com escalas projetuais consideravelmente maiores e gradativamente mais complexas, levou Sérgio Bernardes a desenvolver, segundo muitos pesquisadores e críticos, projetos de difícil implementação ou mesmo utópicos. Entretanto, o destacado arquiteto carioca – visionário para outros tantos – não se deixou levar por tais questionamentos, posição que provavelmente o permitiu conceber os inventivos e premiados edifícios ao longo de sua extensa carreira.

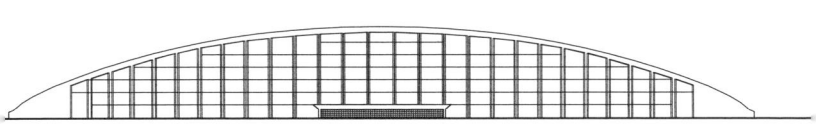

Nesse sentido e concluindo aqui estas ponderações, transcreve-se abaixo trecho da síntese definida pelo arquiteto espanhol Felix Candela, não acerca de Sérgio Bernardes, mas de seu contemporâneo, o arquiteto Frei Otto, pois as palavras que tão bem definiram a obra do premiado arquiteto alemão, reconhecida pelas belas e diversas coberturas retesadas por ele desenvolvidas, como a do Estádio Olímpico de Munique, de 1972, parecem se adequar perfeitamente ao trabalho realizado por Sérgio Bernardes nos bonitos exemplares por ele concebidos e aqui retratados:

> Em Frei Otto [ou Sérgio Bernardes] se reúnem de forma feliz várias qualidades excepcionais entre as quais cabe destacar a de ser um trabalhador infatigável, o que lhe possibilita enfrentar todas as dificuldades que surgem. Não poupa esforços para se aprofundar nos problemas e adquirir a experiência necessária em campos ainda não experimentados e para os quais não há precedentes.
>
> Seria interessante saber se o autocontrole, que reflete o contínuo aumento das dimensões, assim como as dificuldades das obras de acordo com sua ordem cronológica, é um objetivo deliberado ou uma consequência

imprevista causada por condicionantes circunstanciais. Pessoalmente, inclino-me para o primeiro, já que toda pessoa inteligente e de bom senso trabalha com cautela, começando suas experiências com obras pequenas, que constrói em escala 1:1, e vai aumentando a envergadura das obras, passo a passo, conforme os conhecimentos que adquire.[1]

Como defendido na Introdução do presente trabalho: "parece faltar muito para que Sérgio Bernardes retome seu lugar ao lado de Lúcio Costa e Oscar Niemeyer na história da arquitetura moderna brasileira. Talvez uma total recuperação seja historicamente inviável, mas aos poucos, gradativamente, o arquiteto passará a ocupar um lugar mais condizente com sua trajetória na constelação dos grandes arquitetos brasileiros".

Nota

1. CANDELA, Felix. Prólogo, s/p.

Caricatura de Sérgio Bernardes por APPE, publicada na revista *O Cruzeiro*, n. 53, Rio de Janeiro, 30 de setembro de 1967. Acervo Fausto Sombra

Posfácio
Meu amigo Sérgio Bernardes
Gustavo Penna

É próprio dos recém-formados quererem conhecer de perto seus ídolos.

Eu, com 23 anos, procurei o grande Sérgio Bernardes. Já conhecia quase toda a obra desse visionário brilhante. Li sobre suas ideias sempre grandiosas, seus sonhos, seus projetos. Fazia questão de acompanhar tudo o que ele criava.

Arranjei um caminho por meio de um amigo em comum, o Marco Aurélio Moreira Leite, que era um carioca típico, genial e divertidíssimo. Nosso encontro foi lá na Barra da Tijuca, na avenida Sernambetiba, no Laboratório de Investigações Conceituais – LIC, criado por ele nos anos 1970. O edifício curioso e solitário naquela praia maravilhosa era uma casa de três andares com aura de nave espacial. Cheguei na portaria e, perguntando pelo Sérgio, a secretária me apontou: "ele está no mar!".

Ao chegarmos na praia, ainda na areia, fui andando em direção daquele mar gigante, enquanto Sérgio saía da água acompanhado de um amigo. Ao nos ver, soltou logo uma gargalhada, emendando com a frase: "Estamos aqui furando a *Terceira Onda*". Fiquei imaginando que ali, em termos de Alvin Toffler, quantas milhares de ondas Sérgio foi capaz de furar.

Ao entrarmos na sua sala, ele se sentou na sua grande mesa de trabalho onde o mundo ficava pequeno. A gente conversou sobre uma infinidade de assuntos, como se já fôssemos amigos. Daquele espaço, era possível avistar o mar por todos os lados e também a equipe trabalhando dentro do escritório em desenhos, maquetes e protótipos. Tudo respirando possibilidade, liberdade de sonhar. Aquilo era mais uma invenção do Sérgio, na utopia de ajudar o mundo.

Ele lidava com questões do *perma-frost*, de morar no gelo das regiões do Ártico e da Antártida e pensava na vida da Amazônia, construções usando a convecção do ar e as árvores para conforto ambiental. Imaginava distribuir moradias no Rio de Janeiro, na cota 100 e articular, numa só via, todos os bairros com o mercado de mão de obra. Tudo sem ferir matas e a harmonia da natureza. Era uma usina de invenções.

E por conta de toda essa conexão com suas ideias, o convidamos várias vezes a Belo Horizonte. Ele sempre era o melhor motivo da festa. Numa dessas, para não deixá-lo no hotel, sugeri: "dorme com a gente lá em casa!". E assim, minha filha Laura, menininha ainda na época, cedeu sua pequena cama para o grande Sérgio Bernardes. Quem sabe hoje ela é arquiteta por essa influência onírica da presença do Sérgio na sua infância. Muitas vezes nos encontramos, inclusive com Kykah, em nosso sítio em Lagoa Santa, onde chegou a perder o voo de volta depois de se distrair com nossas conversas.

Sérgio Bernardes ultrapassa a questão do espaço arquitetônico para ser um grande inventor de tudo, sobretudo das relações humanas. Sabia, como ninguém, tratar gente simples, gente grande, alunos, jovens. Para todo mundo ele tinha uma vontade de ajudar, incorporar; guardava os nomes e guardava também as histórias de quem cruzava sua vida. E ele foi, para mim, esse coloquial pensador, que tinha como mérito maior falar de coisas extremamente profundas com linguagem muito simples e cativante.

A última vez que vi o Sérgio foi em uma palestra na PUC. Auditório lotado, mais de setecentas pessoas. Falou durante duas horas com um único slide na tela, a imagem do globo terrestre: todo mundo chorou. Foi um encontro emocionante e certamente faz parte da memória de quem viveu a experiência.

Agora, todas as vezes que eu vejo a imagem da Terra, me lembro do Sérgio Bernardes. Foi um homem que amou o planeta e demonstrou a dimensão do mundo nas suas ideias e ações. Sempre inventando, desde uma cadeira, um copo, uma estrutura espacial, extasiado com o reflexo da lua sobre a rocha molhada, o vento passando por dentro da casa, a ideia da não presença da arquitetura diluída no espaço.

Saudades de você, audaz pensador, piloto e designer, descobridor de maravilhas.

Um beijo do amigo,
Gustavo Penna

Bibliografia

Livros, artigos e trabalhos acadêmicos

ALMEIDA, Marcelo Jabor de Oliveira. *Vestígios de um futuro (ou o Hotel Tropical de Manaus de Sérgio Bernardes sob a óptica do redesenho)*. Orientadora Adriana Caúla. Trabalho de conclusão de curso. Niterói, UFF, 2020.

ALMEIDA, Marco Rodrigo. O dono da festa: o rei da roleta narra trajetória do mineiro Joaquim Rolla, que reformulou o Cassino da Urca, no Rio. *Folha de S.Paulo*, São Paulo, 20 fev. 2012 <https://bit.ly/3rBVhsi>.

ALMEIDA, Moracy Amaral e. *Pilon, Heep, Korngold e Palanti: edifício de escritórios (1930-1960)*. Orientadora Helena Aparecida Ayoub Silva. Dissertação de mestrado. São Paulo, FAU USP, 2015 <https://bityli.com/dAgtt>.

AMARAL, Aracy. *Artes plásticas na Semana de 1922*. São Paulo, Editora 34, 1998.

AMARANTE, Leonor. *As Bienais de São Paulo: 1951-1987*. São Paulo, Projeto, 1989.

AMORA, Ana Albano; COSTA, Renato da Gama-Rosa; MALAQUIAS, Thaysa. Sanatório de Curicica. Em perigo a obra exemplar do arquiteto Sérgio Bernardes. *Minha Cidade*, ano 15, n. 173.02, São Paulo, Vitruvius, dez. 2014 <https://bit.ly/38MUYUy>.

AMORA, Ana. Apresentação: muito além da arquitetura e urbanismo. *Cadernos Proarq*, n. 32, Rio de Janeiro, FAU UFRJ, jul. 2019, p. XIV-XVI <https://bit.ly/34IokBo>.

ANDRADE, Mário de. Brazil Builds. *Folha da Manhã*, São Paulo, 23 mar. 1944, p. 7 <https://bit.ly/340MyXb>.

ANELLI, Renato. *Architettura contemporanea: Brasile*. Milão, Motta Architettura, 2008.

ARAÚJO, Fábio Salgado. A Companhia Siderúrgica Nacional e as políticas sociais de lazer para os trabalhadores: os clubes sociorrecreativos. *Licere*, v. 18, n. 3, Belo Horizonte, set. 2015 <https://bit.ly/3uye1LI>.

ARRUDA, Maria Arminda do Nascimento. *Metrópole e cultura: São Paulo no meio século XX*. São Paulo, Edusp, 2015.

ARRUDA, Maria Arminda do Nascimento. *Metrópole e cultura: São Paulo no meio século XX*. Tese de livre-docência. São Paulo, FFLCH USP, 2001.

ARTIGAS, João Batista Vilanova. A Bienal é contra os artistas brasileiros. *Fundamentos*, n. 23, São Paulo, dez. 1951, p. 10 <https://bit.ly/3OedBRP>.

BACKHAUSER, João Pedro. *A obra de Sérgio Bernardes*. Monografia de especialização. Recife, Departamento de Arquitetura da UFPE, 1997.

BACKHEUSER, João Pedro. Estruturas que se lançam no espaço. In BERNARDES, Kykah; CAVALCANTI, Lauro (Org.). *Sérgio Bernardes* (op. cit.), p. 64-73.

BACKHEUSER, João Pedro. Sérgio Bernardes: sob o signo da aventura e do humanismo. *Projeto Design*, n. 270, São Paulo, ago. 2002, p. 24-26.

BARBOSA, Marcelo. *Adolph Franz Heep: um arquiteto moderno*. Orientador Abilio Guerra. Tese de doutorado. São Paulo, FAU Mackenzie, 2012.

BARBOSA, Marcelo. *Adolf Franz Heep: um arquiteto moderno*. São Paulo, Monolito, 2018.

BARONE, Ana Cláudia Castilho. *Ibirapuera: parque metropolitano (1926-1954)*. São Paulo, Intermeios/Fapesp, 2018.

BARONE, Ana Cláudia Castilho. *Ibirapuera: parque metropolitano (1926-1954)*. Orientadora Maria Ruth Amaral de Sampaio. Tese de doutorado. São Paulo, FAU USP, 2007 <https://bityli.com/AXMYP>.

BASTOS, Maria Alice Junqueira; ZEIN, Ruth Verde. *Brasil: arquiteturas após 1950*. São Paulo, Perspectiva, 2010.

BERG, Marly; VASCONCELOS, Lúcia; ARAÚJO, Celso Arnaldo. O que eles sonharam para os filhos. Para a escolha de uma profissão, a influência dos pais pode não ser um fator positivo. *Manchete*, n. 1583, Rio de Janeiro, 21 ago. 1982, p. 50-53 <https://bit.ly/38ZT4QH>.

BERGDOLL, Berry; COMAS, Carlos Eduardo; LIERNUR, José Francisco; REAL, Patricio del. *Latin America in Construction: 1955-1980*. Nova York, MoMA, 2015.

BERNARDES, Kykah; CAVALCANTI, Lauro (Org.). *Sérgio Bernardes*. Rio de Janeiro, Artviva, 2010.

BERNARDES, Kykah. Memória da arquitetura moderna brasileira: sobre a conservação dos acervos de Sérgio Bernardes e outros arquitetos cariocas. *Drops*, ano 19, n. 132.02, São Paulo, Vitruvius, set. 2018 <https://bit.ly/3LwOg63>.

BERNARDES, Sérgio. *Cidade: a sobrevivência do poder*. Rio de Janeiro, Guavira, 1975.

BERNARDES, Sérgio. Rio admirável mundo novo. *Manchete*, n. 678 (edição especial Rio do Futuro), Rio de Janeiro, 17 abr. 1965, p. 42-87.

BERNARDES, Sérgio. Sala Especial Sérgio Bernardes. *Acrópole*, n. 301, dez. 1963, p. 1

BERNARDES, Sérgio. Vanguarda: perspectiva e busca. *Revista Cultura*, n. 1, Rio de Janeiro, jan./fev. 1970, p. 30-31.

BIENAL DE SÃO PAULO. 7ª Bienal de São Paulo <https://bit.ly/3JUkF2q>.

BLOCH, Pedro. A humanização da arquitetura (entrevista com Sérgio Bernardes). *Manchete*, n. 584, Rio de Janeiro, 29 jun. 1963, p. 98-101 <https://bit.ly/383BfzS>.

BOABAID, Murillo. Pavilhões. In BERNARDES, Kykah; CAVALCANTI, Lauro (Org.). Sérgio Bernardes (op. cit.), p. 54-63.

BONDI, Mauro. Se o nosso Land Rover falasse: os primeiros automóveis que trabalharam na preservação do patrimônio em São Paulo. *Arquitextos*, ano 17, n. 193.08, São Paulo, Vitruvius, jun. 2016 <https://bit.ly/3xLYk4P>.

BOPP, Raul. *Movimentos modernistas no Brasil (1922-1928)*. Coleção Ensaios. Rio de Janeiro, Livraria São José, 1966.

BÓSCOLO, Ronaldo. Em Brasília, o aeroporto do século. *Manchete*, Rio de Janeiro, n. 428, 2 jul. 1960, p. 64-66 <https://bit.ly/38RoGYx>.

BRASIL, Billy. Joaquim Rolla (verbete). *Recanto das Letras*, Sorocaba, 22 mai. 2014 <https://bit.ly/3uzAVlv>.

BRITTO, Alfredo. Sérgio Bernardes e a invenção do espaço urbano. *Revista Urbana*, v. 1, n. 1, Rio de Janeiro, Instituto Light, 20 fev. 2005.

BRITTO, Alfredo. Sérgio Bernardes e o Rio. In BERNARDES, Kykah; CACALCANTI, Lauro (Org.). Op. cit., p. 130-139.

BRUAND, Yves. *Arquitetura contemporânea no Brasil*. São Paulo, Perspectiva, 2016.

BRUGNERA, Ana Carolina. *Meio ambiente cultural da Amazônia brasileira: dos modos de vida à moradia do caboclo ribeirinho*. Orientador Abilio Guerra. Dissertação de mestrado. São Paulo, FAU Mackenzie, 2015 <https://bit.ly/37LZJxv>.

BRUGNERA, Ana Carolina. *Rumo às comunidades criativas: as articulações entre natureza e cultura na gestão sustentável das paisagens culturais do Peruaçu, Brasil*. Orientador Abilio Guerra. Tese de doutorado. São Paulo, FAU Mackenzie, 2020.

CABRAL, Maria Cristina. A multivalência de Sérgio Bernardes: da atualidade da obra de um raro arquiteto, um grande humanista. *Resenhas Online*, ano 10, n. 117.03, São Paulo, Vitruvius, set. 2011 <https://bit.ly/3gzu6bf>.

CÂMARA, José Rodolpho. Rosaly e Lenita dirigem o espetáculo. Moças bonitas revelarão os segredos da grande feira industrial. *Manchete*, n. 451, 10 dez. 1960, p. 24-25 <https://bit.ly/3Daeh6U>.

CANDELA, Felix. Prólogo. In ROLAND, Conrad. *Frei Otto: estructuras*. Barcelona, Gustavo Gili, 1965.

CARVALHO, José Candido de. Sérgio Bernardes: quem é você? *O Cruzeiro*, n. 53, Rio de Janeiro, 30 set. 1967, p. 64-65 <https://bit.ly/3eFKEB4>.

CASÉ, Geraldo. Sérgio Bernardes. *Ventura*, n. 1, Rio de Janeiro, set./nov. 1987, p. 124-135.

CAÚLA, Adriana; BERNARDES, Kykah. Exposição SB100: Sérgio Bernardes 100 anos. *Resenhas Online*, ano 18, n. 208.06, São Paulo, Vitruvius, abr. 2019 <https://bit.ly/3uAicGh>.

CAÚLA, Adriana. Sérgio Bernardes e a utopia como plano de pensamento sobre a cidade. *Cadernos Proarq*, n. 32, Rio de Janeiro, FAU UFRJ, jul. 2019, p. 145-161 <https://bit.ly/3LkqwQv>.

CAVALCANTI, Lauro. A importância de Sér(gio) Bernardes. *Arquitextos*, ano 10, n. 111.00, São Paulo, Vitruvius, ago. 2009 <https://bit.ly/3Ba29jH>.

CAVALCANTI, Lauro. *Quando o Brasil era moderno: guia da arquitetura 1928-1960*. Rio de Janeiro, Aeroplano, 2001.

CAVALCANTI, Lauro. *Sérgio Bernardes: herói de uma tragédia moderna*. Coleção Perfis do Rio. Rio de Janeiro, Relume Dumará, 2004.

CERÁVALO, Ana Lúcia. *Paulo de Camargo e Almeida: arquitetura total na trajetória de um arquiteto brasileiro*. Orientador Carlos Roberto Monteiro de Andrade. Dissertação de mestrado. São Carlos, EESC USP, 2000.

CHATAIGNIER, Silvia Maciel Savio. A imaginação arquitetônica em Sérgio Bernardes: projetos como esquemas. *Cadernos Proarq*, n. 32, Rio de Janeiro, FAU UFRJ, jul. 2019, p. 13-144 <https://bit.ly/3uNR5r5>.

CLARO, Marcel Alessandro. *Transcrição e reconstrução digital: utopias possíveis de Sérgio Bernardes*. Orientadora Patrícia Pimenta Azevedo Ribeiro. Dissertação de mestrado. Uberlândia, FAUD UFU, 2017 <https://bit.ly/3xAH96e>.

COLIN, Silvio. A arquitetura na Semana de Arte Moderna de 1922. *Coisas da Arquitetura*, Rio de Janeiro, 28 jan. 2011 <https://bit.ly/3LmTYVW>.

COLOMBO, Gabriel. A questão agrária e a hegemonia do capital no campo. Brasília, Partido Comunista Brasileiro, 28 jan. 2022 <https://bityli.com/vhsJn>.

COSTA, Juracy; SODRÉ, Muniz. Favela cinco vezes inferno. *Manchete*, n. 720, Rio de Janeiro, 5 fev. 1966, p. 27-32 <https://bit.ly/3uNZFWU>.

COSTA, Lúcio (1936). Razões da nova arquitetura. In COSTA, Lúcio. *Registro de uma vivência* (op. cit.), p. 108-116.

COSTA, Lúcio (1936). Vila Monlevade. In COSTA, Lúcio. *Registro de uma vivência* (op. cit.), p. 90-99.

COSTA, Lúcio (1937). Documentação necessária. In COSTA, Lúcio. *Registro de uma vivência* (op. cit.), p. 457-462.

COSTA, Lúcio. *Registro de uma vivência*. São Paulo, Empresa das Artes, 1995.

COSTA, Pedro Campos. Blowing in the Wind. Sérgio Bernardes e o apagamento de um personagem histórico. *Resenhas Online*, ano 14, n. 158.01, São Paulo, Vitruvius, fev. 2015 <https://bit.ly/3vmt75u>.

COSTA, Philipe Cunha; DIAS, Diego Nogueira. Uma vida em sistemas: rastros de uma escritura cibernética em Sérgio Bernardes. *Cadernos Proarq*, n. 32, Rio de Janeiro, FAU UFRJ, jul. 2019, p. 113-129 <https://bit.ly/3uBqmhU>.

COSTA, Renato da Gama-Rosa; PESSOA, Alexandre; MELLO, Estefânia Neiva de; NASCIMENTO, Dilene Raimundo do. O sanatório de Curicica: uma obra pouco conhecida de Sérgio Bernardes. *Arquitextos*, ano 03, n. 026.02, São Paulo, Vitruvius, jul. 2002 <https://bit.ly/3B6nOcJ>.

CRITELLI, Fernanda. *Richard Neutra e o Brasil*. Orientador Abilio Guerra. Dissertação de mestrado. São Paulo, FAU Mackenzie, 2015 <https://bit.ly/3xDVqPo>.

CRITELLI, Fernanda. *Richard Neutra e o Brasil*. São Paulo/Austin, Romano Guerra/Nhamerica Platform, 2022.

CRITELLI, Fernanda. *Richard Neutra: conexões latino-americanas*. Orientador Abilio Guerra. Tese de doutorado. São Paulo, FAU Mackenzie, 2020 <https://bit.ly/3OBjYOX>.

CUNHA, Pedro. A colônia que melhor contribuiu para as festas do IV Centenário. In *1554-1954. Os festejos do IV Centenário da Cidade de São Paulo*. Comissão colaboradora da colônia japonesa pró IV Centenário de São Paulo. (livro em japonês)

CURI, Fernanda. 60 anos do Parque Ibirapuera. São Paulo, Bienal de São Paulo, 20 ago. 2014 <https://bit.ly/35VhBEV>.

DAVIES, Colin. *A New History of Modern Architecture*. Londres, Laurance King, 2017.

DE LUCCA JUNIOR. Domingos. O Brasil esteve bem em Bruxelas. *Alterosa*, n. 295, Belo Horizonte, 1 dez. 1958, p. 98-102 <https://bit.ly/3Tu9OMY>.

DENISON, Edward (Org.). *30-Second Architecture: 50 estilos fundamentais explicados de forma clara e rápida*. São Paulo, Publifolha, 2016.

DEVOS, Rika; KOONING, Mil de. *L'Architecture Moderne à L'Expo 58: pour un monde plus humain*. Bruxelas, Fonds Mercator, 2006.

DIAS, Luís Andrade de Mattos. *Edificações de aço no Brasil*. São Paulo, Zigurate, 1993.

DOMIN, Christopher; KING, Joseph. *Paul Rudolph: the Florida Houses*. Nova York, Princeton Architectural Press, 2014.

FARIA, Lina Rodrigues de. Os primeiros anos da reforma sanitária no Brasil e a atuação da Fundação Rockefeller (1915-1920). *Physis*, 1995, v. 5, n. 1, p. 109-130 <https://bit.ly/3sqpk5F>.

FAUSTO, Boris. *História do Brasil*. São Paulo, Edusp, 2009.

FELICETTI, Marcelo Augusto. Rio-Zoo, 1978: Sérgio Bernardes nos jardins da ficção. In: *Anais do 5º Enanparq*, Salvador, 13 a 19 de outubro de 2018. Salvador, UFBA, 2018, p. 3809.

FELICETTI, Marcelo Augusto. Sérgio Bernardes e a biblioteca dos sentidos. *Cadernos Proarq*, n. 32, Rio de Janeiro, FAU UFRJ, jul. 2019, p. 184-196 <https://bit.ly/3rABxW9>.

FELICETTI, Marcelo. Sérgio Bernardes e o Monumento ao Pavilhão Nacional, Brasília, 1972. *Arquitextos*, ano 18, n. 216.05, São Paulo, Vitruvius, mai. 2018 <https://bit.ly/337I9D7>.

FERRAZ, Marcelo. Arquitetura em vão?: sobre exposição da arquitetura brasileira em Matosinhos, Portugal. *Resenhas Online*, ano 18, n. 205.04, São Paulo, Vitruvius, jan. 2019 <https://bit.ly/3rywju0>.

FOLGATO, Marisa. SP ganha no aniversário presente que havia sumido. *O Estado de S. Paulo*, São Paulo, 19 abr. 2000, p. 26 <https://bit.ly/34IPat8>.

FONSECA, Antonio Claudio Pinto da. Um breve olhar sobre o arquiteto Sérgio Bernardes. *Arquitextos*, ano 03, n. 026.01, São Paulo, Vitruvius, jul. 2002 <https://bit.ly/3snWW3T>.

FONSECA, Elias Fajardo. Sérgio Bernardes, 60 anos. *O Globo*, 9 abr. 1979, p. 25.

FORTY, Adrian. *Brazil's Modern Architecture*. Londres, Phaidon, 2010.

FREITAS, Newton. Arquitetura brasileira, produto de exportação. *O Mundo Ilustrado*, n. 16, Rio de Janeiro, 16 abr. 1958, p. 38-40 <https://bit.ly/3gmgtzD>.

G1-PB. Prefeitura de João Pessoa transforma Hotel Tambaú em bem de utilidade pública: em meio a disputas judiciais, Prefeitura quer manter a preservação do local. Próximo passo é tentar desapropriar o prédio. *G1 Paraíba*, João Pessoa, 21 dez. 2021 <http://glo.bo/37ROCmt>.

GINZBURG, Carlo. *Mitos, emblemas e sinais: morfologia e história*. São Paulo, Companhia das Letras, 2016.

GOODWIN, Philip L. *Brazil Builds: Architecture New and Old (1642-1942)*. Nova York, MoMA, 1943.

GOUTHIER, Hugo. *Presença: memórias*. Rio de Janeiro, Record, 1982.

GUANAES, Felipe. *Sérgio Bernardes: doutrina de uma civilização tropical*. Rio de Janeiro, Editora PUC-Rio, 2016.

GUERRA, Abilio; SOMBRA, Fausto. Avenida Paulista, 1951: cenário da 1ª Bienal de São Paulo. In MIYADA, Paulo (Org.). *Bienal de São Paulo desde 1951*. São Paulo, Fundação Bienal, 2022, p. 24-44.

GUERRA, Abilio; SOMBRA, Fausto. Três pavilhões de Sérgio Bernardes: exposição no Centro Histórico e Cultural Mackenzie. *Resenhas Online*, ano 18, n. 215.05, São Paulo, Vitruvius, nov. 2019 <https://bit.ly/3EQSOdS>.

GUERRA, Abilio. *Arquitetura brasileira: viver na floresta*. São Paulo, Instituto Tomie Ohtake, 2010.

GUERRA, Abilio. Lúcio Costa, Gregori Warchavchik e Roberto Burle Marx: síntese entre arquitetura e natureza tropical. 2002. In GUERRA, Abilio (Org.). *Textos fundamentais sobre a história da arquitetura moderna brasileira – parte 2*. São Paulo, Romano Guerra, 2010, p. 299-325.

GUERRA, Abilio. Prêmio APCA 2014: Documentário Bernardes, direção de Gustavo Gama Rodrigues e Paulo de Barros. Categoria Difusão, modalidade Arquitetura e Urbanismo. *Drops*, ano 15, n. 089.02, São Paulo, Vitruvius, fev. 2015 <https://bit.ly/3GGFoVH>.

GUIMARAENS, Cêça. Rodrigo Melo Franco de Andrade e a paisagem hiperreal do patrimônio. *Arquitextos*, ano 13, n. 149.06, São Paulo, Vitruvius, out. 2012 <https://bit.ly/3EE8x4N>.

GUINA, Romulo Augusto Pinto. A casa de campo de Lota de Macedo Soares: por uma cronografia do ícone moderno projetado por Sérgio Bernardes. *Cadernos Proarq*, n. 32, Rio de Janeiro, FAU UFRJ, jul. 2019, p. 17-36 <https://bit.ly/3oBbk7T>.

GUTEMBERG, Luiz. Ousadia de arquiteto ajuda sabedoria de empresário vivo. *O Mundo Ilustrado*, n. 123, Rio de Janeiro, 30 abr. 1960, p. 26-29 <https://bit.ly/3CE3oZM>.

HERBST, Helio. *Pelos salões das bienais, a arquitetura ausente dos manuais: contribuições para a historiografia brasileira (1951-1959)*. São Paulo, Annablume, 2011.

HITCHCOCK, Henry-Russell. *Latin American Architecture since 1945*. Nova York, MoMA, 1955.

HONORATO, Rossana. Sérgio Bernardes em João Pessoa: a paisagem recontada. *Minha Cidade*, ano 08, n. 096.03, São Paulo, Vitruvius, jul. 2008 <https://bit.ly/3KN78uO>.

JOHNSTON, Daniel Merro. *La casa sobre el arroyo: Amancio Williams en Argentina*. Buenos Aires, 1:100 Ediciones, 2014.

JUSTINO, Martins. Talento, armado: Brasil em Bruxelas. *Manchete*, n. 339, Rio de Janeiro, 18 out. 1958, p. 102-105 <https://bit.ly/3voRuPY>.

LAMBERT, Pierre. Bruxelas, capital do mundo por seis meses. *O Estado de S. Paulo*, São Paulo, 20 abr. 1958, p. 96 <https://bit.ly/34IMLi8 >.

LAPOUGE, Gilles. Inaugurado o pavilhão do Brasil em Bruxelas. *O Estado de S. Paulo*, São Paulo, 4 mai. 1958, p. 1 <https://bit.ly/3Gyne8F>.

LATTEUR, Francine. Comissariado Permanente de Exposições e Feiras no Exterior: Exposição Universal e Internacional de Bruxelas. *Presence*, n. 21, Bruxelas, abr./set. 1958, p. 2-3.

LEAL, Carlos Eduardo. Gazeta de Notícias (verbete). FGV CPDOC, Rio de Janeiro <https://bit.ly/3k1Wchh>.

LEMOS, Carlos Alberto Cerqueira. *Triologia do Copan: a história do edifício Copan*. São Paulo, Imprensa Oficial do Estado de São Paulo, 2014.

LEVI, Rino. A arquitetura e a estética das cidades: uma carta de um estudante brasileiro em Roma. *O Estado de S. Paulo*, São Paulo, 15 out. 1925, p. 6 <https://bit.ly/3rvuiOW>.

LEVI, Rino. A arquitetura e a estética das cidades. In XAVIER, Alberto (Org.). *Depoimento de uma geração: arquitetura moderna brasileira*. São Paulo, Cosac Naify, 2003, p. 38-39.

LIRA, José. *Warchavchick: fraturas da vanguarda*. São Paulo, Cosac Naify, 2011.

LORES, Raul Juste. *São Paulo nas alturas*. São Paulo, Três Estrelas, 2017.

LUDEMIR, Bernardo. O Rio caminha para o Sul. Sérgio Bernardes afirma que o Recreio dos Bandeirantes será um balneário melhor do que Punta del Este. *Manchete*, n. 467, Rio de Janeiro, 1 abr. 1961, p. 64-67 <https://bit.ly/3xE5liv>.

MALAQUIAS, Thaysa. *A contribuição do arquiteto Sérgio Bernardes para a moderna arquitetura de saúde*. Orientadora Ana Maria Gadelha Albano Amora. Dissertação de mestrado. Rio de Janeiro, FAU UFRJ, 2018.

MALAQUIAS, Thaysa. Sérgio Bernardes e o Sanatório de Curicica: herança da formação na FNA. *Cadernos Proarq*, n. 32, Rio de Janeiro, FAU UFRJ, jul. 2019, p. 52-77 <https://bit.ly/3HF2Dkn>.

MARIANO, Cássia. *Preservação e paisagismo em São Paulo: Otávio Augusto Teixeira Mendes*. São Paulo, Annablume, 2005.

MARINHO, Teresinha. Notícia biográfica. In ANDRADE, Rodrigo Melo Franco de. *Rodrigo e seus tempos: coletânea de textos sobre artes e letras*. Rio de Janeiro, MinC/Fundação Pró-Memória, 1986, p. 17-36.

MARISE, Leila. Bruxelas 1958. Uma brasileira conta a verdade sobre a expo. *Revista da Semana*, n. 29, Rio de Janeiro, 19 jul. 1958, p. 44-50 <https://bit.ly/3gjMKXZ>.

MARQUES, André Felipe Rocha. *A obra de João Filgueiras Lima, Lelé: projeto, técnica e racionalização*. Orientador Abilio Guerra. Dissertação de mestrado. São Paulo, FAU Mackenzie, 2012. <https://bit.ly/3vdxBw9>

MARQUES, André Felipe Rocha. *Aldary Toledo: entre arte e arquitetura*. Orientador Abilio Guerra. Tese de doutorado. São Paulo, FAU Mackenzie, 2018 <https://bit.ly/3L9uSJP>.

MARQUES, André. *Lelé: diálogos com Neutra e Prouvé*. São Paulo/Austin, Romano Guerra/Nhamerica Platform, 2020.

MARTÍNEZ, Ascensión Hernández. *La clonación arquitectónica*. Madri, Siruela, 2007.

MARTINS, Luis. Coisas da cidade: o destino do Ibirapuera. *O Estado de S. Paulo*, São Paulo, 9 set. 1955, p. 11 <https://bit.ly/3GE7kK1>.

MAS, Vicente; VILLAC, Isabel; GARCÍA-GASCO, Sérgio; OLIVER, Isabel; VARELLA, Pedro; CALAFATE, Caio. Conversación con Paulo Mendes da Rocha. *En Blanco*, n. 15, Valência, TC Cuadernos, abr. 2014, p. 115-117 <https://bit.ly/3rxEne9>.

MASON, Jayme. *Humanismo, ciência, engenharia: perspectivas, depoimentos, testemunhos*. Rio de Janeiro, Edição do autor, 2001.

MELLO FILHO, Murilo. Onde está o castelismo? *Manchete*, n. 1059, Rio de Janeiro, 5 ago. 1972, p. 22-23.

MEURS, Paul; KOONING, Mil De; MEYERM, Rony De. *Expo 58: the Brasil Pavilion of Sérgio Bernardes*. Catálogo de exposição na 4ª Bienal Internacional de Arquitetura de São Paulo, São Paulo, 19 nov. 1999 a 25 jan. 2000. Ghent, University of Ghent's, Department of Architecture and Urban Planning, 2000.

MEURS, Paul. O pavilhão brasileiro na Expo de Bruxelas, 1958: arquiteto Sérgio Bernardes. *Arquitextos*, ano 01, n. 007.07, São Paulo, Vitruvius, dez. 2000 <https://bit.ly/34JUP25>.

MEYER, Regina. *Metrópole e urbanismo: São Paulo anos 50*. Orientador Celso Monteiro Lamparelli. Tese de doutorado. São Paulo, FAU USP, 1991.

MILAZZO, Marco; ALMAGRO, Rômulo; TRINDADE, Suellen. Hotel em Paquetá, de Sérgio Bernardes. *Projetos*, São Paulo, ano 15, n. 178.04, Vitruvius, out. 2015 <https://bit.ly/3uPNAQT>.

MIRANDA, Neusa; PELTIER, Luzia; FERNANDES, Eugênia; et. al. O maravilhoso mundo do futuro 67/2000. *Jóia*, n. 161, Rio de Janeiro, jan. 1967, p. 14-22 (sobre Sérgio Bernardes – trecho "A casa: a era da automação", p. 20-21) <https://bit.ly/3s6XUBS>.

MOREIRA, Regina da Luz; BRANDT, Maurette. *CSN: um sonho feito de aço e ousadia*. Rio de Janeiro, Fundação CSN/Fundação Getúlio Vargas, 2005.

MORSE, Richard. *Formação histórica de São Paulo: de comunidade a metrópole*. São Paulo, Difusão Europeia do Livro, 1970.

MOTA, Carlos Guilherme; LOPEZ, Adriana. *História do Brasil: uma interpretação*. São Paulo, Editora 34, 2015.

MURO, Carles. Presentación. In PUENTE, Moisés. *Pabellones de exposición: 100 años*. Barcelona, Gustavo Gilli, 2000, p. 7

NETO, Campanella. Sociedade de Santos disse presente na inauguração do Caiçara. *O Mundo Ilustrado*, n. 196, Rio de Janeiro, 23 set. 1961, p. 40-41 <https://bit.ly/3Tq86RS>.

NETO, Lira. *Getúlio 1882-1930: dos anos de formação à conquista do poder*. São Paulo, Companhia das Letras, 2012.

NETO, Lira. *Getúlio 1930-1945: do governo provisório à ditadura do Estado Novo*. São Paulo, Companhia das Letras, 2013.

NETO, Lira. *Getúlio 1945-1954: de volta pela consagração popular ao suicídio*. São Paulo, Companhia das Letras, 2014.

NIEMEYER, Oscar. Mutilado o conjunto do Parque Ibirapuera. *Módulo*, n. 1, Rio de Janeiro, mar. 1955, p.18-31.

NOBRE, Ana Luiza. A Feira Mundial de Bruxelas de 1958: o Pavilhão Brasileiro. *Arqtexto*, n. 16, Porto Alegre, jan./jun. 2010, p. 98-107 <https://bit.ly/3sQBS6M>.

NOBRE, Ana Luiza. *Fios cortantes: projeto e produto, arquitetura e design no Rio de Janeiro (1950-70)*. Orientador Ronaldo Brito. Tese de doutorado. Rio de Janeiro, PPGHSC PUC-Rio, 2008.

NOBRE, Ana Luiza. Flor rara e banalíssima: Sérgio Bernardes e a casa de Lota de Macedo Soares. *Cadernos Proarq*, n. 32, Rio de Janeiro, FAU UFRJ, jul. 2019, p. 1-9 <https://bit.ly/34IXG1J>.

NOBRE, Ana Luiza. Flor rara e banalíssima. Residência Lota de Macedo Soares, por Sérgio Bernardes. *Arquitetura.Crítica*, n. 015.01, São Paulo, Vitruvius, fev. 2006.

NOBRE, Ana Luiza. Malhas, redes, cabos e triângulos. In BERNARDES, Kykah; CACALCANTI, Lauro (Org.). Op. cit., p. 28-45.

NOBRE, Ana Luiza. Sérgio Bernardes: a subversão do possível. *Arquitetura.Crítica*, n. 009.02. São Paulo, Vitruvius, jun. 2002.

OLIVEIRA, Fabiano Lemes de. O Parque do Ibirapuera: projetos, modernidade e modernismo. In *Anais do 5º Seminário Docomomo Brasil*. São Carlos, EESC USP São Carlos, 2003 <https://bit.ly/3Je5Qrz>.

OLIVEIRA, Fabiano Lemes de. *Os projetos para o Parque Ibirapuera: de Manequinho Lopes a Niemeyer (1926-1954)*. Orientador Carlos Roberto Monteiro de Andrade. Dissertação de mestrado. São Carlos, EESC USP, 2003.

PELLEGRINI, Ana Carolina Santos. Bolonha, Barcelona, Firminy: quando o projeto é patrimônio. *Arqtexto*, n. 12, Porto Alegre, jan./jun. 2008, p. 204-239. <https://bit.ly/3B95SOP>.

PERDIGÃO, João; CORRADI, Euler. *O rei da roleta, a incrível história de Joaquim Rolla, o homem que inventou o Cassino da Urca e transformou a história do entretenimento no Brasil*. São Paulo, Casa da Palavra, 2012.

PEREIRA, Sabrina Souza Bom. *Rodolpho Ortenblad Filho: estudo sobre as residências*. Orientador Abilio Guerra. Dissertação de mestrado. São Paulo, FAU Mackenzie, 2010 <https://bit.ly/3MuYwt5>.

PINHEIRO, Maria Lucia Bressan. *Neocolonial, modernismo e preservação do patrimônio: debate cultural dos anos 1920 no Brasil*. São Paulo, Edusp, 2012.

PISANI, Daniele. *O Trianon do MAM ao MASP: arquitetura e política em São Paulo (1946-1968)*. São Paulo, Editora 34, 2019.

PONTES, Ana Paula. Sérgio Bernardes e Eduardo de Almeida: arquitetura que ensina. *Arquitetura. Crítica*, n. 009.04. São Paulo, Vitruvius, jun. 2002.

PRESTES, Luiz Carlos. Prestes dirige-se ao povo brasileiro. *Voz Operária*, Rio de Janeiro, 5 ago. 1950, p. 1-2; 6-7 <https://bityli.com/XydFsi>.

QUEIROZ, Rodrigo. Três pavilhões de Sérgio Bernardes: a geometria da tensão. *Resenhas Online*, ano 18, n. 214.01, São Paulo, Vitruvius, out. 2019 <https://bit.ly/34IY7cn>.

QUETGLAS, Josep. *El horror cristalizado: imágenes del Pabellón de Alemania de Mies van der Rohe*. Barcelona, Actar, 2001.

REBELLO, Yopanan Conrado Pereira. *A concepção estrutural e a arquitetura*. São Paulo, Zigurate, 2000.

REDAÇÃO. 400 firmas nacionais e 60 do exterior na 1ª Exposição Internacional do Rio. *O Estado de S. Paulo*, São Paulo, 26 mar. 1959, p. 9 <https://bit.ly/3HBL9p9>.

REDAÇÃO. A cidade que mais cresce no mundo. *Acrópole*, n. 157, São Paulo, mai. 1951, s/p. <https://bit.ly/3uO3ewk>.

REDAÇÃO. A expansão de São Paulo se fez explosivamente. *A Gazeta*, São Paulo, 8 jan. 1954.

REDAÇÃO. Aberto o Pavilhão do Uruguai na 1ª Feira Internacional de São Paulo. *O Estado de S. Paulo*, São Paulo, 14 dez. 1954, p. 16 <https://bit.ly/3souIpH>.

REDAÇÃO. Abertura dos festejos do IV Centenário: flutuarão sobre o Anhangabaú na manhã de hoje quatro grandes bandeiras nacionais. *O Estado de S. Paulo*, São Paulo, 23 jan. 1954, p. 1 <https://bit.ly/3somMVG>.

REDAÇÃO. Aeroporto Intercontinental América do Sul-Brasília. *Módulo*, n. 19, Rio de Janeiro, ago. 1960, p. 12.

REDAÇÃO. Arquitetura, segurança pública. *O Cruzeiro*, n. 37, Rio de Janeiro, 14 set. 1968, p. 86 <https://bit.ly/3S89dUV>.

REDAÇÃO. Bernardes foi para os EUA. *O Estado de S. Paulo*, 22 abr. 1967, p. 6.

REDAÇÃO. Brasília 50 anos. *Veja*, n. 2138, São Paulo, nov. 2009, p. 122.

REDAÇÃO. Bruxelles 58. *L'Architecture d'Aujourd'hui*, n. 78, Paris, jun. 1958, p. 2-47.

REDAÇÃO. Ceará guarda as cinzas de Castelo. *O Estado de S. Paulo*, São Paulo, 19 jul. 1972, p. 5 <https://bit.ly/3oAPbqb>.

REDAÇÃO. Centro de Convenções Ulysses Guimarães: neste icônico projeto, Sérgio Bernardes contemplou a vista de Brasília com uma grande construção horizontal. *Anual Design*, Goiânia <https://bit.ly/3jMfKWF>.

REDAÇÃO. Conjunto do Ibirapuera: clamorosamente mutilado o projeto inicial do grupo arquitetônico comemorativo do 4° Centenário de São Paulo. *Módulo*, n. 1, Rio de Janeiro, mar. 1955, p. 18-21.

REDAÇÃO. Cultura é esquecida, mas tem novo projeto. *O Estado de S. Paulo*, São Paulo, 16 nov. 1972, p. 18 <https://bit.ly/3GDIPg6>.

REDAÇÃO. Desenhada contra o céu carioca uma prodigiosa teia de aranha. *Manchete*, n. 363, Rio de Janeiro, 17 abr. 1959, p. 74-76 <https://bit.ly/3vsJOw3>.

REDAÇÃO. Dois famosos arquitetos residem em autênticas obras de arte. *Manchete*, n. 686, Rio de Janeiro, 12 jun. 1965, p. 58-62 <https://bit.ly/392zNOJ>.

REDAÇÃO. Dois pavilhões. *O Jornal*, Rio de Janeiro, 4 jan. 1959, p. 14 (sobre Pavilhão de Bruxelas e Pavilhão de São Cristóvão) <https://bit.ly/3TcOYH9>.

REDAÇÃO. Eleições gerais no Brasil em 1958 (verbete). Wikipedia <https://bit.ly/3sswGWe>.

REDAÇÃO. Esta é a Expo-72. *O Cruzeiro*, n. 51, Rio de Janeiro, 18 dez. 1969, p. 28-30 <https://bit.ly/3Dafvzp>.

REDAÇÃO. Expo Xangai 2010 termina como a mais visitada da história. *Terra*, São Paulo, 31 out. 2010 <https://bit.ly/38cQGFO>.

REDAÇÃO. Exposição de Bruxelas – 1958. *O Estado de S. Paulo*, São Paulo, 20 abr. 1958, p. 97 <https://bit.ly/35NlgVd>.

REDAÇÃO. Exposição internacional de indústria e comércio da cidade do Rio de Janeiro. *Acrópole*, n. 265, São Paulo, nov. 1960, capa; p. 18.

REDAÇÃO. Exposição Soviética no Rio. *Manchete*, n. 525, Rio de Janeiro, 12 mai. 1962, p. 93 <https://bit.ly/3uPpvJU>.

REDAÇÃO. Exposição soviética vai mostrar trajes espaciais de Yuri Gagárin e Titov. *Jornal do Brasil*, Rio de Janeiro, 1 mar. 1962, p. 5.<https://bit.ly/3jO13m5>.

REDAÇÃO. Homenagem da Bélgica à cidade de S. Paulo no seu IV Centenário. *O Estado de S. Paulo*, São Paulo, 14 dez. 1954, p. 16 <https://bit.ly/3Tf5iXP>.

REDAÇÃO. Inaugura-se hoje, em São Paulo, a exposição do IV Centenário. *O Estado de S. Paulo*, São Paulo, 21 ago. 1954, p. 9 <https://bit.ly/3vkPjwN>.

REDAÇÃO. Inaugurada ontem a exposição Russa no Rio; Lacerda falou. *O Estado de S. Paulo*, São Paulo, 4 mai. 1962, p. 5 <https://bit.ly/337LuRv>.

REDAÇÃO. Inaugurado na exposição do Ibirapuera o Pavilhão da Cia. Siderúrgica Nacional. Coluna Assuntos Especializados. *Folha da Manhã*, São Paulo, 17 fev. 1955, p. 10 <https://bit.ly/3LgcPSR>.

REDAÇÃO. Inaugurado ontem no Ibirapuera o Pavilhão da Companhia Siderúrgica. *O Estado de S. Paulo*, São Paulo, 16 fev. 1955, p. 12 <https://bit.ly/3GvpXzO>.

REDAÇÃO. Inaugurado ontem no Ibirapuera o stand da Companhia Siderurgica Nacional. *Correio Paulistano*, São Paulo, 16 fev. 1955, p. 1.

REDAÇÃO. LIC – Laboratório de Investigações Conceituais. *Módulo*, edição especial Sérgio Bernardes (organização de Olínio Coelho e Lauro Cavalcanti), Rio de Janeiro, out./nov.1983, p. 15-16.

REDAÇÃO. Menezes Cortês atribui objetivos políticos à exposição soviética. *O Estado de S. Paulo*, São Paulo, 12 jun. 1962, p. 48 <https://bit.ly/3JMwNIV>.

REDAÇÃO. Morar com gosto. *Jóia*, n. 107, Rio de Janeiro, 16 out. 1962, p. 56-59 <https://bit.ly/3yMwi91>.

REDAÇÃO. Movimento Concretista nas artes plásticas. *Arte Concretista* <https://bit.ly/3GxVQHW>.

REDAÇÃO. Notícias dos Estados: será aberta dia 3 a amostra soviética. *Folha de S.Paulo*, São Paulo, 20 abr. 1962, p. 4 <https://bit.ly/3KNYgoP>.

REDAÇÃO. O monumento-mausoléu. *O Estado de S. Paulo*, São Paulo, 19 jul. 1972, p. 5 <https://bit.ly/3oAPbqb>.

REDAÇÃO. O pavilhão da engenharia civil em Bruxelas. *Habitat*, n. 46, jan./fev. 1958, p. 16-17.

REDAÇÃO. Os festejos populares marcados para hoje e amanhã no Ibirapuera. *O Estado de S. Paulo*, São Paulo, 18 set. 1954, p. 10 <https://bit.ly/37YRFcI>.

REDAÇÃO. Participará o Brasil na Feira internacional de Bruxelas. *O Estado de S. Paulo*, São Paulo, 7 mar. 1957, p. 26 <https://bit.ly/3rA68mw>.

REDAÇÃO. Pavilhão da Bélgica no Ibirapuera. *O Estado de S. Paulo*, São Paulo, 18 set. 1954, p. 10 <https://bit.ly/3oBsDWI>.

REDAÇÃO. Pavilhão da Companhia Siderúrgica Nacional. Coluna Assuntos Especializados. *Folha da Manhã*, São Paulo, 4 ago. 1954, p. 8 <https://bit.ly/3uzZui8>.

REDAÇÃO. Pavilhão de Volta Redonda, Parque Ibirapuera, São Paulo. *Arquitetura e Engenharia*, n. 36, São Paulo, jul./ago. 1955, p. 25-27.

REDAÇÃO. Pavilhão do Brasil na Exposição Internacional de Bruxelas. *Módulo*, n. 9, Rio de Janeiro, fev. 1958, p. 22-24.

REDAÇÃO. Pavilhão do Brasil na Feira internacional de Bruxelas. *Arquitetura e Engenharia*, n. 48, Belo Horizonte, jan./fev. 1958, p. 22-23.

REDAÇÃO. Pavilhão do R. Grande do Sul no Ibirapuera. *O Estado de S. Paulo*, São Paulo, 15 jun. 1957, p. 14 <https://bit.ly/3rDGMV7>.

REDAÇÃO. Posto de escuta. *Manchete*, n. 407, Rio de Janeiro. 6 fev. 1960, p. 18 <https://bit.ly/3vifWIW>.

REDAÇÃO. Posto de escuta. *Manchete*, n. 657, Rio de Janeiro, 14 nov. 1964, p. 102 <https://bit.ly/3uOwumn>.

REDAÇÃO. Prêmios da 2ª Exposição Internacional de Arquitetura da 2ª Bienal do Museu de Arte Moderna de São Paulo. *Acrópole*, n. 187, São Paulo, nov. 1953, p. 326-328 <https://bit.ly/3F3d9Un>.

REDAÇÃO. Quando os arquitetos projetam cadeiras. *Manchete*, n. 610, Rio de Janeiro, 28 dez. 1963, p. 101 <https://bit.ly/3rx5LJk>.

REDAÇÃO. Rem Koolhaas (verbete). *Infopédia*, Porto, Porto Editora <https://bit.ly/3rFlV3O>

REDAÇÃO. Seminário e exposição SB100 – Sérgio Bernardes na FAU UFRJ. *Archdaily*, São Paulo, 14 ago. 2019 <https://bit.ly/3Je40a9>.

REDAÇÃO. Será oficialmente instalada amanhã a grande exposição do IV Centenário. *O Estado de S. Paulo*, São Paulo, 20 ago. 1954, p. 13 <https://bit.ly/3uxIYPB>.

REDAÇÃO. Sérgio Bernardes: Country Club e Petrópolis. *L'Architecture d'Aujourd'hui*, n. 13-14 (número especial Brésil), Paris, set. 1947, p. 96.

REDAÇÃO. Sonho de arquiteto é liberdade de paulista. *Tribuna da Imprensa*, Rio de Janeiro, 20-21 dez. 1958, p. tabloide 10 <https://bit.ly/3yNv8di>.

REDAÇÃO. Um dicionário hilariante. *Manchete*, n. 784, Rio de Janeiro, 29 abr. 1967, p. 76-77 <https://bit.ly/3rx6FFC>.

REDAÇÃO. Um país num pavilhão. *Manchete*, n. 455, Rio de Janeiro, 7 jan. 1961, p. 65-67 <https://bit.ly/3EkfM1z>.

REDAÇÃO. Un nuevo edificio conformará el paisaje de Puebla, México: Torre Helea. *ArchDaily México*, set. 2018 <https://bit.ly/3GF0qV1>.

REDAÇÃO. V. Redonda em Ibirapuera. *O Lingote*, Volta Redonda, CSN, 10 mar. 1955, p. 12.

REDAÇÃO. Volta Redonda concorre com milhões para os cofres públicos. *Revista da Semana*, n. 13, Rio de Janeiro, 26 mar. 1955, p. 45 <https://bit.ly/3VEHcqX>.

RETTO JR., Adalberto. Entre arquitetura e política: a mostra Três pavilhões de Sérgio Bernardes. *Resenhas Online*, ano 18, n. 214.02, São Paulo, Vitruvius, out. 2019 <https://bit.ly/34LqEYk>.

RIBEIRO, Darcy. *Aos trancos e barrancos: como o Brasil deu no que deu*. Rio de Janeiro, Guanabara, 1985.

ROCHA, Germana Costa. *O caráter tectônico do moderno brasileiro: Bernardes e Campello na Paraíba (1970-1980)*. Orientadora Nelci Tinen. Tese de doutorado. Natal, PPGAU UFRN, 2012.

ROCHA, Germana; TINEM, Nelci; COTRIM, Marcio. Hotel Tambaú, de Sérgio Bernardes: diálogo entre poética construtiva e estrutura formal. *Arquitextos*, ano 18, n. 206.00, São Paulo, Vitruvius, jul. 2017 <https://bit.ly/3B74Mmm>.

ROCHA, Rodrigo Marcondes. *Walter Gropius no Brasil: revisitando críticas*. Orientador Candido Malta Campos Neto. Dissertação de mestrado. São Paulo, FAU Mackenzie, 2013.

SANDER, Roberto. *O Brasil na mira de Hitler: a história do afundamento de navios brasileiros pelos nazistas*. Rio de Janeiro, Objetiva, 2007.

SANTOS, Cecília Rodrigues dos. Teatro do Parque Ibirapuera: em nome de quem? *Arquitextos*, ano 04, n. 038.06, São Paulo, Vitruvius, jul. 2003 <https://bit.ly/34uUMHL>.

SEGRE, Roberto. *Ministério da Educação e Saúde: ícone urbano da modernidade brasileira (1935-1945)*. São Paulo, Romano Guerra, 2013.

SEGRE, Roberto. Sérgio Bernardes (1919-2002): entre o regionalismo e o *high tech*. *Arquitextos*, ano 03, n. 026.00, São Paulo, Vitruvius, jul. 2002 <https://bit.ly/3rzFEI6>.

SERAPIÃO, Fernando; WISNIK, Guilherme (Org.). *Infinito vão: 90 anos de arquitetura brasileira*. São Paulo, Monolito, 2019.

SERAPIÃO, Fernando. Escola carioca: arquitetura moderna no Rio de Janeiro. *Monolito*, n. 31, São Paulo, fev./mar. 2016, p. 14-149.

SILVA, Claiton Márcio da. Nelson Rockefeller e a atuação da American International Association for Economic and Social Development: debates sobre missão e imperialismo no Brasil, 1946-1961. *História, Ciências, Saúde-Manguinhos*, v. 20, n. 4, Rio de Janeiro, out./dez. 2013, p. 1695-1711 <https://bit.ly/3oyzgsH>.

SILVA, João Claudio Parucher da. Arquivo Sérgio Bernardes: a análise do seu significado cultural como justificativa para a sua preservação. *Cadernos Proarq*, n. 32, Rio de Janeiro, FAU UFRJ, jul. 2019, p. 37-51 <https://bit.ly/3GD4qoX>.

SOLÀ-MORALES, Ignasi; CIRICI, Cristian; RAMOS, Fernando. *Mies van der Rohe: el Pabellon de Barcelona*. Barcelona, Gustavo Gili, 1993.

SOMBRA, Fausto. Luís Saia e Lúcio Costa: a parceria no Sítio Santo Antônio. *Arquitextos*, ano 14, n. 161.03, São Paulo, Vitruvius, out. 2013 <https://bit.ly/3rOohwK>.

SOMBRA, Fausto. *Luís Saia e o restauro do sítio Santo Antônio: diálogos modernos na conformação arquitetônica paulista*. Orientador Abilio Guerra. Dissertação de mestrado. São Paulo, FAU Mackenzie, 2015 <https://bit.ly/3OBGVBD>.

SOMBRA, Fausto. O pavilhão da I Bienal do MAM SP: fatos, relatos, historiografia e correlações com o Masp e o antigo Belvedere Trianon. *Arquitextos*, ano 17, n. 195.08, São Paulo, Vitruvius, ago. 2016 <https://bit.ly/3JbC3Q9>.

SOMBRA, Fausto. Os pavilhões de Sérgio Bernardes: Volta Redonda, Bruxelas e São Cristóvão. Contribuição à vanguarda arquitetônica moderna brasileira em meados do século 20. *Cadernos Proarq*, n. 32, Rio de Janeiro, jul. 2019, p. 78-98 <https://bit.ly/3Kc4PAt>.

SOMBRA, Fausto. Sérgio Bernardes e o pavilhão brasileiro na Exposição Universal e Internacional de Bruxelas, 1958: industrialização, inventividade e experimentação. *Anais do 5º Encontro da Associação Nacional de Pesquisa e Pós-Graduação em Arquitetura e Urbanismo – volume 2*. Salvador, FAUFBA, 2018, p. 3863-3885.

SOMBRA, Fausto. Sérgio Bernardes e o pavilhão brasileiro na Exposição Universal e Internacional de Bruxelas, 1958: industrialização, inventividade e experimentação. *Arquitextos*, ano 20, n. 233.04, São Paulo, Vitruvius, out. 2019 <https://bit.ly/3B5weRI>.

SOMBRA, Fausto. *Três pavilhões de Sérgio Bernardes: Volta Redonda, Bruxelas e São Cristóvão. Contribuição à vanguarda arquitetônica moderna brasileira em meados do século 20*. Orientador Abilio Guerra. Tese de doutorado. São Paulo, FAU Mackenzie, 2020 <https://bit.ly/3EINcae>.

SOMBRA, Fausto. Um breve olhar sobre a obra da família Bernardes. *Monolito*, n. 44-45, São Paulo, 2019, p. 290-293.

SOUZA, Lydio de. Brasil potência arquitetônica. *Manchete*, n. 33, Rio de Janeiro, 6 dez. 1952, capa, p. 18-25 <https://bit.ly/3OepSWp>.

TEIXEIRA, Novais. O Pavilhão do Brasil. *O Estado de S. Paulo*, São Paulo, 28 jun. 1958, p. 7 <https://bit.ly/3B5VlUm>.

TOLEDO, Carolina Rossetti de. A doação Nelson Rockefeller de 1946 no Acervo do Museu de Arte Contemporânea da USP. *Revista de História da Arte e Arqueologia*, n. 23, Campinas, jan./jun. 2015, p. 149-173 <https://bit.ly/3xK1eXM>.

TOTA, Antonio Pedro. Como um Rockefeller sonhou em modernizar o Brasil. In *Anais do XI Encontro Internacional da ANPHLAC*. Niterói, UFF, 2014 <https://bit.ly/3Kddnai>.

TOTA, Antônio Pedro. *O amigo americano: Nelson Rockefeller e o Brasil*. São Paulo, Companhia das Letras, 2014.

TOTA, Antonio Pedro. *O imperialismo sedutor: a americanização do Brasil na época da Segunda Guerra*. São Paulo, Companhia das Letras, 2000.

VANDERLEI, Alexandre Bahia. Pabellón de Brasil – 1958: ampliación del desafío y perfeccionamiento del manifiesto. *Cadernos Proarq*, n. 32, Rio de Janeiro, FAU UFRJ, jul. 2019, p. 99-112 <https://bit.ly/3KOukcb>.

VANDERLEI, Alexandre Bahia. Pavilhão da CSN 1954: recorrência técnica e manifesto da modernidade. In *Anais do 11° Seminário Docomomo Brasil: o campo ampliado do movimento moderno*. Recife, UFPE, 2016 <https://bit.ly/3LcOVHE>.

VANDERLEI, Alexandre Bahia. *Sérgio Bernardes: el desafio de la técnica*. Orientadores Jaime José Ferrer Forés e Beatriz Santos de Oliveira. Tese de doutorado. Barcelona, Universidade Politécnica da Catalunha, 2016.

VASCONCELLOS, Roberto. Fatos e fotos. *Jóia*, n. 14, Rio de Janeiro, 14 jun. 1958, p. 8-9 (sobre Pavilhão de Bruxelas) <https://bit.ly/3Sb9kiv>.

VIEIRA, Monica Paciello. A provocação sensorial na arquitetura de Sérgio Bernardes. *Arquitextos*, ano 07, n. 084.05, São Paulo, Vitruvius, maio 2007 <https://bit.ly/34s7F5t>.

VIEIRA, Monica Paciello. O Parc La Villette na concepção de Sérgio Bernardes. *Cadernos Proarq*, n. 32, Rio de Janeiro, FAU UFRJ, jul. 2019, p. 162-183 <https://bit.ly/336eEQP>.

VIEIRA, Mônica Paciello. *Sérgio Bernardes: arquitetura como experimentação*. Orientador Mauro César de Oliveira Santos. Dissertação de mestrado. Rio de Janeiro, UFRJ, 2006.

Números especiais de revistas

L'Architecture d'Aujourd'hui, n. 49 (edição especial Casas de Richard Neutra), Paris, out. 1953.

Acrópole, n. 301 (sala especial Sérgio Bernardes, 7ª Bienal), São Paulo, dez. 1963. <https://bit.ly/3v7p5Pu>.

Módulo (catálogo oficial da exposição Sérgio Bernardes), Rio de Janeiro, out./nov. 1983 <https://bit.ly/3OfLHER>.

Manchete (edição especial 4º Centenário), Rio de Janeiro, 1954 <https://bit.ly/36l0VHs>.

Manchete, n. 678 (edição especial Rio do Futuro), Rio de Janeiro, 17 abr. 1965 <https://bit.ly/3KQT0Rt>.

Publicidade

A indústria do Brasil aos olhos do mundo. Exposição Internacional de Indústria e Comércio – Rio de Janeiro 1958. *Diário de Pernambuco*, Recife, 6 dez. 1957, p. 8.

Ainda alguns dias em exposição as maquetes da Cidade Jardim Eldorado de Belo Horizonte. *Diário Carioca*, Rio de Janeiro, 10 abr. 1954, p. 9.

Brasil – já uma nação industrial. Projeta-se para o mundo. Exposição Internacional de Indústria e Comércio. *Correio Paulistano*, São Paulo, 12 ago. 1958, p. 7.

Chapas trapezoidais de alumínio Albra. *Módulo*, n. 23, jun. 1961

Convite – Cidade Jardim Eldorado em Belo Horizonte, S.Stockler-Compax-Imp. Exp. e Vendas S/A. *O Jornal*, Rio de Janeiro, 4 abr. 1954, p. 7..

Edifício Maragato – luxo – conforto – beleza. Suplemento Imobiliário. *O Jornal*, Rio de Janeiro, 10 fev. 1952, p. 1.

Edifício Maragato – para atender ao mais apurado bom gosto em luxo, conforto, beleza. *O Jornal*, Rio de Janeiro, 13 mar. 1952, p. 5.

Eles já viram a nova roupa Ducal. *Tribuna da Imprensa*, Rio de Janeiro, 27 abr. 1956, p. 5.

Eu comprei este lote por cr$125 mensais. *Sombra*, n. 139, Rio de Janeiro, abr. 1956, s/p.

Examine a planta deste apartamento – Edifício Aratí. *O Jornal*, Rio de Janeiro, 15 abr. 1952, p. 5.

Exposição Internacional de Indústria e Comércio, Rio de Janeiro, 1958. *Diário Carioca*, Rio de Janeiro, 21 dez. 1957, p. 9.

Exposição Internacional de Indústria e Comércio, Rio de Janeiro, 1958. *Diário de Pernambuco*, Recife, 21 nov. 1957, p. 7.

Hotel internacional do Galeão. *Jornal dos Sports*, Rio de Janeiro, 10 nov. 1968, p. 7.

Obras com cimento Mauá – Casa Jadir de Souza. *Gazeta de Notícias*, Rio de Janeiro, 29 mar. 1955, p. 8.

Se a casa do Sérgio Bernardes foi pintada com tintas Ypiranga, por que V. vai pintar a sua com outra tinta? *Jóia*, n. 177, Rio de Janeiro, mai. 1968, p. 123.

Você está guardando dinheiro desvalorizado? – lotes na Enseada Azul em Cabo Frio. *O Jornal*, Rio de Janeiro, 8 jul. 1956, p. 8.

Fontes primárias

BERNARDES, Sérgio. Pavilhão da Companhia Siderúrgica Nacional no Parque Ibirapuera – SP. Rio de Janeiro, s.d. Acervo Família Sérgio Bernardes.

COMISSÃO DO 4º CENTENÁRIO DA CIDADE DE SÃO PAULO. São Paulo em números. Arquivo Wanda Svevo, Fundação Bienal de São Paulo, Fundo FMS_0441-06.

COMPANHIA IMOBILIÁRIA KOSMOS. Correspondência a Sérgio Bernardes. Rio de Janeiro, 3 jul. 1956. Acervo Família Sérgio Bernardes.

COMPANHIA SIDERÚRGICA NACIONAL. CSN assina convênio para reconstruir um espaço cultural no Parque Ibirapuera. Volta Redonda, c.2000. Acervo Família Sérgio Bernardes.

GALERIA MARCO. A Galeria Marco, inaugurando sua exposição permanente de arquitetura, engenharia, urbanismo e decoração, patrocina a mostra do Pavilhão Brasileiro na Exposição Internacional de Bruxelas de 1958, de autoria do arquiteto Sérgio W. Bernardes. Rio de Janeiro, s.d. Acervo Família Sérgio Bernardes.

GOUTHIER, Hugo. Correspondência a Olavo Falcão. Bruxelas, 31 jan. 1957. Acervo NPD FAU UFRJ.

GOUTHIER, Hugo. Correspondência à Secretária de Estado das Relações Exteriores. Bruxelas, 7 fev. 1957. Acervo NPD FAU UFRJ.

KUBITSCHECK, Juscelino. Carta a Sérgio Bernardes. Rio de Janeiro, 22 fev. 1972. Acervo Família Sérgio Bernardes.

MATINELLI, Dante A. O.; SILVA, Dauro Ribeiro da. Relatório LE/EXT-70/74 de verificação da cobertura pênsil do Pavilhão de São Cristóvão, out. 1973. São Carlos, Escola de Engenharia de São Carlos, Departamento de Estruturas, Laboratório de Estruturas, jul. 1974.

MOENS DE FERNING, Georges. Exposição Universal e Internacional de Bruxelas. Tradução de Luiz Galvão Valle. Bruxelas, Reino da Bélgica, Comissariado Permanente de Exposições e Feiras no Exterior, 24 abr. 1957.

SUPLAN. Placa de inauguração do Tambaú Hotel. João Pessoa, Governo Estadual da Paraíba, 11 set. 1971.

Depoimentos

ÁLVAREZ, Karla Lopez. Depoimento a Fausto Sombra. São Paulo, escritório Bernardes Arquitetura, 7 jun. 2018.

ARONIS, Jacqueline. Depoimento a Fausto Sombra. São Paulo, residência-ateliê da artista, 21 set. 2019.

ARRUDA, Maria Arminda do Nascimento. Depoimento a Fausto Sombra, Gabinete da Diretoria FFLCH USP, São Paulo, 31 out. 2016.

BERNARDES, Kykah. Depoimentos a Fausto Sombra. Rio de Janeiro, escritório Bernardes Arquitetura, 31 jul. 2018; 19 abr. 2017; 15 abr. 2022.

BOABAID, Murillo. Depoimento a Fausto Sombra. Rio de Janeiro, escritório Bernardes Arquitetura, 19 abril. 2017.

BOABAID, Murillo. Depoimento a Fausto Sombra. Rio de Janeiro, mensagem eletrônica, 22 nov. 2019.

BRANDO, Celso Omena. Depoimento a Fausto Sombra. Rio de Janeiro, telefonema e mensagem eletrônica, 27 jun. 2019.

CERÁVALO, Ana Lúcia. Depoimento a Fausto Sombra. São Carlos, mensagem eletrônica, 29 jan. 2019.

FIGUEROA, Mario. Depoimento a Fausto Sombra. São Paulo, Edifício CBI Esplanada, 28 jun. 2017.

FOLGATO, Marisa. Depoimento a Fausto Sombra. Rio de Janeiro, mensagem eletrônica, 19 jun. 2017.

FONSECA, Antônio Claudio Pinto da. Depoimento em palestra. São Paulo, FAU Mackenzie, 9 out. 2018.

KATCHUIAN, Rosa. Depoimento a Fausto Sombra, Kykah Bernardes, Renata Bernardes, Adriana Caúla e Mary Moda. São Paulo, Casa Mansur (Cincinato Cajado Braga), 19 set. 2019.

MALAQUIAS, Thaysa. Depoimento a Fausto Sombra em visita. Rio de Janeiro, Sanatório de Curicica, 25 fev. 2019.

MELLO, Ennes Silveira de. Depoimento a Fausto Sombra. São Paulo, residência do arquiteto, 6 fev. 2018.

MELLO, Ennes Silveira de. Depoimento a Fausto Sombra. São Paulo, mensagem eletrônica, 22 nov. 2019.

NOBRE, Ana Luiza. Depoimento a Fausto Sombra. Salvador, V Enanparq, 16 out. 2018.

NOBRE, Ana Luiza. Depoimento a Fausto Sombra. Rio de Janeiro, mensagem eletrônica, 21 mai. 2019.

PERDIGÃO João. Depoimento a Fausto Sombra. Belo Horizonte, mensagem eletrônica, 10 abr. 2019.

REBELLO, Yopanan Conrado Pereira. Depoimento a Fausto Sombra. São Paulo, escritório do engenheiro, 20 ago. 2018.

VIEIRA, Monica Paciello. Depoimento a Fausto Sombra. Matosinhos, Porto, mensagem eletrônica, 2 mai. 2018.

VILLÀ, Joan. Depoimento em palestra. São Paulo, FAU Mackenzie, 9 out. 2018.

Exposições

AMORA, Ana; BRANDÃO, Claudio; MALAQUIAS, Thaysa (Cur.). Exposição *SB-100*. Rio de Janeiro, FAU UFRJ, 19 ago./20 jun. 2019.

BERNARDES, Kykah; CAÚLA, Adriana (Cur.). Exposição *Sérgio Bernardes 100 anos*. Rio de Janeiro, Centro Carioca de Design, 17 abr./01 jun. 2019.

BERNARDES, Kykah; CAÚLA, Adriana (Cur.). Exposição *Sérgio Bernardes 100 anos*. Rio de Janeiro, Museu Nacional Belas Artes, 17 dez. 2019/14 mar. 2020.

GUERRA, Abilio; SOMBRA, Fausto (Cur.) Exposição *Três pavilhões de Sérgio Bernardes*. São Paulo, Centro Histórico e Cultural Mackenzie, 18 set./14 nov. 2019.

EUROPALIA BRASIL (Cur.). Exposição *Sérgio Bernardes. Expo'58 – Brazil Pavilion*. International Arts Festival. Bélgica, Atomium Museum, out. 2011/jan. 2012.

SERAPIÃO, Fernando; WISNIK, Guilherme (Cur.). Exposição *Infinito vão: 90 anos de arquitetura brasileira*. Matosinhos, Centro Português de Arquitetura, set. 2018/abr. 2019.

SERAPIÃO, Fernando; WISNIK, Guilherme (Cur.). Exposição *Infinito vão: 90 anos de arquitetura brasileira*. São Paulo, Sesc 24 de Maio, 25 nov. 2020/27 jun. 2021.

Filmes e vídeos

Bernardes, documentário longa-metragem, 1h31', Rio de Janeiro, 2014. Direção Gustavo Gama Rodrigues e Paulo de Barros. Argumento Thiago Bernardes. Realização 6D Filmes e Rinoceronte Produções. Coprodução GNT.

Entre Morros e Mares, documentário curta-metragem, 24'25", Rio de Janeiro, 2011. Concepção e roteiro Ana Luiza Nobre. Direção e fotografia Tiago Rios. Produção Leticia Pires. Realização PUC-Rio e Faperj <https://bit.ly/3xDqrTB>.

Le Ballon Rouge, média-metragem, 34', França, 1956. Direção Albert Lamorisse. Realização Films Montsouris

O Vigilante Rodoviário. Episódio 34 – A repórter. TV Tupi, São Paulo, 1961-1962 <https://bit.ly/3gFe13K>.

Acervos consultados

Acervo British Architectural Library / Royal Institute of British Architects

Acervo Correio da Manhã / Arquivo Nacional

Acervo Digital Estadão (digital) / jornal *O Estado de S. Paulo*

Acervo Família Gaston Schoukens, Atomium Museum, Heysel / documento e maquete

Acervo Família Gouthier / fotografia

Acervo Família Sérgio Bernardes / documento e projeto

Acervo Folha (digital) / jornais *Folha da Manhã* e *Folha de S.Paulo*

Acervo MoMA Nova York (digital) / catálogo

Acervo NPD FAU UFRJ / Fundo Sérgio Bernardes / projetos e documentos

Acervo Romano Guerra Editora / revista *Módulo*

Acervo Sérgio Bernardes – Projeto Memória / Escritório Bernardes Arquitetura

Arquivo Histórico Wanda Svevo, Fundação Bienal de São Paulo / documento e foto

Arquivo Nacional / Fundação Biblioteca Nacional / fotografias

Biblioteca Faculdade de Arquitetura e Urbanismo e Design, Universidade Federal de Uberlândia / dissertação

Biblioteca Faculdade de Arquitetura e Urbanismo, Universidade Federal do Rio de Janeiro / tese e dissertação

Biblioteca Faculdade de Arquitetura e Urbanismo, Universidade Presbiteriana Mackenzie (física e digital) / revista, livro, tese e dissertação

Bibliotecas Faculdade de Arquitetura e Urbanismo, Universidade de São Paulo / (física e digital) / revista, livro, tese, dissertação e revistas *Acrópole* e *Módulo*

Centro de Documentação Corporativo – CEDOC / Companhia Siderúrgica Nacional – CSN / jornal O Lingote

Coleção Dept. A&S, Faculty of Engineering and Architecture, Ghent University

Coleção Mil De Kooning

Hemeroteca Digital Brasileira / Fundação Biblioteca Nacional

Hemeroteca Digital Brasileira / Fundação Biblioteca Nacional / revistas *Correio Paulistano*, *Diário Carioca*, *Fundamentos*, *Jóia*, *Manchete*, *O Cruzeiro*, *O Mundo Ilustrado*, *Revista da Semana* e *Tribuna de Imprensa*

Portal Vitruvius / revistas *Arquitextos*, *Drops*, *Minha Cidade*, *Projetos*, *Resenhas Online*

Locais e datas das obras visitadas

Aeroporto Castro Pinto, 1981, João Pessoa PB, 19-20 mai. 2018.

Casa dos Passarinhos, 1960 (restauro Estúdio América, 2014-2015), Pacaembu, São Paulo SP, 21 set. 2019.

Casa Jayme Souza Dantas, anos 1960, Jardins, São Paulo SP, 5 dez. 2019.

Casa Mansur, 1994 (originalmente Cincinato Cajado Braga, 1952), Jardim Guedala, São Paulo SP, 19 set. 2019.

Edifício Justus Wallerstein, 1953, Copacabana, Rio de Janeiro RJ, 8 nov. 2021.

Espaço Cultural José Lins do Rêgo, 1980, João Pessoa PB, 20 mai. 2018.

Hotel Tambaú, 1966-1970, João Pessoa PB, 19-20 mai. 2018.

Palácio da Abolição, 1960-1970, e Mausoléu Castelo Branco, 1972, Meireles, Fortaleza CE, 14 nov. 2020.

Pavilhão da Companhia Siderúrgica Nacional (ponte remanescente), 1954-1955, Parque Ibirapuera, São Paulo SP, 12 out. 2016; 11 jul. 2017; 3 fev. 2019.

Pavilhão do Brasil na Exposição Universal e Internacional de Bruxelas (sítio onde se instalou o edifício), 1957-1958, Heysel, Parc de Laeken, Bruxelas, Bélgica, 6 ago. 2019.

Pavilhão da Feira Internacional da Indústria e Comércio, 1957-1960, Campo de São Cristóvão, Rio de Janeiro RJ, 22 dez. 2017; 11 set. 2019.

Sanatório de Curicica, 1949-1951, Jacarepaguá, Rio de Janeiro RJ, 25 jan. 2019.

Romano Guerra Editora
Editores
Abilio Guerra, Fernanda Critelli e Silvana Romano Santos
Conselho editorial
Abilio Guerra, Adrián Gorelik, Aldo Paviani, Ana Luiza Nobre, Ana Paula Garcia Spolon, Ana Paula Koury, Ana Vaz Milheiros, Ângelo Bucci, Ângelo Marcos Vieira de Arruda, Anna Beatriz Ayroza Galvão, Carlos Alberto Ferreira Martins, Carlos Eduardo Dias Comas, Cecília Rodrigues dos Santos, Edesio Fernandes, Edson da Cunha Mahfuz, Ethel Leon, Fernanda Critelli, Fernando Luiz Lara, Gabriela Celani, Horacio Enrique Torrent Schneider, João Masao Kamita, Jorge Figueira, Jorge Francisco Liernur, José de Souza Brandão Neto, José Geraldo Simões Junior, Juan Ignacio del Cueto Ruiz-Funes, Luís Antônio Jorge, Luis Espallargas Gimenez, Luiz Manuel do Eirado Amorim, Marcio Cotrim Cunha, Marcos José Carrilho, Margareth da Silva Pereira, Maria Beatriz Camargo Aranha, Maria Stella Martins Bresciani, Marta Vieira Bogéa, Mônica Junqueira de Camargo, Nadia Somekh, Otavio Leonidio, Paola Berenstein Jacques, Paul Meurs, Ramón Gutiérrez, Regina Maria Prosperi Meyer, Renato Anelli, Roberto Conduru, Ruth Verde Zein, Sérgio Moacir Marques, Vera Santana Luz, Vicente del Rio, Vladimir Bartalini

Nhamerica Platform
Editor
Fernando Luiz Lara

Sobre o autor
Fausto Sombra é arquiteto e urbanista (Belas Artes, 2002), mestre (FAU Mackenzie, 2015, com bolsa Fapesp) e doutor (FAU Mackenzie, 2020, com bolsa Capes). Cursou o máster "El Proyecto: aproximaciones a la arquitectura desde el medio ambiente histórico y social" (UPC Barcelona, 2008). Participou de diversas ações comemorativas do centenário de nascimento de Sérgio Bernardes e foi curador, em parceria com Abilio Guerra, da exposição *Três pavilhões de Sérgio Bernardes*, realizada no Centro Histórico e Cultural Mackenzie (São Paulo, set./nov. 2019). Em parceria com Abilio Guerra, é autor do texto "Avenida Paulista, 1951: cenário da 1ª Bienal de São Paulo", artigo que abre o livro *Bienal de São Paulo desde 1951*, organizado por Paulo Miyada. É atual coordenador do núcleo de edifícios no escritório Bernardes Arquitetura (2021-).

A reprodução ou duplicação integral ou parcial desta obra sem autorização expressa do autor e dos editores se configura como apropriação indevida dos direitos intelectuais e patrimoniais do autor.

Romano Guerra Editora
Rua General Jardim 645 cj 31
01223-011 São Paulo SP Brasil
rg@romanoguerra.com.br
www.romanoguerra.com.br

Nhamerica Platform
807 E 44th st,
Austin, TX, 78751 USA
editors@nhamericaplatform.com
www.nhamericaplatform.com

Imagens da capa
Pavilhão do Brasil, croqui, Parc de Laeken, Expo Bruxelas 1958. Acervo Sérgio Bernardes – Projeto Memória / Escritório Bernardes Arquitetura

Três pavilhões de Sérgio
Bernardes: contribuição à
vanguarda arquitetônica
moderna brasileira em meados
do século 20
Fausto Sombra
Brasil 9
Coordenação editorial
Abilio Guerra
Fernanda Critelli
Silvana Romano Santos
*Projeto gráfico, diagramação
e pré-impressão*
Dárkon V Roque
Revisão de texto
Noemi Zein Telles
Pesquisa iconográfica
Fausto Sombra
Abilio Guerra
Gráfica
Geográfica

A versão em inglês desse livro –
Three Pavilions by Sérgio Bernardes.
*Contribution to the Brazilian Modern
Architectural Avant-garde in the
Mid-20th Century* – recebeu recursos
para tradução do Processo Capes
n. 23038.009799/2019-96, Programa
Proex n. 1135/2019, recebido
pelo Programa de Pós-Graduação
em Arquitetura e Urbanismo
da Universidade Presbiteriana
Mackenzie

Apoio

CAPES

Mackenzie

Agradecimentos
Bernardes Arquitetura (Thiago
Bernardes, Nuno Costa Nunes,
Marcia Santoro, Camila Tariki,
Dante Furlan, Francisco Abreu,
Thiago Moretti e Rafael de Oliveira),
FEG Brasil Construções Metálicas
(Leonardo de Souza), Arquivo
Wanda Svevo (Ana Paula Marques),
Acervo Centro Cultural Fundação
CSN – Cedoc (Edna C. da Silva),
Practica Maquetes (Carina Freitas
de Oliveira e Carlos Henrique de
Oliveira), Núcleo de Pesquisa e
Documentação – NPD FAU UFRJ
(Andres Passaro e Claudio Parucher
da Silva, *in memoriam*), Projeto
Memória / Bernardes Arquitetura
(Kykah Bernardes), Centro Histórico e
Cultural Mackenzie (Luciene Aranha
Abrunhosa e Helen Yara Altimeyer)

Gustavo Penna, Adalberto Retto
Junior, Adriana Caúla, Alexandre
Bahia Vanderlei, Ana Amora, Ana
Lucia Cerávalo, Ana Luiza Nobre,
André Nazareth, Angélica Benatti
Alvim, Anthony Wilkinson, Antonio
Carlos Barossi, Antonio Claudio
Pinto da Fonseca, Camila Ripani,
Celso Brando, Charles Plaigin, Daniel
Vivona, Dina Uliana, Ennes Silveira de
Mello, Gabriel Falcade, Helena Ayoub,
Helio Herbst, Jacqueline Aronis, Joan
Villà, João Pedro Backhauser, João
Perdigão, Karla Lopez Álvarez, Lauro
Cavalcanti, Luiz Guilherme Rivera
de Castro, Marcelo Dall´Acqua,
Marcio Sartorelli, Maria Arminda do
Nascimento Arruda, Mario Figueroa,
Mil de Kooning, Monica Paciello
Vieira, Murillo Boiabad, Paul Meurs,
Rafael Perrone, Ricardo Mattos,
Rodrigo Queiroz, Rosa Katchuian,
Thaysa Malaquias, Tiago Bandeira,
Yopanan Rabello

Edição impressa em português
Três pavilhões de Sérgio Bernardes
Fausto Sombra, 2023
ISBN 978-65-87205-21-2
(Romano Guerra)
ISBN 978-1-946070-51-7
(Nhamerica)

Edição impressa em inglês
Three Pavilions by Sérgio Bernardes
Fausto Sombra, 2023
ISBN 978-65-87205-25-0
(Romano Guerra)
ISBN 978-1-946070-53-1
(Nhamerica)

Edição ebook em português
Três pavilhões de Sérgio Bernardes
Fausto Sombra, 2023
ISBN 978-65-87205-22-9
(Romano Guerra)
ISBN 978-1-946070-52-4
(Nhamerica)

Edição ebook em inglês
Three Pavilions by Sérgio Bernardes
Fausto Sombra, 2023
ISBN 978-65-87205-24-3
(Romano Guerra)
ISBN 978-1-946070-54-8
(Nhamerica)

Sombra, Fausto
Três pavilhões de Sérgio Bernardes: contribuição à vanguarda arquitetônica moderna brasileira em meados do século 20
Fausto Sombra
prefácio
Abilio Guerra
pósfácio
Gustavo Penna

1ª edição   São Paulo, SP:
            Romano Guerra;
1ⁿᵈ edition Austin, TX:
            Nhamerica Platform
            2023

352 p. il.
(Pensamento da America Latina:
Brasil, 9)

ISBN 978-65-87205-21-2
(Romano Guerra)
ISBN 978-1-946070-51-7
(Nhamerica)

---

1. Bernardes, Sérgio 1919-2002
2. Pavilhões para Exposições
3. Arquitetos – Brasil – Século 20
4. Arquitetura Moderna – Rio de Janeiro – Século 20

I. Guerra, Abilio
II. Penna, Gustavo
III. Título

CDD 725.91

Ficha catalográfica elaborada pela bibliotecária Dina Elisabete Uliana – CRB-8/3760

Este livro foi composto em Rotis Semi Sans e impresso em papel offset 90g, couché 115g e supremo 250g